日本精神保健福祉士協会 50年史

50 Years' History of Japanese Association of Psychiatric Social Workers

編集　日本精神保健福祉士協会50年史編集委員会
Editorial Committee for 50 Years' History of
Japanese Association of Psychiatric Social Workers

公益社団法人日本精神保健福祉士協会

はじめに

(公社) 日本精神保健福祉士協会会長
浅香山病院
柏木 一惠

　日本精神保健福祉士協会50年史を刊行するにあたり、一言ご挨拶申し上げます。
　日本精神保健福祉士協会の前身である日本精神医学ソーシャル・ワーカー協会が仙台の地で呱呱の声をあげて50年の時が流れました。この半世紀の間に、設立当初からの悲願であった国家資格化がなされ、また社会的責任を果たす組織として法人化が実現しさらには公益法人として認可され、国民の医療・福祉的課題の解決に寄与する専門職団体として社会的責務を負うようになりました。わずか88人で出発した協会でしたが、今や１万人に近い構成員を擁するようになり、組織の拡大とともに一応の社会的発言が可能な専門職団体として承認されるようになったのではないかと思います。この間劣悪な精神医療、貧弱な地域福祉体制の中にあって、精神障害者の社会的復権と福祉の向上を目指し、数多の精神科ソーシャルワーカー（PSW・精神保健福祉士）が奮闘してきました。また「Y問題」の提起、それに続く混乱と再生の過程で、PSWの立場性・視点・専門性とは何かを繰り返し問い続けてきました。先輩諸氏のその真摯な作業の先に今の我々精神保健福祉士があると言っても過言ではないでしょう。このたび協会の50年の歴史、協会の歩んできた道のりを振り返り、何を目指し、何が獲得され、何が課題として遺されたのかをまとめることができたこと、その節目に会長としてこのようなご挨拶ができる幸いを心から感謝申し上げたいと思います。
　50年史は10年前に刊行された40年史に多くを負っています。その40年史も協会機関誌や全国大会の折にまとめられた20年、30年の歩みなどの記録集があってはじめて刊行に漕ぎつけられたものです。こうやって自らの活動を振り返り、検証していくという姿勢、それをまとめていく地道な作業、それを連綿とつなげていくことのできる底力があってこそ今の日本精神保健福祉士協会の存在があるのだと改めて実感しています。
　この小史は日本の精神保健福祉分野のソーシャルワークの足跡を可能な限り記録し、その時々に奮闘されたPSWの歴史が刻まれたものです。次代を担う方々が思いを受け継ぎさらに精神保健福祉の充実・発展に尽くすための一助となることを切に祈っています。
　40年史にご寄稿いただいた歴代の理事長、会長である岩本正次さん、小松源助さん、谷中輝雄さんは鬼籍に入られ、窪田暁子さんをはじめ協会の草創期を支えた方々もすでに泉下の人となられました。道なき道を切り拓きPSWの行く道を広げ、協会の基盤をつくって下さった方々への感謝とともにこの小史をひも解いていただければ幸いです。
　この４月に改正された精神保健福祉法の下に精神保健福祉は入院医療中心から地域生活中心というパラダイム転換が本格化し、我々PSWにも大きな期待がかかっています。一方で、厳しい社会情勢は次々と国民のメンタルヘルス課題を拡大し、精神障害者ばかりでなく子どもや高齢者など社会的弱者をますます苦難の道へ追いやって、PSWが取り組むべき課題も広がりを見せつつあります。PSWの価値を核に時代や社会の要請に応えていくことが一層求められ

てくるのではないでしょうか？この50年史が未来に向けて新たな一歩を踏み出すための糧となり、協会が還暦を迎える10年後に、誇りをもって振り返ることのできるように確実に歩んでいければと思います。

　最後にこの50年史の編纂にご協力・ご尽力いただいた関係するすべての皆様に深い敬意と感謝を込めて発刊のご挨拶とさせていただきます。

2014年11月

日本精神保健福祉士協会50年史

はじめに（柏木一惠）

発刊に寄せて（柏木　昭）
発刊に寄せて（大野和男）
発刊に寄せて（門屋充郎）
発刊に寄せて（髙橋　一）
発刊に寄せて（竹中秀彦）

第Ⅰ章　日本精神保健福祉士協会の歩み

第1節　黎明期（1945年～1963年）19年間：終戦から協会設立まで
　　　　　　　　　　　　　　　　　　　　　　　　（佐々木敏明・古屋龍太）　3

1）総説……3
2）PSWの実態……5
3）PSWの教育……7

第2節　創始期（1964年～1972年）9年間：協会設立からY問題前まで
　　　　　　　　　　　　　　　　　　　　　　　　（佐々木敏明・古屋龍太）　9

1）総説……9
2）PSW協会員の実態……13
3）PSWの教育……14

第3節　再生期（1973年～1988年）16年間：Y問題から精神保健法施行（昭和の終わり）まで　　　　　　　　　　　　　　　　　　　　　　　　　（古屋龍太）　16

1）総説……16
2）病院のPSW……19
3）地域のPSW……20
4）行政機関のPSW……21
5）PSWの教育……21

第4節　充実期（1989年～1999年）11年間：精神保健法施行（平成の始まり）から国家資格化まで　　　　　　　　　　　　　　　　　　　　　　（古屋龍太）　23

1）総説……23
2）病院のPSW……26
3）地域のPSW……26

i

  4）行政機関のPSW……27
  5）PSWの教育……27
 第5節 躍進期（2000年〜2014年）15年間：精神保健福祉士の誕生から今日まで ──────────────────────（岸本信義）29
  1）総説……29
  2）病院の精神保健福祉士……32
  3）地域の精神保健福祉士……32
  4）行政機関の精神保健福祉士……33
  5）その他の分野の精神保健福祉士……33
  6）精神保健福祉士の教育……34
  7）まとめ……34

日本精神保健福祉士協会の歩みと精神保健福祉をめぐる動向……36

第Ⅱ章 日本精神保健福祉士協会の発展と歴史的課題

 第1節 日本精神保健福祉士協会の発展と歴史的課題：歴代会長（故人3名）の足跡を中心に ──────────────────────（大野和男）45
  1）設立総会と会員資格……45
  2）身分制度の実現を重要課題に……46
  3）先行した社会福祉士及び介護福祉士法……47
  4）岩本正次氏の理事長時代の精神医療状況とPSWの課題……47
  5）小松源助氏とPSW……51
  6）岡田靖雄氏の特別講演内容に対する反論……51
  7）「Y問題」への取り組み……53
  8）谷中輝雄氏と「Y問題」の継承性の取り組みと提案委員会……54
 第2節 「Y問題」と協会活動 ──────────────（門屋充郎）56
  1）「Y問題」の始まり……56
  2）「Y問題」の概要……58
  3）調査委員会の報告から学ぶこと……60
  4）「Y問題」調査報告を受けた協会の対応……61
  5）当時の精神科医療状況とPSW……61
  6）「Y問題」に対する協会の対応……62
  7）協会が示した4点について……63
  8）「Y問題」によって深化できたこと……64

第3節　協会の方向性 ———————————————————（柏木一惠）67
1）私と協会活動とのかかわり……67
2）国家資格化までの協会の道のり……68
3）資格制度後と法人化……69
4）中期（5か年）ビジョンの検証……70
5）全精社協の補助金不正受給事件に関して……72
6）改正精神保健福祉法における精神保健福祉士の課題……73
7）生活保護法をめぐる協会の取り組み……74
8）まとめとして……75

第4節　日本精神保健福祉士協会の組織づくり：社団法人の設立、公益社団法人への移行を中心として ———————————————（坪松真吾）76
1）草創期の組織……76
2）札幌宣言と「法人化」への歩み……77
3）精神保健福祉士法の制定に伴う組織転換……77
4）厚生労働省との折衝再開と社団法人の設立……78
5）社団法人の組織運営及び事業執行に向けて……79
6）公益社団法人への移行と新たな組織運営の課題……84
7）今後の組織運営における課題……85

第5節　精神保健福祉士の倫理 ———————————————（小出保廣）88
1）日本精神医学ソーシャル・ワーカー協会の発足と「Y問題」まで……88
2）「Y問題」から「倫理綱領」ができるまで……89
3）最初の「日本精神医学ソーシャル・ワーカー協会倫理綱領」……89
4）二度にわたる改正に至る経過……90
5）「新倫理綱領」が制定されるまでの経過……90
6）「新倫理綱領」の内容……91
7）倫理委員会の活動……92
8）倫理綱領に残された課題……93

第6節　精神保健福祉士の業務 ———————————————（岩本　操）94
1）精神保健福祉士の業務をめぐる近年の動向……94
2）業務指針と業務の標準化に向けた本協会の取り組み……95
3）精神保健福祉士の業務の実際……98
4）「精神保健福祉士業務指針及び業務分類 第2版」の意義と課題……101

第7節　精神保健福祉士の国家資格化と今後の方向性 ———（荒田　寛）103
1）精神保健福祉士の国家資格化の経過……103
2）資格化後の専門職化に関する動向……107

3）精神保健福祉士の国家資格化の意義……110
4）今後の課題……111

第8節　専門職としての研鑽を支える：生涯研修制度の創設、運営の軌跡と展望
―――――（田村綾子）　113
1）生涯研修制度創設の経緯……113
2）生涯研修制度の概要及び現状と課題……116
3）実践の理論化と理論を基盤にした実践のために……121

第9節　精神保健福祉士と権利擁護―――――（岩崎　香）　124
1）精神保健福祉領域における人権にかかわる状況の歴史的概観……124
2）権利擁護委員会の活動（2002（平成14）年～）……125
3）成年後見人養成について……129
4）PSWの権利擁護機能……132

第Ⅲ章　精神保健福祉の動向・関連論考

第1節　精神保健福祉法改正―――――135
1）総論的な論考……（岩上洋一）　135
2）各論的な論考①――保護者制度の廃止と家族支援……（青木聖久）　140
3）各論的な論考②――医療保護入院手続きの変更と精神科病院における早期退院支援
……（川口真知子）　143
4）各論的な論考③――医療保護入院制度にかかわる行政責任……（中川浩二）　146

第2節　障害者自立支援法の成立から障害者総合支援法まで―――――149
1）障害者権利条約の批准と制度改革の経緯……（藤井克徳）　149
2）精神障害にかかわる制度・政策（精神保健福祉法から障害者自立支援法、障害者総合支援法まで）……（岡部正文）　154
コラム（今村まゆら）／159

第3節　東日本大震災と協会活動―――――160
1）日本精神保健福祉士協会による被災地支援……（小関清之）　160
コラム（梶田紀子）／166
2）日本精神保健福祉士協会による災害支援体制整備の継続的な取り組み
……（廣江　仁）　167

第4節　精神保健福祉士の資格の発展―――――170
1）資格制度のあり方……（石川到覚）　170
2）職域拡大と社会的認知の向上……（大塚淳子）　175
3）厚生労働省認定精神保健福祉士実習指導者講習会の継続実施……（齊藤晋治）　180

第5節　関係団体との協同 ──── 185
　1）精神保健従事者団体懇談会……（木太直人）185
　2）社会福祉専門職団体協議会……（古屋龍太）188
　3）ソーシャルケアサービス従事者研究協議会……（宮部真弥子）191
　4）一般社団法人日本精神保健福祉士養成校協会……（小澤一紘）194

第6節　それぞれの実践課題にかかわる精神保健福祉士 ──── 196
　1）就労支援……（倉知延章）196
　2）認知症にかかわる問題……（岩尾　貴）199
　3）成年後見制度……（今村浩司）202
　4）ピア活動……（行實志都子）205
　5）医療観察法……（伊東秀幸）208
　6）自殺予防対策……（吉野比呂子）212
　7）福祉事務所による生活保護受給者の退院促進の支援……（洗　成子）215

編集代表、編集委員及び執筆者
CD-ROM について

発刊に寄せて

(公社) 日本精神保健福祉士協会名誉会長
旧日本精神医学ソーシャル・ワーカー協会初代理事長
聖学院大学総合研究所
柏木　昭

　「日本精神保健福祉士協会50年史」の刊行を心からお喜びいたします。
　50数年前、大学で福祉の教育を受け、その理念に情熱を燃やした若者がすでに多くいました。私自身も1950（昭和25）年、横須賀基督教社会館でボランティア活動をやらせていただき、この道にはまり込んだ者です。第二次大戦敗戦直後のことです。その後私は1955（昭和30）年に国立精神衛生研究所（以下、精研）に入りました。昭和38、39年ごろから、全国各地にも、いわゆる自称、他称PSWとして、ときには院長車の運転やまたときには病院図書室の司書的な仕事をしながら、大学で教えられた知識と技術をいかした患者さんとの面接をしたくても、なかなかそういう立場につけないでいる多数のソーシャルワーカー（以下、ワーカー）がいました。しかし問題意識を持つワーカーの間で動きが勃興し始めていました。1963（昭和38）年、ソーシャルワークの必要性を痛感する76人のワーカーが日本社会事業大学に集まり、「精神病院ソーシャルワーク連絡協議会」が発足しました。翌年精研内に、「精神科ソーシャルワーク推進委員会」事務局が設置され、それが同年11月、仙台での日本精神医学ソーシャル・ワーカー協会設立大会につながりました。この間、有為な指導的ワーカーが各地で、苦闘を強いられながらも協会設立のために頑張って下さいました。多くの方々は物故されています。感謝の言葉が見つかりません。
　当時わが国の精神医学はドイツ流の記述精神医学に依拠する診断理論が中心的な位置を占めていました。治療の主流を占めたのは電気痙攣療法（ショック）です。後は患者を拘束しておくという治療とは名ばかりの、社会防衛的な措置しかとられませんでした。人権の尊重などその理念のかけらもありませんでした。ワーカーは精神医療の領域で、まるで水と油の世界に入って行って、ソーシャルワーカーとして、面接をしようとしました。土台精神医学の知識もないのに、患者（クライエント）と面接するなどおこがましいという風潮の中で、です。それでもクライエントのニーズに応えていく専門職になりたいという情熱が私たちワーカーを支えました。その知識と技術の中心に位置づけられたのが「クライエント自己決定の尊重」です。日本の精神医療の中には、患者の主体性を認めるという理念は見当たりませんでした。クライエントは治療対象ですから、無理からぬことです。
　そういう状況の中で、精研ではいち早くアメリカ力動精神医学に依拠した医師・看護・心理・福祉からなる医療チームの概念を取り入れた接近法を開発しました。昭和30年代に入ると、精神科の薬が出始め、クライエントや家族の言うことをあまり聴こうとしなくなりました。逆にワーカーは家族と連携することが多くなりました。その後、依然精神医療は向精神薬中心で進められ、現象としては多剤多量の薬が投与され、その副作用に苦しんでいたクライエントを私は何人も見ています。なかにはかえって状態が悪化し、自死の道を選びました。胸が痛みま

す。クライエントが本当に必要なのは向精神薬のみの治療ではなく、「話し薬」が極めて大事なのです。今日そういう側面での重責をワーカーが喜んで荷っているのを見ることができ、まことに心強く、また嬉しく思う次第です。

　私の今の心境を綴り、発刊に寄せることとします。

発刊に寄せて

(公社) 日本精神保健福祉士協会相談役
旧日本精神医学ソーシャル・ワーカー協会理事長
ぴあ三浦
大野和男

　私のPSW実践は、1966（昭和41）年精神科病院に始まります。当時は協会が発足してすでに3年を経過していました。当時、先輩諸氏に感じていた圧倒的なキャリアの差は、もはや今となっては50年という長い年月の中に埋もれて、同じ時代状況を歩んで今日に至っているとの感があります。当時、国家資格制度のない時代にあって、当時の入会資格規定は現在とは異なり、福祉系の大学（あるいは大学院）卒業後、PSWの実践経験を2年以上積んだのち、会員2名以上の推薦があって初めて入会が認められるというものでした。この入会資格にはソーシャル・ワーカーであるPSWが職能団体を結成することにより専門性の深化を希求し、専門職自立を確立しようとする当時の強い意思が基底にありました。

　私自身、先輩諸氏の後ろ姿を追い続け、PSWとしての専門性を身につけていく過程で、事務局の事務を手伝う機会に恵まれますが、当時の常任理事の諸先生方の真剣な論議に触れ、会議室の片隅で聞き耳を立てていた自分の姿がありました。20代後半の頃のことです。私は柏木昭先生をはじめ、今は亡き、岩本正次氏、小松源助氏、早川進氏、坪上宏氏、谷中輝雄氏が一堂に会して論議を尽くされる姿に接し畏敬の念を抱いたものです。専門性の深化と確立、専門職としての社会的地位の確立は協会発足の当初からの重要な課題でした。

　そのような私に、およそ20年近い現場実践を経たのちの1987（昭和62）年に、理事長の重責を担う役割が回ってきます。それまでの私はすでに、Y問題が提起した継承性の諸課題に取り組み、Y問題の総括を目的として設置された提案委員会の委員として報告書の取りまとめの役割を担っていました。

　この体験は私の理事長としての基本的な立場性を形成しました。すなわち私の理事長としての努めは、Y問題の継承性を軸に職能団体としての専門性を深め、およびPSWと協会の社会的地位の確立に向けた取り組みを行うことにありました。具体的には、倫理綱領の制定、PSW業務論とそれに基づいた業務統計の集積、精神医療従事者団体懇談会（当時）を軸にした関係機関・団体との連携による社会的活動の推進、PSW業務指針の策定、精神保健福祉士法の制定にみられるPSWの社会的地位の確立に向けた取り組みでした。

　これらは、それまでに協会が取り組んできたものについてY問題の継承性の観点から継続しつつ積み上げることを目的としました。精神障害者の人権擁護をPSW論とPSW専門職自立の基本に据え、それまでの曖昧さを伴っていたPSWの立場性を明確にしたことで、今日につながる役割を果たすことができたのではと思っています。PSW基本指針（精神障害者の社会的復権と福祉のための専門的・社会的活動を進める）、PSW倫理綱領、PSW業務論、PSW業務指針が一体となることで、PSWの専門性及び専門職自立の構築に向けた道筋をつけることができたと考えます。

PSWの社会的活動については、私が理事長の時期は、精神保健・医療・福祉の諸課題について、関係機関や団体との連携・共同を図りつつ社会貢献を果たしていくことで精一杯で、限定的なものであったと反省をしています。今日的には、地域を軸にした活動の推進を図ることであり、その活動には精神保健福祉士としての専門性の枠を越えて市民協働による社会的活動を進展し拡大させていくこと、それにより地域社会に新たな地平を切り開いていくことに貢献するように活動の軸を置くべきであると考えています。

　私が理事長の時期に課せられた最大の課題は、国家資格制度の実現でした。この課題に取り組むためにまとめた「基本5点」は、Y問題の継承性と専門職自立を内容としています。これが正しく評価され、制度体系の中に受け入れられるまでに10年間にわたる活動を要しましたが、今振り返るとそれだけの必然性があったものと考えます。今日、施策・制度の変動期を迎え、専門職制度も転換点に立たされているようにみえます。このような時期こそ「基本5点」に立ち返り、専門性を探求し協会組織を含めた専門職自立の課題について、その評価を他者に委ねず、自らの責任の下に高めていくことが必要です。PSWが自ら取り組み構築してきたY問題の継承性の実践を風化させないためにも、PSWが自らの力と責任の下に成し遂げることが肝要です。

発刊に寄せて

(公社)日本精神保健福祉士協会相談役
旧日本精神保健福祉士協会会長
十勝障がい者総合相談支援センター
門屋充郎

「50年史」の刊行に心からお祝い申し上げます。

私は大変幸せ者です。40年史の時も一文を寄稿させていただき、10年を経た今、再び歴史に残る史誌に私の拙文を寄せられる歓びは、歳を重ねてきた私にとってこの上もなく感慨深いものです。

さて、私たちはどこから来てどこへ行く職業なのでしょうか。私たちはいかなる専門職としてのアイデンティティを持っているのでしょうか。協会設立から50年間歩んできた時間は、協会員が成長を重ねるのにどのような役割を果たし、どのような成長が今の姿としてあるのでしょうか。私にはわからないことばかりが正直なところです。なぜならば精神保健福祉士として働いている姿から、これこそ精神保健福祉士と感じられる人たちに出会うことが少ないと感じるからです。私の視点の尺度が間違っているのかと反省しきりなことを通り過ぎて、この10年間は原点であるソーシャルワーカーとしての職業の制度化に再び挑戦してきました。精神保健福祉士を生み出すことに10年間努力し、国家資格化の達成感を経験した私は、資格化後の専門職としての役割と価値が拡散した実態に困惑し続けてきました。そこで私の取り組みの反省と現実を踏まえて、ソーシャルワーカーとしての次の職業化に取り組むことになったのがこの10年間でした。それは相談支援専門員という障害福祉施策の中の人材構築でした。私は私なりに私の職業を考え続けてきた結果、次のように考え方を整理してきました。精神保健福祉士はソーシャルワーカーの一領域の名称独占国家資格、これによって広く精神保健福祉分野におけるソーシャルワークの展開を図ることが可能となりました。しかし、現実はソーシャルワーカーとしての役割を果たし得ていないと感じています。なぜならば大勢は未だ精神科病院医療完結型に同調しており、PSW時代の批判精神や地域完結型精神保健福祉活動への実践移行の流れを創造する行動化が遅々として進んでいないと考えるからです。そこで私は地域完結型支援の人材として業務独占を持つ任用資格、相談支援専門員の職業としての確立に力を注ぐことにしました。相談支援専門員は地域で暮らすことを当たり前にして本人中心支援を基本に据えた実践職業を目指しています。精神保健福祉士の名称独占専門職に加えて業務独占を持つ相談支援専門員資格となることにより、ICFを基本とした本人中心支援を担う職業として成長発展するソーシャルワークの道を探ってほしいと考えているのです。

わが国における精神障害者の社会的処遇は未だ不幸続きです。協会員がその認識を共有できていないと感じるのは私だけでしょうか。本人優先処遇が当たり前であるはずが、経済原則によって業務が誘導され、その実践に甘んじ続けている精神保健福祉士が会員として自己批判することなく存在することは、協会の社会的存在意義そのものが問われていると感じています。多くの会員を組織して問題を数の力によって解決するといった組織論があったとすれば、それ

は自ら墓穴を掘ることになるように思います。会員個々人の問題意識が重要であって、組織拡大や組織維持に力が削がれる組織は、いくら理念を高く掲げていてもそれは空虚と言わねばなりません。

　会員が社会的処遇の不幸の認識を共有すること、それを取り除こうとする社会科学的視点と本人中心生活支援の実践をもってして、大同団結して不幸を取り除き不幸を創り出さないことに取り組めるソーシャルワーカーの協会であることを切に願い続けています。

　協会は50年を節目に役割を拡散させず集約する作業に取り組み、時代の課題を見据えて課題の絞り込みを行い、次代に向けた目指すべき光源の確認によって協会組織の取り組むべき道標を定めて欲しいと願い期待しています。

発刊に寄せて

旧（社）日本精神保健福祉士協会初代会長
元東京国際福祉専門学校
髙橋　一

　1995（平成7）年1月、日本PSW協会は全国理事会を開いていた。

　議題は精神保健福祉士の国家資格化と協会の法人化であり、そのことの決議を国会に陳情に行くことであった。

　そのとき全国理事が集まっていた食堂が異常なくらい揺れた。テレビをつけてみると阪神・淡路大震災のニュースが流れていた。途端に関西から参加していた理事は自宅へ電話をかけはじめた。私もそのとき知ったが携帯電話はつながらない。公衆電話ならややつながるという混乱が起きたが、協会としては長年苦労してきた資格化の陳情であるので、関西の人はともかくそれ以外の理事は国会陳情に出かけた。

　国会議員も地震のニュースを知らない人がいて、こちらから「テレビをみてくれ」と呼びかける必要があった。厚生省の主幹課に言っても「君たちは、資格のことだけやっていれば良いのだ」と怒鳴られる始末。何日かして関西方面の状況を報告しろと言ってきた。

　協会は、国家資格取得を棚上げにして阪神・淡路大震災の救援に全力を挙げた。この時被災者を現地のPSWが把握していることに感心させられた。保健所から地域に出ていれば当然のことであっただろうが、病院PSWを長く続けていた自分には勉強になった。このことも最近の東北の震災で「絆」として取り上げられ、また、震災後2年～3年経ってPSWの仕事が出てくることを証明させられた震災であった。

　協会は、予算も十分でなく資格の国家資格化には1年の歳月を要した。このことは会員の経済的負担になったが、社会的には評価され、国会の資格法案審議の時には、阪神・淡路大震災の救援もやるような団体であるということが質疑の中で取り上げられた。

　1997（平成9）年12月、会員は自費で国会に陳情し国家資格化を勝ち取ったのである。

　精神保健福祉士の国家資格化はかなったが、それに伴って行われると思っていた協会の法人化はなかなかできなかった。1999（平成11）年4月からは国家資格である精神保健福祉士が次々と誕生してきたが、協会自体の法人化はできなかった。

　2004（平成16）年には、法人化ができた。これは、関係者の皆様のおかげと感謝している。

　50年を振り返って、わざわざ巻頭文をつけたのは、現地には行かなかったが、東北の大震災を見聞きして、出てきた「絆」というものが、PSW業務の基本にあることを再確認したからである。

発刊に寄せて

（公社）日本精神保健福祉士協会相談役
旧（社）日本精神保健福祉士協会会長
京ヶ峰岡田病院

竹中秀彦

創立50周年おめでとうございます。

私は、1976（昭和51）年に民間の精神科病院に就職して38年が経過しましたが、今でも目の前の精神障害のある方々の社会的復権や、当たり前の生活を目指し、病院PSWとして日々過ごしています。この間、地域のPSWの勉強会に参加し、本協会の会員になり、長年にわたり役員をさせていただきました。また、多くのことを学び、人としての成長も得られ、仲間ができ、救われたこともたくさんありました。

1995（平成7）年に当時の精神医学ソーシャル・ワーカー協会の理事をさせていただき、1999（平成11）年からは常任理事として協会運営にも参画しました。その間には、国家資格化に向けて奮闘したこと、診療報酬委員会の立ち上げ、多様化した業務の実態調査を行った業務検討委員会、法人化へ向けての組織部の活動など様々なことに関与することができました。

そして、2006（平成18）年から2012（平成24）年まで本協会の会長を務めさせていただきました。この3期6年間を振り返ってみると、関係省庁への要望書の提出や関係機関や団体との会議などにも出席し、職能団体の会長としての責任の重さや大きさを痛感しました。そのことは我々精神保健福祉士や何よりも精神障害のある方々のためのものなのだと強く感じたことを思い出します。

また、生涯研修制度体系の構築、都道府県精神保健福祉士協会との連携強化により組織率の向上、地方行政に関与できる組織体制の構築や、精神科医療機関における援助業務の診療報酬上の適正評価の要望、生活保護行政における自立支援プログラムへの積極的関与、認定成年後見人ネットワーク「クローバー」の運営、業務指針の作成、精神保健福祉士法の一部改正などにも理事・事務局の皆さんとともに取り組むこともできました。

2014（平成26）年4月に改正精神保健福祉法が施行されました。保護者制度の廃止や医療保護入院見直しの中の退院後生活環境相談員の選任など精神保健福祉士の役割が明記され、同年の診療報酬の改定では、精神保健福祉士の配置加算や退院支援相談員の選任など我々にとって大きな一歩を踏み出したと言えますが、まだまだ、今後への課題はたくさんあると感じています。また、障害者権利条約の批准や障害者総合支援法の改正など、精神障害者を取り巻く状況は、日々変化しています。また、構成員が活躍する場も、医療機関、施設、保健所、教育機関、社会福祉協議会、保護観察所、企業から、市町村、ハローワーク、司法関係、スクールソーシャルワーカーと職域は広がり続けています。

我々精神保健福祉士は、対象者の力や強みを信じ、一緒に考え、ともに成長したいと考えています。日本の精神科医療の現場も少しずつではありますが、良い方向へ変化したように、今後も精神障害者を取り巻く環境が少しでも良い方向へ進むようにと思っています。今後も、構

成員一人ひとりが"誰がための国家資格や組織なのか"を念頭に置き、精神障害のある方々の社会的復権と福祉の向上、そして国民の精神保健の向上に寄与することのできる精神保健福祉士として、実践を積み上げていきましょう。

第Ⅰ章

日本精神保健福祉士協会の歩み

第1節 黎明期(1945年〜1963年)19年間
～終戦から協会成立まで～

1 総説

　わが国の精神科医療の領域で、精神科ソーシャルワーカー（Psychiatric Social Worker；PSW）に関わる最初の記述は、1928（昭和3）年編纂の東京府立松沢病院の『病院史』に「遊動事務員」の将来計画が記されたこととされている。1936（昭和11）年の『精神衛生』第10号には、福山政一が「ケースワークの一分派としてサイキアトリック・ソーシャル・ウワークという独自の活動分野を開拓した」と紹介し、退院患者のアフターケアとフィールドワークにおける一般ケースワーカーとの協同を強調している[1]。実際に精神科医療現場にPSWが置かれたのは、1948（昭和23）年、千葉県の国立国府台病院において「社会事業婦」という名称で橋本繁子（成人病棟）と関川美代（児童病棟）の2人が採用されたのが最初である。当時、国府台病院は、国立の精神衛生センター構想を持ち、その充実を図るために、アメリカに留学して力動精神医学を学んだ村松常雄が院長として就任し、PSWの配置に努力したことが大きかった。まだ精神衛生法が公布される以前のことである。

　1950（昭和25）年は「精神衛生法」が制定され、措置入院制度を中心とした精神病院による精神障害者の「医療と保護」が前面に押し出されるとともに、精神衛生相談所の設置や訪問指導の規定が初めて盛り込まれた。

　1952（昭和27）年には、国立国府台病院に隣接して国立精神衛生研究所が設置され、研究職技官として平賀孟ら7名のPSWを採用して、精神科医、心理学者及びPSWの3者からなる臨床チームによる精神衛生相談の運営を開始している。1956（昭和31）年からは、同研究所児童精神衛生部長の高木四郎がアメリカ留学から帰り、臨床チームによる共同療法を開始して国府台学派といわれ、注目された。

　村松は、1950（昭和25）年に名古屋大学医学部精神科教室に転任するが、大学附属病院においても、1951（昭和26）年にロックフェラー資金を得て「ソーシャルサービス部」を創設し、PSWとして国立国府台病院の看護師で精神科に勤務していた金子寿子を迎え、専任の臨床心理学者（村上英治、星野命、ジョージ・デボスら）と、わが国最初の精神科臨床チームを編成している。金子らを中心として、その後1967（昭和42）年に「東海PSW研究会」が誕生している。

　しかし、当時は、このようなPSWを採用できる条件を持っている精神病院はほとんどなかったといえよう。また、精神衛生法に基づいて保健所に併設されることになった精神衛生相談所も兼務の職員が多かったため、PSWとしての機能を発揮できる体制にはなかった。昭和30年代初めの頃は、まだ私宅監置の名残があり、座敷牢に収容されていた患者も多かった。

　その後、PSWは1950年代中頃から、各地の官公立、法人立の精神病院に徐々に置かれはじめ、1960年代に入ると、急速に民間の精神病院に採用されるPSWが増えている。この背景には、精神病院の建設ラッシュと、精神科医や看護師などのマンパワーの絶対的不足があった。また、1950年代の後半には電気ショック療法（EST）やインシュリンショック療法に替わって、向精神薬による薬物療法が普及し、作業療法や生活療法等の治療的働きかけと相まって、患者の社会復帰の可能性が高まり、退院をスムーズに進めるための業務も増加してきたことが背景に

---

1) 田村綾子「日本におけるソーシャルワークの歴史と精神保健のかかわり」新版精神保健福祉士養成セミナー編集委員会編『精神保健福祉相談援助の基盤［基礎］［専門］』へるす出版, pp.69-74, 2012年

ある。

1954（昭和29）年の厚生省による全国精神衛生実態調査によって、精神障害者の全国推定数は130万人、そのうち入院を要する者は35万人で、既存の精神病床はその10分の1にも満たないとされた。そのため、同年の精神衛生法の改正によって、非営利法人の設置する精神病院の新設と運営に要する経費についても国庫補助の対象とするように改められ、また、医療金融公庫が発足し、低利長期の融資が始まり、民間の精神病院と病床数は急激に増加した。

さらに、1958（昭和33）年の厚生省医療局長通知「特殊病院に置くべき医師その他の従業員の定数について」によって、精神病院は一般病院と比べて医者は3分の1、看護師は3分の2で良いとする医療法の精神科特例を認めたことが増加に拍車をかけた。同年には、全日本看護人協会が改称して日本精神科看護協会（2014（平成26）年4月より一般社団法人日本精神科看護協会）が発足しているが、このような状況の中で、PSWにも手薄な他職種を補う役割が期待されるようになったのである。

民間の精神病院に採用されたPSWの中には、不安定な雇用関係の中で、「何でも屋」とか「便利屋」などと自嘲的に言わなければならないほど便宜的に雑多な業務に取り組むことを余儀なくされたものも少なくなかった。同じPSWといっても、アメリカのPSWをモデルにした臨床チームの一員としてのPSWの業務と、精神病院で期待されたPSWの業務には、大きなギャップがあったのである。

精神病院のPSWは、専門職として臨床チームの一員として働くことを志向しながらも、外勤作業療法など患者の社会復帰の支援のために家族や関係機関と調整し、地域社会との橋渡し役を担ったり、一見雑用に見える業務の中から、病院内での社会資源の情報を正確に提供したりして、患者や家族が主体的に利用することを助けて生活条件を改善するなど、徐々に独自の業務を確立していくことになる。

しかし、当時、PSWが業務を確立して、専門職として生き残るための力量は、採用されてから、精神科医師などの指導の下、経験を積みながら独学で身につけていく努力をしなければならなかった。互いの交流も日本社会福祉学会、日本精神神経学会、病院精神医学懇話会（後の日本病院・地域精神医学会）、全国精神衛生大会等に参加した機会につどい、実践研究報告をもとに情報交換を行う程度であったが、主だった全国のPSWらは学会、大会等への参加を通じ、互いに顔見知りになっており、インフォーマルなネットワークが徐々に形成されつつあった。また、小規模なPSWが集まる勉強会が各地に誕生していった。

その後、1953（昭和28）年に浅賀ふさの尽力で結成された日本医療社会事業家協会の研究会等に、PSWも一緒に参加するようになるが、1958（昭和33）年に日本医療社会事業協会と改組され、医療社会事業の普及啓発に活動の重点が置かれたことを契機に、専門職としてのアイデンティティを求めていたPSWの間で全国組織結成の機運が高まることになる。

1958（昭和33）年には、PSW担当職員のための伝達講習会が行われ、その席上、各地の情報の交換が行われた。それによると、九州では宮崎市を中心にPSWの自主的な集まりが持たれ、東京では、1957（昭和32）年11月、国立精神衛生研究所の柏木昭らの呼びかけによって、関東地区のPSWが集まり、事例を中心とした月例の「サイキャトリック・ソーシャル・ワーク研究会」（後に「東京サイキャトリック・ソーシャル・ワーク研究会」）が発足し、1959（昭和34）年8月に会則を作成して、会員による本格的な研究活動を始めた。

1959（昭和34）年には、厚生省公衆衛生局長通知「精神衛生相談所運営要領について」が示され、同年より国立精神衛生研究所において現任のPSWを対象とした社会福祉課程の研修も開始されている。1960（昭和35）年には、宮城県PSW研究会が発足している。名古屋近辺では、名古屋大学附属病院精

神科のPSWが中心となり、研究会を開催していたが、1962（昭和37）年から、「東海地区PSW研究会」として再発足した。大阪でも医療社会事業協会と一緒に研究会活動を活発に行っていたが、1962（昭和37）年に「関西PSW連絡協議会」として発足した。[2]

1962（昭和37）年7月には、埼玉、神奈川、東京の精神病院で働くPSWが中心となって「精神病院ソーシャルワーク連絡協議会」（事務局：国立国府台病院精神科）が発足している。1963（昭和38）年5月には機関誌『PSW』を創刊し、竹内愛二、岩本正次、岡本民夫、砂田武、見浦康文らが名前を連ねているが、PSWの全国組織化の中で「連絡協議会」の発展的解消に伴って機関誌は廃刊となった。[3]

このように全国各地でPSWの研究会などが発足するなか、1963（昭和38）年8月24日、日本社会事業大学講堂において、全国から参集した76名のPSWによって「精神医学ソーシャル・ワーカー全国集会」が開催された。当時、厚生省内に医療関係に従事するソーシャル・ワーカーの身分・業務内容を制度化しようという動きがあり、これに関連して現場にいるPSWの全国的な意見をとりまとめることが集会の趣旨であった。全国集会では、①資格身分制度、②教育・養成、③業務内容、④組織化などに関して熱を帯びた討論が展開された。同年9月7日には、真下弘（国立国府台病院）ら4名が厚生省精神衛生課を訪問し、全国集会の報告とともに身分法等の立法化については現場ワーカーの意見を十分に反映されたいことを陳情した。この集会が契機となり、9月28日に国府台病院において「精神医学ソーシャル・ワーカー全国集会関東甲信越ブロック会議」が開催され、10月21日に日本社会事業大学において第1回日本精神医学ソーシャル・ワーカー協会設立推進委員会が開かれて以降、協会設立に向けた準備が進められ、東京・千葉・神奈川・埼玉・茨城のPSWらが手弁当で日夜準備作業に没頭した。[4]

この年、アメリカではケネディ大統領の「精神病及び精神薄弱に関する教書」が合衆国議会に示され、世界的に大規模な脱施設化が始まる。国内では日本精神病院協会、日本精神神経学会、厚生省が精神衛生法改正に向けて検討を始め、第2回精神衛生実態調査により全国の精神障害者数は124万人と推計され、厚生省公衆衛生局長通知「精神障害者措置入院制度の強化について」（昭和38年5月17日衛発第393号）が出される。全国精神衛生連絡協議会や全国青い芝の会が設立され、医学連全国大会で医学生が現行インターン制度の拒否を宣言するなど、新たな胎動を予感させる時期であった。

2　PSWの実態

黎明期のPSWの実態については、いずれも国立精神衛生研究所が実施した1956（昭和31）年の「わが国におけるサイキャトリック・ソーシャル・ワークの現状」[5]と、1962（昭和37）年の「精神医学ソーシャル・ワーカーに関する実態調査」[6]の2つの調査がある。

---

2) 日本ソーシャルワーカー協会「特集　サイキャトリック・ソーシャル・ワーク」『ソーシャルワーカー』No.5，1964年
3) 見浦康文「PSWとしての40年の歩み——必要とされる職種への道」『東京PSW研究』第4号，pp.11-32，1995年
4) 3）に同じ。
5) 国立精神衛生研究所「わが国におけるサイキャトリック・ソーシャルワークの現状」『精神衛生資料』第4号，pp.122-128，1956年
6) 国立精神衛生研究所「精神医学ソーシャルワーカーに関する実態調査」『精神衛生研究』第12号，pp.73-88，1964年

1956（昭和31）年の調査では、大学附属病院精神科45施設、精神科を有する総合病院及び精神病院197施設、精神衛生相談所37施設の計279施設を対象に実施して、174施設（62.3％）から回答を得ている。この調査では、事務長等が片手間に「ケースワーク的業務」に従事している場合等を除き、他の業務と兼任であってもケースワークに相当に力を入れている場合をPSWとして扱い、総合病院・大学において医療社会事業に従事している者が精神疾患患者をも扱っている場合もPSWとして扱っている。

　回答のあった施設のうち、PSWを置いているのは、大学が28施設中3施設（10.7％）、精神科を有する総合病院及び精神病院が122施設中27施設（22.1％）、精神衛生相談所が24施設中12施設（50.0％）で、全体の4分の1の42施設であり、またこれらの施設に勤務するPSWは67名であった。67名中、性別不詳の8名を除いた男女比は34：25であり、年齢では31～40歳が18名、21～30歳が17名で、あわせて半数以上を占めていた。経験年数では、2～5年が25名と最も多かった。職歴としては「以前現施設で他の業務に従事していた」者が21名と最も多く、「最初から現職についた」者は17名であった。地区別にみると67名中20名が近畿地区、16名が関東地区、9名が中部地区、6名が北海道地区と四国地区となっている。

　PSWを初めて置いた時期をみると、42施設中10施設が1940年代に配置しているが、1952（昭和27）年に13施設が配置し、これを境にして増加している。多くの施設では、医療社会事業の担当者として採用され、精神科病棟があるということでPSW的業務を行っており、事務や看護と兼務している場合も多かった。業務内容としては（複数回答可）、①公的機関その他との連絡36、②患者の環境並びに身上調査35、③医療扶助に関する措置31、④環境調整及び家族に対する心理的指導28、⑤レクリエーション・グループワーク15、⑥その他21となっている。「その他」の業務としては、病院においては、就職斡旋を含むアフターケア5、ケースワークの範囲外の業務として心理検査2、医療費徴収事務2などが挙げられている。「精神医学的社会事業がまだ微力で、1つの専門的技術領域として十分認められていない兆候」と総括されている。一方、相談所においては教育者等に対するコンサルテーション及び公衆教育7などが挙げられている。

　PSWを置いている総合病院及び精神病院27施設の内訳をみると、官公立が11施設、法人立が11施設と多く、民間の病院は5施設であった。また、42名のPSWの所属をみると、庶務課が15名、ついで院長直属が9名、医局が8名、その他6名、社会事業部4名となっている。なお、PSWを置いている42施設67名のうち、職名として、ソーシャルワーカーあるいはケースワーカー等の職名を与えられているのは法人立病院3か所に所属している8名であり、それ以外の59名は事務職員、看護職員として位置づけられている者が多かった。

　1962（昭和37）年の調査では、全国の精神病院811か所、精神衛生相談所50か所の施設長を対象に一次調査を依頼し、478の長から回答を得ている（回答率55.5％）。PSW職を置いている施設は精神病院441病院中138か所（31.3％）、精神衛生相談所37施設中23か所（62.2％）であった。回答のあった施設に勤務するPSWは、病院が216名、相談所が52名の合計268名と、大幅に増加していることがわかる。相談所については相談所設置規定にPSWの定員が盛り込まれたため、PSWの配置率は病院より高くなっている。

　なお、二次調査では、PSWを配置していると報告された161施設の268名に対してワーカー個人宛の調査を実施している。212名の回答者（うち4名は集計不可能により除外）のうち、精神病院のPSWは163名、精神衛生相談所は45名で、208名の男女比は125：83であった。精神病院では専任74名（45.4％）、兼任が89名（54.6％）であり、専任者の50％が医局に所属し、兼任者はほぼ50％が事務課に

所属していた。このことは、PSWに対するケースの依頼者が誰であるか、PSWの専門職としての仕事内容にも関連していると考えられる。精神衛生相談所では逆に兼任者は少なく、専任者が35名（77.8％）となっており、所属もPSW独立が過半数を超えている。

地区別では、精神病院のPSWは関東甲信越地区が多く、次いで東海、北陸、近畿、九州の順となっている。精神衛生相談所のPSWは関東甲信越、近畿地区の順となる。PSWになる前の職業については、病院・相談所ともに専任者の場合は学校卒業後、直接PSWになったと答えた者がほとんどであった。兼任者の男性は事務職からPSWに兼務する者が多く約50％を占め、兼任女性は看護職員、事務職員とPSWを兼務する者が目立つ。

病院でPSW専任で勤める者の業務を、頻度の多い順に挙げると、①環境及び身上調査、②家庭への精神衛生的指導、③環境調査、④リハビリテーション、⑤インテーク、⑥予診、⑦アフターケア、⑧法的処置・連絡など、⑨グループワーク、⑩レクリエーションとなっている。調査票の自由記載を分類すると、PSWにかかわる問題として、①施設におけるPSWに関する理解が足りない、②PSWの役割が不明確である、③資格と身分保障がなく不安定である、④教育・訓練・スゥパービジョンの機会に恵まれていない、⑤仕事そのものについての自信が持てない、⑥PSWの学問的体系の確立及び業務指針の設定の必要性がある、などの意見が寄せられている。

なお、この調査報告では施設長の治療に関する意見もまとめており、PSWを配置していない施設長は、病棟の開放化を考えていない者や、電気ショック療法についても必要だと考えている者が多い。一方、PSWを配置している施設長は、病棟の開放化と心理療法に必要性と関心を持ち、電気ショック療法に控えめであり、患者の「全人格的接近」により近づいていると評価している。

3 PSWの教育

当時はPSWの養成を意図した専門教育機関は存在せず、むしろ、精神科医師によって育まれ、PSW個々の独学的研究に頼っている状況であった。

1953（昭和28）年秋、わが国の精神衛生の現状視察に訪れたWHOのブレイン（Blain,D.）博士もこの点に言及し、日本の社会事業学校においてサイキャトリック・ケースワークの専門コースを設置すべきであると勧告している。当時のPSWにかかわる学習文献としては、国内では仲村優一（日本社会事業大学教授）の「精神医学的ソーシャルワーク」（みすず書房『異常心理学講座』1954年所収）があるのみであった。

前述した1956（昭和31）年の調査で回答のあった67名の教育及び訓練の状況をみても、ソーシャル・ワークの専門教育を受けた大学・短期大学等卒業者はわずか8名に過ぎず、それ以外の大学卒が7名、専門学校卒が9名、看護学校卒が11名、高校卒が9名という状況であった。また、ソーシャル・ワークに関する講習会（厚生省や県主催の全国医療社会事業従事者養成講習会、社会福祉主事資格認定講習会）には全体の約3分の1しか参加しておらず、67名中43名が受講していなかった。

1962（昭和37）年の調査では、二次調査の回答者208名のPSWの専任・兼任別学歴等をまとめている。208名中74名（35.6％）が大学もしくは大学院を卒業しており、58名（27.9％）が短期大学・専門学校卒業者と学歴は高くなってきているが、最も多い76名（36.5％）は新制高校その他の卒業であった。精神病院・精神衛生相談所のPSWの専任者は大学及び大学院卒の比率が兼任者よりも高く、特に相談

所においては男女とも専任者の場合は50％以上が大学・大学院を卒業している。

専攻別にみると、PSWの専任者は社会福祉を専攻した者が多く、病院においては専任者の男性46％、女性61％が福祉系（社会学及び社会福祉学専攻）、男性13％、女性25％が準福祉系（心理学・教育学・家政学・衛生看護学・保健学専攻）となっており、非福祉系は男性41％、女性14％となっている。兼任の場合には男性の福祉系5％、準福祉系6％、非福祉系89％に対して、女性は福祉系39％、準福祉系26％、非福祉系35％であり、女性にあってはPSWの専門職としての教育を経て実務に就く傾向がみられる。相談所における専任者は、男性の89％が福祉系、女性の54％が福祉系、38％が準福祉系専攻者であるが、兼任者では男性は100％が非福祉系であり、女性は50％が福祉系の教育を受けている。病院・相談所における兼任者の男性については、PSWとしての専門教育を受けているのは12.8％に過ぎない。

PSWの就業傾向は、所属施設、専任・兼任別、男女・年齢別で多様にあり、社会福祉系の大学を修了した者が若干増えているが、大学においてもPSWの系統的な教育訓練は受けていなかった。「PSWは専門のソーシャル・ワーカーでなければならない」と言われながら、現状はその専門性を認めようとしない地方自治体の人事行政によって、およそ「専門的」とは程遠い実情の下に置かれており、精神障害者とその家族を支援するには不十分な状態にあった。鈴木浩二は、1962（昭和37）年にPSWの現況を考察して「特殊専門教育が必要とされるにも拘らず、現任訓練・研修会等の短期教育を通して、量的にPSW担当者を養成しようとする傾向が強く、将来が憂慮される」と述べている[7]。

（佐々木敏明・古屋龍太）

※2006（平成18）年の「精神病院の用語の整理等のための関係法律の一部を改正する法律」（精神病院の用語整理法）制定により、それまでの「精神病院」の用語は差別的であるとして、すべて「精神科病院」に改められ、以降マスメディア等では放送禁止用語になっている。本稿では歴史記述にかかわる部分については、当時の法律上の用語でもある「精神病院」を用いている。

※本文中に引用した当時の調査の統計数値については、一部に手計算による集計誤差が生じていると考えられることから、引用にあたっては合計値・百分比等について補正を加えた。

● 参考文献
1）佐々木敏明「日本精神保健福祉士協会の歩み―1．協会前史（〜1963）」日本精神保健福祉士協会事業部出版企画委員会編『日本精神保健福祉士協会40年史』日本精神保健福祉士協会，pp.18-24，2004年
2）古屋龍太「日本病院・地域精神医学会の50年とわが国の精神保健福祉をめぐる流れ――1957年〜2008年」『病院・地域精神医学』第51巻第3号，pp.254-281，2009年

7）鈴木浩二「日本におけるサイキャトリック・ソーシャル・ワークの展望」『精神衛生資料』第10号，p.134，1962年

第2節 創始期（1964年〜1972年）9年間
～協会設立からY問題前まで～

1 総説

　日本精神医学ソーシャル・ワーカー協会（日本PSW協会）は、1964（昭和39）年11月に発足しているが、この年はPSWにとっても日本の精神医療にとっても歴史的な年となった。

　日本PSW協会設立に向けた準備が進められていた折、1964（昭和39）年3月24日、「ライシャワー事件」が発生した。この事件は、1960年安保後の日米協調が政治課題となっていた時期だけに、日本政府に衝撃を与える事件となった。少年が精神病院での入院治療歴があったことから、政府与党は「異常者施設増強の方針」を決議、厚生大臣は「精神衛生法を改正し、家族・学校・医療機関などに精神異常者の報告義務を課すようにしたい」との見解を表明した。総理大臣も本会議で「精神病対策」を行うことを約束し、マスコミも一斉に「精神病者野放しキャンペーン」を展開した。厚生省は事件発生当時、精神衛生実態調査（1963（昭和38）年）の資料をもとに、発生予防から治療と社会復帰まで一貫した内容とする精神衛生法の全面改正に向けた検討を開始していたが、事件は法改正の内容に大きな影響を与えることとなった。学会や精神医療関係者、患者家族らは、社会防衛・治安的改正に危機感を持ち、全国的な反対運動に取り組んでいった。[8]

　同年5月、関東在住のPSWたちが烏山病院に糾合して、ワーカーの立場から精神衛生法改正について意見を表明するべく連日討議し合った。一方で、ライシャワー事件後の法改正で、PSWが位置づけられることを強く意識して、協会設立の準備が進められた。国立精神衛生研究所内に「日本精神医学ソーシャル・ワーカー協会設立推進委員会」事務局が設置され、東北、関東甲信越、関西、中国四国、九州等に地区推進委員が置かれた。後に協会が設立された際の関東甲信越地区の役員（定員8名）は、柏木昭（国立精神衛生研究所）、鈴木浩二（国立精神衛生研究所）、坪上宏（国立精神衛生研究所）、森三郎（神奈川県中央精神衛生相談所）、砂田武（神奈川県立芹香院）、見浦康文（桜ヶ丘保養院）、小松源助（日本社会事業大学）、岩淵春夫（茨城県精神衛生相談所）であるが、この面々に真下弘（国立国府台病院）らが加わり設立準備のための草案を練る会議が繰り返された。後に見浦は「ライシャワー大使事件はPSW協会の設立を加速した事件でもあった」と回顧している。[9]

　同年10月15日には、「病院PSW連絡協議会代表真下弘」と「日本精神医学ソーシャル・ワーカー協会設立推進委員会代表柏木昭」の連名呼びかけにより、日本社会事業大学で「日本精神医学ソーシャル・ワーカー協会設立のための関東甲信越地区集会」が開かれ、村松常雄が「我が国における精神医学ソーシャル・ワークの発展の歴史と将来への期待」という特別講演をしている。

　そして、1964（昭和39）年11月18日に拡大推進委員会を開いて規約等の最終的な審議を行い、翌日の19日に仙台市の県民会館において88名のPSWの参加を得て日本PSW協会の設立総会が開催された。集まったのは、主として精神病院に勤務するPSWであったが、職場の困難さは違っても「自分たちの公的発言力を強めていけば、それが結果として対象者のニードに応えることにつながる」として「専門性の追求と身分法の確立を求める」という点では一

---

8) 古屋龍太「精神保健医療福祉の歴史と動向」古屋龍太編『精神保健福祉の理論と相談援助の展開Ⅰ』弘文堂, pp.3-34, 2012年
9) 見浦康文「PSWとしての40年の歩み——必要とされる職種への道」『東京PSW研究』第4号, pp.11-32, 1995年

致していた。

　日本PSW協会設立趣意書には「精神医学ソーシャルワークは学問の体系を社会福祉学に置き、医療チームの一員として精神障害者に対する医学的診断と治療に協力し、その予防および社会復帰過程に寄与する専門職種であります」と謳われている。

　規約には、日本PSW協会の事業として、①会員の研究の促進と資質の向上を目的とした会合（全国大会）の開催、②機関誌（『PSW通信』と研究論文を発表する『精神医学ソーシャル・ワーク』）その他の刊行物の発行、③精神医学ソーシャル・ワークに関する調査及び研究、④内外の関連専門団体との連絡及び協力、⑤会員が本会の組織運営に関して協議する総会の開催、⑥その他本会の目的を達する為に必要な事業を行うこと、としている。協会入会の基礎資格としては、日本ソーシャル・ワーカー協会の会員であって（1969（昭和44）年に削除）、学校教育法に基づく大学又は大学院において社会福祉に関する課程を修めて卒業し、2年以上の精神医学ソーシャル・ワークの経験を有する者と規定されている。会員資格審査委員会（小松源助委員長）を設けて、入会申込者を選別し、論文提出が必要な者について提出方法などを検討している。

　こうして、日本PSW協会は、アメリカにおける機能主義・診断主義のソーシャルワーク理論と力動精神医学の影響を強く受けたケースワークを中心にして、クライエントの自己決定の原則を掲げ、医療チームの一員として社会福祉学を学問的基盤とする専門職として社会的地位の確立を目指して歩み始めたのである。

　翌1965(昭和40)年1月に、日本PSW協会は「PSWの身分資格制度に関する専門委員会」（鈴木浩二委員長）を発足させ、2月6日には柏木理事長ほか代表者が日本ソーシャル・ワーカー協会、日本医療社会事業協会、日本社会事業学校連盟とともに厚生省を訪ね、精神衛生相談員として社会福祉系の大学卒業生の採用を要望する「精神衛生技術指導体制の確立に関する陳情書」を厚生大臣と公衆衛生局長に提出している。精神保健、精神科医療領域におけるPSWの増加は、精神科医師などの関係者からも、あるべき役割について検討する動きが出てきており、「精神医学ソーシャル・ワーカーや医療ソーシャル・ワーカー等、医療領域に働くソーシャル・ワーカーの身分資格の確立を図られたい」と陳情書には記されている[10]。

　陳情書提出後の同年6月には、精神衛生法が一部改正されている。措置入院に関連した病院管理者による届け出の制度や緊急措置入院制度、入院措置の解除規定、精神衛生鑑定医、精神病院の管理者などの守秘義務規定などが新たに加えられた。また、在宅精神障害者の医療の確保を容易にするために、通院医療費公費負担制度が設けられた。このほか、保健所を精神衛生行政における第一線機関として位置づけ、精神衛生相談員を配置できることとして、在宅精神障害者の訪問指導、相談事業を強化した。さらに、保健所に対する技術的指導などを行う各都道府県の精神保健に関する技術的中核機関として、精神衛生センターを設置することが規定された。そのため、この頃から、精神衛生センターや保健所にも精神衛生相談員としてPSWが多く置かれるようになった。第42条の「精神衛生相談員」資格として「学校教育法に基づく大学において社会福祉に関する科目を修めて卒業した者」との文言が盛り込まれた。

　協会はこれを受けて、「精神衛生相談員ならびに精神衛生担当の医療社会事業員の任用に関する陳情書」及び「精神衛生相談員ならびに医療社会事業への応募勧奨についての要望書」を日本ソーシャルワーカー協会、日本医療社会事業協会とともに、合

---

10) 9) に同じ。

同で作成し、1965（昭和40）年10月〜11月にかけて、前者を各都道府県知事・同衛生部長宛に、後者を日本社会事業学校連盟加盟26校宛に提出し、陳情と要望を行っている。

なお、同年5月に東京・日本青年館で日本PSW協会第1回全国大会・総会が行われているが、1965（昭和40）年度の会員数は160名、年間予算は約50万円（当時の入会金は500円、年会費は2,000円）で機関誌を年2回、会報を年4回発行し、大会には180名が参加していたことが「会務報告」等からうかがい知れる。[11]

翌1966（昭和41）年4月の第63回日本精神神経学会総会では「精神科医療体系におけるソーシャル・ワーカーの役割」が22分科会で取り上げられ、PSWについて一般演題発表5題とシンポジウム「ソーシャルワークとは何か」が開催されている。PSWの役割と身分制度が、関係者間のテーマとして議論されるようになっていき、同年には、日本ソーシャルワーカー協会、日本医療社会事業協会と合同の「身分制度調査合同委員会」が発足している。

しかし、当時のわが国の精神医療については、WHO（世界保健機関）の派遣で来日したクラーク（Clark, D.H.）が「日本における地域精神衛生（クラーク勧告）」（1968（昭和43）年）の中で、日本の精神病床は人口に比してあまりに多すぎ、必要以上に閉鎖的であり、満床の病室には慢性化・施設症化した患者が無為な生活を送っていると指摘しているように、改正精神衛生法下において、精神病床は毎年1万床以上増加し、加えて、平均在院日数が400日を超える状況で、長期の隔離収容が進んでいった。1970（昭和45）年には、わが国の精神衛生予算約360億円のうち措置入院費用が97％を占めるようになり、精神病床は24万7,265床に達した。

こうしたなか、職員による入院患者に対する集団リンチ殺害事件等の人権侵害が精神病院で横行し、1969（昭和44）年の第66回日本精神神経学会総会、第13回病院精神医学会総会がプログラム中止になるなど、精神医療にかかわる各団体は混乱の坩堝（るつぼ）に投げ込まれていった。さらに、1970（昭和45）年の朝日新聞に連載された大熊一夫記者の「ルポ・精神病棟」を契機にして、精神病院における不正医療行為、非人間的処遇や人権侵害等が次々に告発され、新聞・雑誌等のマスコミでわが国の精神医療のあり方が問われる事態となった。保健所―精神衛生センター体制による地域精神衛生活動もまた、1969（昭和44）年10月におきた多摩川保養院を舞台とする「Y問題」に象徴されるような、入院先行・本人不在の処遇となる危険性を抱えていた。

一方、まだ社会資源も乏しい中で、地域によってはPSWや家族会等の関係者の努力により、地域におけるケアを志向する萌芽的な取り組みが開始されていた。1969（昭和44）年には中央精神衛生審議会の答申した「精神障害回復者社会復帰施設要綱案」が示され、1971（昭和46）年の川崎市社会復帰医療センター、1972（昭和47）年の東京都世田谷リハビリテーションセンターなどの公立社会復帰施設が整備され始めるが、これに先立つ1970（昭和45）年には谷中輝雄が埼玉県大宮市で共同住居「やどかりの里」の実践をスタートさせている。入院中心の精神医療から地域精神医療へのきざしが垣間見られるようになった時期でもあるが、その後「中間施設」は精神科医らから批判の対象となり普及することなく終わった。

PSW及び日本PSW協会も、その存在意義が内外から問われるようになっていった。1969（昭和44）年には、第5回日本PSW協会全国大会・総会（名古屋）の場において全国精神障害者家族会連合会より、健康保険特例法延長法案と精神障害者の医療制

11）「会務報告」『精神医学ソーシャル・ワーク』第2巻第1号，pp. 118-122，1967年

度上の差別に対する反対決議の要請が出され、協会は厚生大臣宛に「医療保険制度改革要綱案に対する反対決議文」及び要望書を提出している。

精神医療の現場に表れた矛盾は、民間精神病院に採用されたPSWが患者の立場に立って社会復帰を支援したり権利擁護にかかわろうとすると、PSW自らの身分や地位が危うくなったり、逆に、雇用者の期待に応えて職場に適応しようとする働きによりPSW自身が保身的に精神障害者の人権を抑圧するという問題として顕在化してきた。前者の事例としては、三重県の精神病院で食費のピンハネ問題が新聞報道され、病院のPSWが解雇されそうになったことや、東京都の病院で患者の社会復帰をめぐって病院と対立した「I」PSWが解雇を命じられた事件が起きている。後者の事例としては、「ルポ・精神病棟」で告発された病院における、協会員による入院患者の不在者投票を意図的に操作したとされる選挙権行使にまつわる人権侵害や、愛知県の精神病院においてPSWが精神科医の業務を実質的に引き受けていた問題に象徴されている。

これらの問題に対する日本PSW協会の組織としての対応は、困難を極め、改めて全国のPSWは「PSWとは何か」「クライエントのために何ができるのか」という基本的問いかけを行いながら、クライエントの現状に目を向け、PSWの業務についての検討を始めることになる。クライエントのニーズを、PSW実践を日常的に展開するにあたっての「要求」と規定し、クライエントをめぐる社会的背景を洞察することの重要性が提起された。

1970（昭和45）年の第6回全国大会・総会（御殿場）では「われわれは現代において何をなすべきか」を大会テーマに掲げ、岩本正次大会長が挨拶で「PSWとは何かということが、不明確なままに協会が出発していたという重大な契機に気付かざるをえ なくなった」「特に我々が当面している精神病院に入院している、また在宅の精神障害者の生活と人権の両面にわたりますこの差別の問題が、我々にとって急務の課題であり、その克服こそ今日の重大な課題であるという認識に到達した[12]」と述べ、協会執行部は、専門性の追求と身分法の確立ということから、精神障害者の現状に眼を向け、協会員が現場で矛盾に直面しながら経験することを取り上げて活動するという新たな方向づけを模索することになる。

1970（昭和45）年9月、常任理事会は全国の支部で検討するための「PSW業務基準検討原案」を作成している。この検討原案の全文では、「患者は自らの生活要求を実現する権利すなわち生活権をもっている。PSWは、患者がその権利を自ら守ることを助けるために、患者の生活と治療の基盤となり、疎外するものとしての社会のしくみと、当事者の主体の問題と、その両者のかかわりを認識することを基本的な視点とする。PSWは、患者及び家族が生活上の困難を現実的、個別的に認識することを援助し、ともに解決を図ることを業務とする」とした。これを契機にして1971（昭和46）年の第7回全国大会・総会（福岡）では、「PSWの業務指針」をテーマとしたパネルディスカッションが組まれ、PSW業務の理論的基盤と具体的内容及びその方向が議論された。なお、同年から協会事業の一環として「業務指針研究委員会」が発足し、東海地区のPSWにゆだねられたが、統一的な指針を出すには至らなかった。

同年には「Y氏」が多摩川保養院を相手に訴訟を起こしており、「Y問題」がPSW協会に提起される1973（昭和48）年の第9回全国大会・総会（横浜）までにはやや間があるものの、この間も数多の精神病院で不祥事や精神外科（ロボトミー）糾弾闘争が続発しており、地域精神医学会が1972（昭和47）年

---

12) 岩本正次「第6回PSW全国大会あいさつ」『PSW通信No.18』pp. 1-2, 1970年7月20日

に活動を休止するなど、精神医療をめぐる混乱は続いていた。

1971（昭和46）年には「社会福祉士法」制定試案が公表され、ソーシャルワーカーの国家資格制度について大きな議論が巻き起こった。日本PSW協会は「身分制度委員会」と「身分制度実態調査委員会」を中心にこの問題にかかわることとなるが、PSWの置かれている環境は資格制度ができたとしても、専門性の確立以前にまずはPSWの待遇改善を含む社会福祉全般、精神科医療全般の基盤整備を先行するべきとして、この制度については疑義を呈した。

精神障害者の長期隔離収容政策により民間精神病床が急増し、少ない職員による劣悪な処遇と不祥事が常態化したわが国で、精神障害者とその家族への相談支援を業務とするPSWは、組織の中で常に倫理的ジレンマと矛盾を背負う存在であったといえる。「Y問題」は、当時のPSWの官民格差や日本PSW協会が置かれた政治状況を反映した出来事として浮上し、PSW間に重い課題を投げかけるとともに激しいコンフリクトを生じさせ、その後の協会活動が機能停止に至る協会存亡の危機を招来することとなった。

2 PSW協会員の実態

この時期のPSWの実態については、全国調査が行われていないため、把握できていない。1964（昭和39）年の協会発足後、協会員は毎年50名程度増加し、1972（昭和47）年の会員数は422名になっている。

1968（昭和43）年に行われた協会員調査「わが国における精神医学ソーシャル・ワーカーの現状と将来」[13]では、232機関・施設を対象にして調査を実施して、117機関・施設（50.4％）から回答を得ている。あわせて、266名のPSW協会員に調査し、182名のPSW（68.4％）から回答を得た。PSWを所属別に見ると、精神病院100名、精神衛生センター27名、保健所28名、その他27名となっており、精神病院に所属する者が55％を占めていることがわかる。性別は、精神病院と精神衛生センターはちょうど半数ずつに男女が勤務し、保健所においては79％が女性である。PSWの年齢構成は精神病院ではほとんどが30代であり、精神衛生センターでは、50％以上が30代以上である。保健所では20代が圧倒的に多くなっていることがわかる[14]。

協会の待遇調査委員会（伊達徳子委員長）は、1972（昭和47）年11月1日現在で、584名のPSWを対象として、218名から回答を得て（回収率37.3％）、「あくまでも参考」資料として報告している[15]。これによると、勤務先別では59.6％（130名）が精神病院勤務者であり、学歴別では大学卒が87.2％となっている。経験年数別にみると精神病院では経験年数5年未満が過半数（69名）となっており、急速に新採用が進んでいることが窺える。給与に関しては、公的機関については大差ないものの、私的病院勤務25歳未満では単純平均4万5,447円となり、当時の大卒企業事務系平均給与額（5万3,504円）に比べると8,000円の差がある。25～30歳でも、

---

13) 柏木昭・坪上宏・佐竹洋人・小川武子「わが国における精神医学ソーシャル・ワーカーの現状と将来」『精神医学ソーシャル・ワーク』第4巻第2号, pp.26-36, 1969年
14) 13) に同じ。
15) 日本PSW協会待遇調査委員会「PSW待遇調査委員会報告（調査結果概要）」『精神医学ソーシャル・ワーク』第8巻第1号, pp.1-15, 1974年

PSWは平均5万3,000～5万4,000円であるのに比べ事務系男子係員は6万4,000円台となっており格差があり、調整手当がついている者も、私的病院では92名中10名に過ぎない。時間外勤務手当もついていない者が私的病院で62.2%もあった。特別勤務手当、危険手当、宿日直手当、定期昇給などもあるが、その金額は病院間格差が激しく10倍以上の開きがある。「病院による格差がはげしく、どちらかといえば低賃金で稼働させられているというのが現状では

ないか?」と報告書は記している。「上司が精神科医」は約9割を占め、学会・協会・研修への参加についても格差があり、「自分たちが勉強していくことに対して周囲からの強い支持や援助を受けにくい、その点では孤立した雰囲気の中に多くのPSWがおかれていることを示唆する」とされている。問題点として、①身分と定数の確立、②業務内容の確立、③新人の研修、④現任訓練・スーパーバイザーの養成、が掲げられている。

3 PSWの教育

関西学院大学で開催された1966(昭和41)年の第2回全国大会・総会では、パネルディスカッション「精神医学ソーシャル・ワーカーの教育における問題」が行われている[16]。その中で鈴木浩二が報告しているが、この時期のPSWの養成教育状況を調べた調査としては、1965(昭和40)年12月に日本PSW協会身分制度委員会が日本社会事業学校連盟加盟校26校と協会員160名を対象に実施した「社会福祉教育に関する調査」がある。その調査結果をみると「社会福祉教育カリキュラムが各大学によって大きな差異がある」「多くの学校がgeneric S.W.に重きをおき、PSWに直接に役立つような講座は設けていない。精神衛生医学知識、社会医学の講義も2単位程度である」と報告されている。

社会福祉教育訓練についてのPSW側の意見及び要望を多い順に列挙すると、大学に対しては、1．社会福祉の専門教育としての内容が貧弱である、2．実習の内容・仕方・組織が不備である、3．社会福祉教育としてのカリキュラム内容がまちまちで統一性に欠ける、4．教授の質及び経験不足が問題である等の意見が並ぶ。研修会・講習会等についても、同様に教育方法・カリキュラム内容の不備、スーパービジョンの不足等が寄せられ、その他の要望としては、1．SWの身分資格制度の確立とそれに沿った教育制度の樹立が必要である、2．通信教育制度を設けて働いているSWの資質の向上を企てる、3．SWの固有理論の確立が大切である等の意見が並んでいる。

大野勇夫(岐阜精神病院)が報告した、東海地区PSW研究会の全メンバー47名を対象とした調査によれば、「我々の受けた教育は臨床場面で役立っているか」という設問に対して77.8%の者が「直接には役立たない」と回答している。当時のカリキュラムを提示したうえで「単位数を増やすべき科目」としては、実習、精神衛生、ケースワーク等が並び、「必要と思われる講座」としては、精神医学ソーシャルワーク論、精神医学、家族心理学、精神病理学、リハビリテーション論、発達心理学等が求められている。フロアとの質疑討論では「今日の社会福祉関係の大学では、PSWの教育を、必要にして充分行いうる所はないのではないか」等の問いかけがなされており、当時のPSWの養成教育の厳しい状況が語られている。

(佐々木敏明・古屋龍太)

---

16) 柏木昭・嶋田啓一郎・鈴木浩二・武田健・大野勇・森村茂樹「精神医学ソーシャル・ワーカーの教育における問題点」『精神医学ソーシャル・ワーク』第2巻第1号, pp.24-41, 1967年

●参考文献

1) 小出保廣「日本精神保健福祉士協会の歩み——2．草創期（1964〜1969）」日本精神保健福祉士協会事業部出版企画委員会編『日本精神保健福祉士協会40年史』日本精神保健福祉士協会，pp.25-31，2004年
2) 小出保廣「日本精神保健福祉士協会の歩み——3．躍動期（1970〜1972）」日本精神保健福祉士協会事業部出版企画委員会編『日本精神保健福祉士協会40年史』日本精神保健福祉士協会，pp.32-36，2004年
3) 古屋龍太「日本病院・地域精神医学会の50年とわが国の精神保健福祉をめぐる流れ——1957年〜2008年」『病院・地域精神医学』第51巻第3号，pp.254-281，2009年

第3節 再生期(1973年〜1988年)16年間
〜Y問題から精神保健法施行(昭和の終わり)まで〜

1 総説

1970〜1980年代の「再生期」は、協会が大きな混乱の坩堝に放り込まれ、いったん機能を停止しながらも、多くの会員の努力により専門職能団体として再生してきた時期である。この時期を「混乱期」(1973(昭和48)年〜1977(昭和52)年)、「機能回復期」(1978(昭和53)年〜1982(昭和57)年)、「再生期」(1983(昭和58)年〜1988(昭和63)年)の3つの時期に分けて記述する。

❶Y問題提起による混乱期(1973年〜1977年)

1969(昭和44)年、川崎市の精神衛生相談センターと多摩川保養院を舞台とする「Y問題」が発生する(第Ⅱ章第2節参照)。極めて不適切な強制入院を引き起こした責任は、たとえ合法的な手続きを執っていたとしても、相談を受けたPSWにもあるとして、1973(昭和48)年の第9回全国大会(横浜)のシンポジウムにおいてYさんとその両親によってPSW業務の加害者性に関する問題提起がなされた。Yさんの裁判闘争を支援する「多摩川保養院を告発し地域精神医療を考える会」からも、不法強制入院に関与したPSWの専門職としてのあり方が問われ、この対応をめぐって協会は紛糾した。

外部からの問題提起に対し協会として迅速に対応できなかった背景には、組織基盤の脆弱性に加え、会員個々と協会執行部間に存在するY問題に関する意識の乖離も大きく影響していた。1964(昭和39)年の設立当時は88名にすぎなかった日本PSW協会の会員たちが、1970年代に入ってから「東京PSW研究会」(1971年)[17]や広島の「PSWの会」(1972年)[18]など小規模な研究会組織を各都道府県で立ち上げ、8年を経過した1972(昭和47)年には444名と約5倍に増加し、一見協会は順調に拡大を続けているかにみえた。しかし、その内実においては、多くの会費未納者の存在や、1973(昭和48)年度総会が参加者不足で仮総会に切り替わったことなどからもわかるように、会員の協会活動への期待とその参加意識は会員数の増加とは比例していなかった。このような協会の状況の体質改善に臨むために「あり方委員会」を設置したその大会で、PSWは自らの業務に対する市民からの告発を受けることになった。

執行部はY問題について調査委員会を設け、1975(昭和50)年に報告書を提出し、「Y問題調査報告により提起された課題の一般化について」を資料として一般会員へも配布し、その一般化の作業を地域ブロックごとに行うことを協会の基本方針として取り組むこととした。しかし、これに対する一般会員の反応は消極的で、執行部との対立の度合いを深める結果となった。Y問題の継承に難色を示す会員たちの声には、自らの地位の法的根拠や保障をもたない状況下では、所属する組織の告発にもつながりかねないような患者の人権擁護機能を果たすことはできないとする実践現場からの被雇用者としての切実な訴えが込められていた。各ブロック研究会における議論は、Y問題か身分法かという二者択一的な討論に偏りがちとなり、PSWの身分資格制度について議論を予定していた1976(昭和51)年2月の関東甲信越地区PSW研究集会は、ハンドマイクで「関東ブロック集会粉砕!」を叫ぶグループにより

---

17) 見浦康文「東京PSW研究会を省みて」『東京PSW研究』100回記念特集号, pp.17-22, 1981年
18) 広島PSW研究会事務局「広島PSW研究会の歩み」『広島県PSW協会報告集』創刊号, 1986年

流会となった[19]。ついに大会でのY問題継承をめぐって事態は紛糾し、1976（昭和51）年の第12回全国大会・総会（静岡）は中止となった。背景には、所属組織による官民格差や、大学と現場との乖離、経営者サイドと労働組合サイド、保守派と改革派、現実主義路線と原理主義路線、身分資格派と人権闘争派の間のコンフリクトがあった。このあと事務局長に続き理事長の辞任に至った協会は存続の危機にさらされ、全国組織としては機能停止することとなった。

Y問題から提起されたこれらの課題は、PSWの立場と視点、対象者理解における社会的視点の必要性など、今日のPSW業務とその専門性に関する協会の指針として生かされている。紛糾しながらもY問題への取り組みを放棄しなかったことで、この苦い経験を現在のPSW業務の基盤形成に生かすことが可能となったといえる。この時期、協会機能は混乱をきたしたが、それ以前の力動精神医学の影響を強く受けた技術志向的専門性の追求から脱却し、対象者の社会的復権や福祉の実現といった価値志向を基盤とする専門性のあり方に向けて、協会が大きく方向転換を果たすための胎動期であったともいえる。

❷提案委員会報告による機能回復期（1978年〜1982年）

機能停止状態に陥った協会は、その活動を大会・総会の開催と機関誌発行等の最低限の活動にとどめ、協会存続の意味を模索し、Y問題の教訓化、PSWの専門性の中身を明確化する作業に取り組むこととなった。Y問題の教訓化に基づき日常実践の検討を集中的に継続することを通じて、対象者—援助者関係の置かれている社会的状況との関連の中で対象者の立場に立って問題を捉え直すこと、そして対象者とともに歩む関係の重要性を認識し合うところから専門性を捉えることを志向するPSW実践の方向性が明確にされた。

一方、厳しい実践状況に置かれているPSWの社会的地位の向上を図るために身分資格制度の課題に取り組むべきであるとする根強い意見もあり、Y問題か身分法かといった二者択一の判断を迫る状況も生まれた。そのため、これらの意見の調整が図られ、谷中輝雄理事長から「Y問題等患者の人権をめぐる問題と資格制度の検討は二者択一ではなく、関連し合っている事柄である。資格制度を具体化する検討の中では、PSWの立場性が問われ、倫理性の確立も求められる。Y問題の継承と資格制度の最大公約数として専門性の検討を当面の課題とする」との見解が表明され、まとめられていった。

1978（昭和53）年3月の第13回全国大会（大阪）では、「PSWの当面する課題」をテーマに掲げ、同年11月の第14回大会・総会（浦和）でも「PSWの当面する課題（その2）——入院を軸としてクライエントとのかかわりを考える」をテーマに据えて、「PSWの当面する課題と協会活動」の基調報告が行われている。また、1979（昭和54）年には、資格制度について日本医療社会事業協会（当時。以下、「MSW協会」とする）よりMSWの制度化を要望する国会請願運動の協力依頼があったが、これについては現状を鑑み、請願への署名は個々人で協力することが確認された。さらに、同年にはPSWの役割の明確化と資格制度をめぐって、問われている専門性の中身が討論された。協会がY問題の提起を現実場面でどのように生かすのか明確な答えを出す時期にきていることが認識され、1980（昭和55）年、協会の機能回復を積極的に進めるために「提案委員

19）見浦康文「PSWとしての40年の歩み——必要とされる職種への道」『東京PSW研究』第4号，pp.11-32，1995年

会」の設置が決定された。「提案委員会」における検討の過程と成果を、1981（昭和56）年の第17回全国大会（東京）に「提案委員会報告」として提出した。この「提案委員会報告」はその後の協会活動の指針となった重要な文書であり、協会を「『精神障害者の社会的復権と福祉のための専門的・社会的活動』を中心に据えた組織とする」ことを提起している（第Ⅱ章第2節参照）。

その後、協会は「提案委員会報告」を具体化するために、日常業務の深化、法人化、保安処分等をめぐる活動、支部活動の推進に取り組んだ。1982（昭和57）年に札幌で開催された第18回全国大会・総会では、「精神障害者の社会的復権と福祉のための専門的・社会的活動を進めること」をPSW及び協会活動の基本指針とすることを明文化した「札幌宣言」を採択した。また、新執行部体制と常任理事会の再開も確認され、協会はようやく完全に正常化されたのである。

なお、この時期、1980（昭和55）年8月の新宿西口バス放火事件を契機に、にわかに精神障害者の犯罪がクローズアップされ、「保安処分を含む刑法全面改正」への関心が高まる社会状況にあった。各関係諸団体が反対声明を出す中、協会も1980（昭和55）年に保安処分制度に反対する決議（案）を採択し、法務大臣に抗議文を送付している。

❸「札幌宣言」以降の再生期（1983年〜1988年）

「札幌宣言」によって運営が正常化するのに伴い、協会は1981（昭和56）年にまとめられた「提案委員会報告」を受け、専門性を深めることを目的とした3点課題（精神障害者福祉論の構築、業務の構築、倫理綱領の制定）を掲げて積極的な取り組みを始める。

こうした協会の再生に向けた取り組みがなされていた1984（昭和59）年3月に、「宇都宮病院事件」が起き、看護職員の暴行により入院患者2名が死亡するという事実がマスコミ報道で明らかにされ、大きな社会問題へと発展した。協会もこの問題に対し、総会で「宇都宮病院問題に関する声明」を決議する。同事件以前にも、大阪の大和川病院事件、福岡の中村病院事件、徳島の秋田病院事件、滋賀の水口病院事件など、1967（昭和42）年以降12件に及ぶ精神科病院の患者虐待（死）事件も報道されており、看護者による患者のリンチ・殺人事件が発生している事実が国会でも論議されている。これらの事件の背景には、患者の人権擁護規定が無く、強制入院しか認めていないわが国の法律に問題があったが、「関係法規の改正が必要ではないか」との質疑に対して、日本政府は当初「かかる不祥事件は誠に遺憾。精神衛生法の運用に欠陥はあったが、法には問題がない。今後厳重に取り締まらせる」との答弁姿勢を崩さず、1984（昭和59）年6月「精神病院に対する指導監督等の強化徹底について」と題するいわゆる「厚生省三局長通知」をもって事態の解決を図っている。[20]

国内のマスコミのみならず、海外のメディアも「人権後進・経済大国」のスキャンダルを報道するに至り、わが国の精神医療現場の問題と行政の無作為が、大きな問題として取り上げられた。「日本における精神障害者の人権及び治療に関するICJ（国際法律家委員会）・ICHP（国際医療専門職委員会）連合調査団」は訪日調査を踏まえて、1985年5月に日本政府に対して「結論及び勧告」を提示した。この報告書は、ジュネーブで開催された第37回国連人権委員

20）古屋龍太「精神保健医療福祉の歴史と動向」古屋龍太編『精神保健福祉の理論と相談援助の展開Ⅰ』弘文堂，pp.3-34，2012年

会差別防止と少数者保護のための小委員会にも提出された。国連人権委員会では、患者本人の意思に基づく入院制度もない日本の法制上の不備が、厳しく指弾された。わが国の精神医療の実情が国際的批判を浴びる中で、同年8月、政府は精神衛生法の改正に着手することを表明せざるを得なくなった。本協会を含む精神医療従事者団体懇談会（精従懇）も1987（昭和62）年1月に精神衛生法改正に関する国際フォーラムを開催し、「専門的で人間の尊厳を重視した治療を受ける権利」「差別の禁止」「自発的入院中心」「審査手続きの確立」「通信面会の自由」という5原則を確認する。

　こうした国内外の論議の高まりの中で、1987（昭和62）年、精神衛生法が精神障害者の人権擁護と社会復帰の促進を主眼とした「精神保健法」に改正され、精神障害者本人の同意に基づく任意入院制度と入院時等の書面による権利等の告知制度、精神医療審査会と精神障害者社会復帰施設に関する規定が設けられた。協会は、法改正の趣旨を具現化する人員としてPSWの配置が不可欠であるとして、1986（昭和61）年に「精神衛生法改正に伴うPSW配置に関する要望について」を政府に提出しており、関係団体に理解を求める活動を展開した。法改正の際には、衆参両院においてPSWなどのマンパワーの充実を図る旨の附帯決議がなされた。

　法改正が進む一方で、1987（昭和62）年1月に政府は、福祉と医療領域における専門職に対し法定資格化を図る方針を公表した。その一つに「医療ソーシャルワーカー」が掲げられ、日本PSW協会は「国の社会福祉職への資格制度化に対する対応について」として医療と福祉を統合した資格が必要であるとの見解を公表し、国に対する要望活動を展開した。また一方で、1987（昭和62）年に「社会福祉士及び介護福祉士法」が成立したが、社会福祉士は福祉領域に限定し医療領域を含まない職種として明記されており、将来医療領域のソーシャルワーカーの資格化が国会で約束された。協会は同年7月に「社会福祉士及び介護福祉士法に関する見解」を示し、当時の協会の国家資格に関する基本的あり方として「基本5点」をまとめた。

　また1986（昭和61）年には、日本PSW協会はPSWの専門性を構築する課題の一つとして早期に倫理綱領の制定を掲げることを提起し、倫理綱領制定委員会を設立する（第Ⅱ章第5節参照）。翌年にPSW倫理綱領の作成に着手し、1988（昭和63）年第24回全国大会（沖縄）で採択され、その後の「精神科ソーシャルワーカー業務指針」策定に向けた活動に結実していくことになる。一方、日本PSW協会は、同協会及び協会員が「対象者の社会的復権と福祉のための専門的・社会的活動」を展開していくために、協会の法人化への取り組みの検討を始める。この時期は、協会がPSWの専門性を深めることに積極的に取り組み始めた、再生と新たな胎動の時期といえよう。

2 病院のPSW

　当時の精神病院も、入院患者たちの処遇について、まったく手つかずであったわけではない。多くの精神病院は極めて閉鎖的で劣悪な処遇状況にあったが、社会復帰に積極的な病院では、PSWを中心に患者たちがどのようにしたら地域に帰って行けるか模索し、様々な活動が展開されていた。

　1970年代の精神科のリハビリテーション活動の基本にあった考え方は、段階的移行社会復帰療法の考え方であり、ステップアップ方式の精神科リハビリテーションを病院総体でシステム化したものが「生活療法（くらし療法）」である。これは、後に大きく批判されることとなる。PSWが病院近隣の事業

所や町工場に協力を依頼して、長期入院している慢性分裂病患者を働きに行かせ、外勤に結びつかない患者は、病院の環境整備・掃除・洗濯・調理場などで働かせ、夜は病棟に帰り過ごす「ナイトホスピタル＋外勤療法」による社会復帰・社会再適応の試みは、20年以上にわたって各地の精神病院で実践され続け、その調整支援業務がPSWの役割とされていた。当時は、精神障害者は精神病者として治療の対象として考えられていただけでなく、障害は個体固有のものであり社会に適応できるように個体を訓練するのがリハビリテーションであると考えられていた。自発的な入院制度もない中で、患者が自分で働いて収入を得て社会で独り立ちしていくことが入院治療の最終目標とされており、個別性を無視したステップアップ方式の発想が、長期在院化を招いた一因ともいえる。

1987（昭和62）年に制定された精神保健法によって、任意の入院制度が設けられ、患者は初めて自らの意思で入院医療サービスを受ける選択肢を得た。しかし、入院制度は変わっても、社会復帰活動はなかなか進まず、現在の精神科病院に連なる「歴史的長期在院者」を多数抱える状況を生み出した。精神病床を削減することなく設けられた社会復帰施設は、従来の入院体制を補完するものにしかならず、1960年代の精神病院新設ラッシュ以降も精神病床は増加の一途をたどり、1990（平成2）年前後に35万床に達する。1991（平成3）年に始まったバブル崩壊とともに、日本経済は長い平成不況に入り、これと軌を一にして精神病床稼働率は低下し、精神病床数は緩慢に下降し始めた。

3 地域のPSW

1970年代は社会復帰活動の幕開けの時期でもあった。1970（昭和45）年、精神病院を辞職した谷中輝雄により埼玉県にやどかりの里が開設され、病院での実践が中心であったPSWが地域に展開する先鞭をつける。同年には国が精神障害回復者社会復帰施設整備を予算化し、1971（昭和46）年以降、川崎市社会復帰医療センター、世田谷リハビリテーションセンター、岡山県立内尾センター等が開設された。これらの公立施設は、病院と地域の中間に位置することから「中間施設」と呼ばれたが、「医療行為が不明確」「劣悪な精神病院のあり様を固定する」「生活療法等が療法として与えられる構造自体が問題」と精神神経学会が批判したこともあり、当初構想よりも多くの人員配置がなされ「社会復帰医療施設」として多くのPSWが配置されることとなった。1975（昭和50）年にはデイケア施設運営要綱が示され、1976（昭和51）年に島根県立湖陵病院、茨城県立友部病院にデイケアが開設され、PSWが主要な担い手として活躍の場をひろげていった。

1976（昭和51）年に精神障害者を対象とするあさやけ第二作業所（東京都小平市）が開設されて以降、家族会を中心とした共同作業所開設運動が各地にひろがっていき、1977（昭和52）年には共同作業所全国連絡会（後の「きょうされん」）が結成されている。精神病院に勤務していたPSWらも地域での支援拠点づくりに傾注し、手弁当で運営委員会方式の作業所を各地に開設し、自治体から運営費補助金を獲得しながら急速に拡大していった。また、日中活動の場だけでなく、精神病院の入院患者の退院受け入れ先として今日のグループホームの原型となる「共同住居」を開設し、圏域のPSWが輪番制で世話人を務めるなどして運営を維持していた。これらの地域での活動には、都道府県や圏域により大きな格差があったものの、PSWによるソーシャルアクション（社会資源開拓）として、急速に全国に浸透していった。

一方、全国精神障害者家族連合会（全家連）は、1979（昭和54）年「福祉法に対する基本的見解と試案」をまとめ、翌年5月に仮称「精神障害者福祉法」試案を発表している。医療一辺倒の処遇ではなく、精神障害者を障害者福祉の対象とするべきとした方向性は先進的なものであったが、その中身は、当時の精神薄弱者の施設収容と同様の「終生にわたり必要な保護を行う」パターナリズムの発想が色濃いものであった。「親亡き後」の患者の将来を思っての願いではあったが、病院退院後も施設収容を中心とする施策提言であり、関係者からは批判を浴びて支持を得られず頓挫している。

4 行政機関のPSW

1965（昭和40）年の精神衛生法改正により、保健所が地域精神衛生活動の第一線機関に位置づけられ、各都道府県に精神衛生センターの設置が進むとともに、各圏域の保健所に精神衛生相談員が配置されていった。PSWの身分資格が明確でなかったことから、社会福祉を学んだPSWを配置する自治体は少数にとどまり、多くの自治体では保健婦が精神衛生相談員として任用されていった。しかし、通院医療費公費負担制度とともに、法改正の趣旨が在宅精神障害者の医療中断の防止と早期把握に置かれていたために、服薬・通院状況を確認するだけの家庭訪問が横行した。

「Y問題」が発生したのが、早期に精神衛生相談センターを設置し、PSWを精神衛生相談員として配置して地域精神衛生活動を積極的に展開していた川崎市であったことからわかるように、当時の行政機関に配置されたPSWの主たる役割は、精神障害者の早期発見・早期治療・受診援助・治療中断防止にあった。Y問題により、地域の在宅精神障害者に対するPSWによる相談支援のあり方が全国的に問われたが、身分資格も不明確な中でPSWの配置は特定の自治体以外ではひろがりを見せなかった。

そのような中で、行政機関におけるPSWら精神衛生業務の専任従事者の専門性向上を図り、精神衛生業務の専任従事者を自治体等に配置していくことを目指して、全国の都道府県の保健所・精神衛生センターに配置された公務員のPSWを中心に、全国精神衛生相談員会が1982（昭和57）年に組織された。

5 PSWの教育

協会設立当初から、会員の多くは精神病院に勤務するPSWによって占められていた。社会福祉系の4年制大学が少なく、精神保健福祉分野で教鞭をとる教員も少なかったこともあり、多くのPSWの出身大学はごく少数に限られていた。このため、Y問題が提起されるまでのPSW協会の執行部は、研究者・大学教員によって理事長・事務局長が占められていたが、Y問題をめぐる紛糾混乱の中で、大学人の多くは協会から足が遠のき、執行部は現場PSWらによって構成されていくこととなる。

この時期のPSWの養成教育のカリキュラム内容は、それぞれの大学の教員の志向性により大きく異なっている。身分資格が不明確であったことから、社会福祉系大学以外の学問領域から参入するPSWも現場には多くいた。卒後教育研修の場としては国立精神衛生研究所における、柏木昭・松永宏子らを中心とした「社会福祉課程」の研修が定着していたものの、受講生は限られていた。1982（昭和57）年

には、PSWの日常実践での課題の共有化と深化を目的に、協会の新たな事業として第1回PSW全国研修がスタートし、この全国研修はその後毎年、各支部・地区の持ち回りで開催されている。

(古屋龍太)

●参考文献
長崎和則「精神保健福祉士制度化の歩み」日本精神保健福祉士養成校協会編『新・精神保健福祉士養成講座③精神保健福祉相談援助の基盤（基礎・専門）』中央法規出版, pp.2-39, 2012年

第4節 充実期(1989年～1999年)11年間
～精神保健法施行(平成の始まり)から国家資格化まで～

1 総説

　1990年代は、日本PSW協会にとって国家資格化に至る産みの苦しみと精神保健福祉士の誕生を迎える充実期と位置づけることができる。この時期を1989（平成元）年～1993（平成5）年の「資格化への模索期」と、1994（平成6）年以降の「資格の具現化期」に分けて記述する。

❶資格化への模索期（1989年～1993年）

　1989（平成元）年から1993（平成5）年は、日本PSW協会が、「医療福祉士（仮称）」の資格化について具体的に取り組み、協会としての社会的責務を果たし発言力を獲得するために法人化の検討に着手した時期である。また、精神保健法成立後の社会復帰施設の整備を促進させるために社会復帰施設のあり方について意見を表明する一方で、会員の倫理に関する問題として、精神障害者の権利を侵害する事件が続発した時期でもあった。

　厚生省は1988（昭和63）年7月、「医療ソーシャルワーカー業務指針検討会」を設置し、翌1989（平成元）年2月に報告書を公表した。これに対し協会は、医療ソーシャルワーカーの業務の理論的・実践的基盤を「社会福祉学」に置くこと、クライエントの自己決定の保障と人権の擁護の役割などについて明確化するよう求めた。

　1990（平成2）年12月、厚生省健康政策局計画課は「医療福祉士（仮称）資格化にあたっての現在の考え方」を示した。その骨子案に「医師の指示」による相対的な医行為が業務に含まれることから、MSW協会は当初の方針を変更し、「社会福祉士以外の資格は受け入れない」として厚生省案を拒否した。同年12月、厚生省計画課長から関係者団体の意見の一致がみられないことを理由に、翌年の通常国会への法案上程を断念せざるを得ないとの見解が表明された（第Ⅱ章第7節参照）。

　一方、日本PSW協会はこの案に対し「基本5点」の方針に基づき10項目に及ぶ要望書を厚生省に提出し、事務折衝に努めた。窓口としていたMSW協会の方針変更により国家資格化は暗礁に乗り上げ、日本PSW協会としての方針再検討を迫られることとなった。

　この時期、協会は法人化に向けて事務局独立の準備を始めており、1989（平成元）年には厚生省の精神保健課と事務折衝を行い、同年の第25回全国大会（東京）に来賓として出席した厚生省精神保健課長は、協会の法人化への取り組みに対する期待を述べた。1992（平成4）年に会員1,000名を超えた協会は、1993（平成5）年に厚生大臣に対し「精神科ソーシャルワーカーの国家資格化および日本精神医学ソーシャル・ワーカー協会の法人化に関する要望書」を提出している。同年6月には、精神保健法の改正にあたり、衆参両院において「精神科ソーシャルワーカーの国家資格制度の創設について検討すること」とする附帯決議がなされている。

　1991（平成3）年、精神障害者を対象とした国際基準である「精神病者の保護および精神保健ケアの改善のための諸原則」が国連総会において決議されている。同年には、公衆衛生審議会が「地域精神保健対策に関する中間意見」を厚生大臣に意見具申しているが、協会は他障害施設との格差是正を求める「精神障害者社会復帰施設に関する要望」を厚生省へ提出している。さらに1993（平成5）年には、公衆衛生審議会が「今後における精神保健対策について」をまとめ、障害者対策推進本部は「障害者対策に関する新長期計画——全員参加の社会づくりをめ

ざして」を1993（平成5）年からの10か年計画として提起している。

　国内外で、精神障害者の社会復帰の促進を図り、人権に配慮しつつ適正な医療と保護を追求する動きが活発になる流れの中で、精神障害者にかかわる医療福祉施策は、障害者施策全体の中に位置づけられるとともに、医療から福祉への急速なシフトチェンジが進んでいくこととなる。1993（平成5）年6月、精神保健法の施行5年後の見直しがなされ、精神病院から社会復帰施設へ、さらに地域社会へという流れを促進することを目的としてグループホームが法定化されるなど、PSWの実践現場はひろがりを見せていった。

　資格制度にとどまらずこれらの精神保健福祉にかかる国の動向を会員に周知するために、協会事務局は通信誌『PSW通信』を積極的に活用し、例えば1993（平成5）年度には年間3冊（第82号～第84号）で計439ページ、1994（平成6）年度には年間5冊（第85号～第89号）で計642ページに及ぶ情報提供を行っている。

❷資格の具現化期（1994年～1999年）

　1993（平成5）年6月の精神保健法一部改正に続き、12月には「障害者基本法」が成立し、精神障害者が初めて障害者施策の対象として位置づけられた。障害者基本法制定の附帯決議では「精神障害が法律の対象であることを明定したことにかんがみ、精神障害者のための施策がその他の障害者のための施策と均衡を欠くことのないよう、特に社会復帰及び福祉面の施策の推進に努めること」との一文が加えられ、精神障害者福祉の担い手を自認するPSWにとって大きな追い風となった。

　PSWの資格化に向け活動を展開してきた日本PSW協会は、MSW協会を窓口として厚生省と折衝する方針を変更し、独自に対応することを決定した。1993（平成5）年、国家資格制度実現に向けて資格制度委員会を設置し、1994（平成6）年4月に東京で臨時総会を開催した。臨時総会ではPSWの国家資格化を単独で求めていく方針を決議し、「精神医学ソーシャルワーカーの国家資格化に関する声明」を発し資格の具現化に取り組むこととなる。協会は同年4月には「精神医学ソーシャルワーカー法大綱案骨子」「精神医学ソーシャルワーカー養成課程におけるカリキュラム案」をまとめ、5月にはこれら資料を添えて「精神医学ソーシャルワーカー（PSW）の国家資格化に関する要望書」を関係者に手交していった。同年、厚生科学研究によってPSWの業務を分類・整理し、一部に業務独占を含む内容が「精神科ソーシャルワーカーの国家資格化に関する研究報告」として公表され、協会は精神保健法改正時にPSWの資格化を求めて政府に対し陳情活動を行うとともに、関係団体に理解と協力を求める活動を展開した。

　1995（平成7）年12月には「障害者プラン～ノーマライゼーション7か年戦略～」が策定された。2～3万人が精神病院から退院し、地域生活を拠点とした精神保健福祉活動、地域リハビリテーションが進められるよう、社会復帰施設の整備に関する計画が具体的な数値目標とともに立案され、社会復帰・社会参加の促進が図られるようになった。

　また、精神病院の役割（位置づけ）、精神病院に勤務するPSWの役割（位置づけ）、病院外の施設の役割（位置づけ）、病院外で働くPSWの役割（位置づけ）についても検討がなされるようになっていった。

　精神障害者の福祉施策を法律に位置づけるため、1995（平成7）年5月に精神保健法が改正されて「精神保健及び精神障害者福祉に関する法律」（精神保健福祉法）が成立、7月より施行された。法の目的に「精神障害者の自立と社会経済活動への参加の促

進のための援助」が謳われ、地域ケアに重点を置く規定が大幅に加わり、精神障害者を病者としてではなく生活者として位置づけ、その人権擁護が意識された内容となった。

　PSW国家資格化に向けて協会が国会陳情運動を行う最中、1995（平成7）年1月17日には「阪神・淡路大震災」が発生し、協会は厚生省、兵庫県、神戸市と連携して「阪神・淡路大震災ボランティアセンター」を設置し、ボランティアや資金援助を募るとともに、各支部にも働きかけを行った。全国より延べ600～700名のPSWが被災地に駆けつけ、精神科医療チームの一員として活動を行った。災害時における危機管理のあり方、情報の伝達・共有化、福祉の専門家としての即応体制、ボランティア活動に対する支援体制のあり方について再考を迫る出来事となった。

　障害者基本法、地域保健法、障害者プラン、精神保健福祉法の成立を背景に、精神障害者（入院・通院）の人権擁護と地域生活支援の推進、社会的入院を余儀なくされている方々の社会的入院を解消し精神障害者の保健医療福祉をさらに推進するためにも、病院の内外においてPSWを確保することが重要であり、質、量ともに向上させることが急務となった。国家資格化については、厚生省精神保健課（当時）が当初この精神保健福祉法案作成過程において、PSWの資格化を位置づけるための作業に着手したが、関係諸団体の意見調整が必要とされることを理由に、精神保健福祉法にPSWを国家資格として定めることは困難となった。しかし、精神保健福祉法案の国会上程に伴い、「精神障害者の保健医療福祉推進のためにはPSWが必要」との理解が各界に浸透し、また、厚生科学研究において、精神障害者の社会復帰のためにはPSWの国家資格化が不可欠であるとする報告書を提出するに至った。

　1997（平成9）年12月12日、第141回臨時国会最終日に、協会の悲願であったPSWを国家資格化する法案「精神保健福祉士法」が成立した。同法案の提案理由として「精神障害者の社会復帰に関する相談援助業務に従事する者として、精神保健福祉士の資格を定める」とされている。このことは、精神障害者の社会復帰の促進が国民的課題として承認され、PSWが行ってきた精神障害者の社会的復権と福祉のための社会的・専門的な実践が国民によって評価されたことを意味すると同時に、今後は精神保健福祉士として国民に責任を負うことになったことを示すものといえる。

　資格制度成立後の初年度（1998（平成10）年度）は、第1回精神保健福祉士国家試験に向けたテキスト作成、現任者講習会、模擬試験開催などの試験準備作業等に協会は追われる一方で、社会的認知と資質の向上を課題とし、PSWの配置の促進や研修の実施等に関する要望書等を厚生省（当時）に提出している。翌1999（平成11）年の全国大会（札幌）では、これまでの「日本精神医学ソーシャル・ワーカー協会」から国家資格名を組織名に配する「日本精神保健福祉士協会」へと名称を改めた。改称を契機に、法人化を視野に入れた組織機構及び執行体制の改革が図られ、従来の会長・理事長制を廃し、会長・副会長のもと1局8部体制（事務局、企画部、精神保健福祉部、医療経済部、教育研究部、組織部、広報出版部、国際部、総務部）が敷かれ、常任理事会及び各種委員会を中心とした事業の執行が進められることとなった。また、同時にニュースレター『PSW通信』及び機関誌が一新され、『精神医学ソーシャル・ワーク』を改題した新機関誌『精神保健福祉』（年4回発行）が1999（平成11）年12月に発刊された。ホームページの開設と相まって会員との情報共有化が推進され、協会主催の精神保健福祉士現任者研修の新たな体系化がなされていった（第Ⅱ章第8節参照）。資格化に伴う社会的役割として増えた事業も多く、テキストの編集をはじめ、精神保健福祉士資格取得のための様々な出版物の編集、厚生労働科学研究や各種委員会等への参加要請なども増加した。

　精神保健福祉士の国家資格化の一方で、1998（平

成10）年からは社会福祉基礎構造改革に向けた動きが具体的に開始されている。1999（平成11）年には精神保健福祉法の一部改正が行われ、社会参加の促進として精神障害者地域生活支援センターが法定化され、福祉サービスの利用に関する相談、助言を市町村で実施するほか、精神障害者居宅生活支援事業を創設し市町村単位で実施することとされた。新世紀の到来を目前に、1900（明治33）年の精神病者監護法より100年、1950（昭和25）年の精神衛生法より50年を経て、ようやく精神障害者の地域生活支援が制度的にも形を整え、担い手として精神保健福祉士が誕生することとなったのである。協会は国家資格専門職種の唯一の全国組織として、組織的基盤を整え具体的な法人化作業に着手していくことになった。

2 病院のPSW

すでにこの時期に精神病床の多くは長期在院者で占められることになり、精神病院の「ダム化現象」により、クラーク勧告の通り「より深刻な事態」を迎えていた。当時の2年以上の長期在院者について「主に適切な地域の受け皿（社会資源）があれば退院可能な者（社会的入院者）は33％であった」との結果が日本精神神経学会社会復帰問題委員会の調査によって指摘されている。入院患者の社会復帰の促進を図ることが喫緊の課題となっており、その役割はPSWに期待されていた。しかし、国をあげての具体的な組織的取り組みが急速に展開されることはなく、各精神病院のPSWによって地域の事業所と連携して地道に取り組まれていたものの、具体的な方策については暗中模索の状況にあった。

一方で、精神保健法に盛り込まれた「社会復帰の促進」については、多くの精神病院でリハビリテーション活動が当たり前に取り組まれるようになった。診療報酬として位置づけられたこともあり、精神科デイ（ナイト）ケアが飛躍的に数を伸ばし、精神科診療所も数多く開設され、雇用されるPSWの数は急速に増えていった。精神病院（精神病床のみを有する病院）は徐々に減少し、他科を併設する病院が増え、1996（平成8）年の病院報告によると全国の精神病院1,053か所に対して、精神病院以外で精神病床をもつ病院は606か所に達している。精神病院は生き残りを賭けて高齢者分野への進出を目指し、日本精神病院協会の調査（1998（平成10）年）では、1,201会員病院中281病院が老人保健施設を併設し、85病院が特別養護老人ホームを併設している。精神病院に勤務するPSWの一部は、高齢者の介護福祉分野に配属されていくこととなった。

3 地域のPSW

精神保健福祉法が制定される同時期（1995（平成7）年12月）に、総務庁（現・総務省）行政監察局は、精神保健関連法の施行状況の調査を行い、社会的入院の解消、社会復帰施設等の充実、地域中心の支援サービス体制の確立等について、不十分で立ち遅れている現状の問題点を示し、講ずべき措置を厚生省（現・厚生労働省）に厳しく勧告している。同じ1995（平成7）年12月には、総理府（現・内閣府）障害者施策推進本部から「障害者プラン～ノーマライゼーション7か年戦略～」が発表され、社会復帰

施設やグループホーム等の整備、各種福祉施策の充実のほか、よりよい精神医療の確保を図ることとされ、精神保健福祉の領域で初めて具体的な数値目標を伴った施策の実施計画が提示された。

これにより、PSWの働く場も、生活訓練施設、授産施設、福祉ホーム、福祉工場、地域生活支援センターへと大きく拡大していった。地域では精神障害者社会復帰施設が徐々に数を増やし、1990（平成2）年には全国精神障害者社会復帰施設協会が設立され、1995（平成7）年には日本精神障害者リハビリテーション学会、1996（平成8）年には日本デイケア学会、1997（平成9）年には全国精神障害者地域生活支援協議会（あみ）が相次いで設立されており、これらの団体設立にはいずれもPSWが深く関与している。

4 行政機関のPSW

1994（平成6）年には、それまでの保健所法（1947（昭和22）年公布）が改正されて「地域保健法」が成立し、国、都道府県、市町村の役割を含めた地域保健対策の枠組みが見直された。この法改正により、保健所は広域的・専門的・技術的な拠点と位置づけられ統廃合が進められた。また、市町村は、1995（平成7）年の精神保健福祉法改正で正しい知識の普及と相談指導の実施などの役割を担うこととされ、1996（平成8）年の厚生省保健医療局長通知の「保健所及び市町村における精神保健福祉業務運営要領」に基づき業務が示された。さらに1999（平成11）年の精神保健福祉法改正で精神障害者居宅生活支援事業の実施、精神障害者保健福祉手帳及び通院医療費公費負担に関する手続きの申請受理窓口等の業務を担うこととなった。

「平成の大合併」により市町村の数が激減するとともに、度重なる法改正と社会的状況の変化を受けて、行政機関のPSWの役割も大きく変化し、徐々に市町村への配置が進んだ。全国精神保健相談員会は、1992（平成4）年から1998（平成10）年に『地域精神保健福祉実務実践シリーズ』全4巻を刊行し、行政による精神保健福祉業務をまとめている。

5 PSWの教育

1997（平成9）年の精神保健福祉士法制定による国家資格化により、PSWの教育環境は一変する。すでにPSWとして精神障害者の相談援助業務に従事する現任者に対しては、精神保健福祉士法附則第2条（受験資格の特例）による経過措置として63時間の「現任者講習会」受講が義務づけられた。当時法人格を有していなかったPSW協会に代わって、日本精神病院協会、全国自治体病院協議会、全国精神障害者社会復帰施設協会の3団体主催により全国約20会場で開催されたものであるが、講習会の企画段階の講師選定交渉等、全国のPSW協会理事や県支部等が関与して5年間にわたって運営された。

国家資格化により大学等の教育環境も一変した。1998（平成10）年以降、従来から社会福祉士課程を有する4年制の社会福祉系大学、専門学校が相次いで精神保健福祉士課程を開設していった。多くのベテラン・中堅の現場PSWが大学院に進学して修士・博士学位を取得し、各養成校の教員として着任し課程を担っていった。日本精神保健福祉士養成校協会が任意団体として設立されたのは2004（平成

16）年であるが、翌2005（平成17）年度初頭で加盟校は81校（大学62校、専門学校19校）に上っている。

（古屋龍太）

●参考文献（第3節・第4節共通）

1) 相川章子「資格制度成立から現在（1998〜）」日本精神保健福祉士協会事業部出版企画委員会編『日本精神保健福祉士協会40年史』日本精神保健福祉士協会，pp.75-84，2004年
2) 荒田寛「資格化と今後の方向性」日本精神保健福祉士協会事業部出版企画委員会編『日本精神保健福祉士協会40年史』日本精神保健福祉士協会，pp.129-135，2004年
3) 古屋龍太「PSW単独立法化の方針採択を振り返って——日本PSW協会臨時総会議長の立場から」『東京PSW研究』第3号，pp.52-57，1994年
4) 古屋龍太「精神保健をめぐる法改正の動向——精神保健法・障害者基本法・地域保健法・医療保険制度改正を軸に」『東京PSW研究』第2号，pp.9-16，1994年
5) 古屋龍太・栗原活雄・山田恭子ほか「精神科ソーシャルワーカーの国家資格化をめぐる経過と論点——我が国における医療ソーシャルワーカー資格化の変遷」『東京PSW研究』第5号，pp.78-93，1996年
6) 原久美子「機能回復期（1978〜1982）」日本精神保健福祉士協会事業部出版企画委員会編『日本精神保健福祉士協会40年史』日本精神保健福祉士協会，pp.43-49，2004年
7) 平林恵美「資格化への模索期（1989〜1993）」日本精神保健福祉士協会事業部出版企画委員会編『日本精神保健福祉士協会40年史』日本精神保健福祉士協会，pp.60-67，2004年
8) 門屋充郎「組織の方向性」日本精神保健福祉士協会事業部出版企画委員会編『日本精神保健福祉士協会40年史』日本精神保健福祉士協会，pp.98-106，2004年
9) 森山拓也「再生期（1983〜1988）」日本精神保健福祉士協会事業部出版企画委員会編『日本精神保健福祉士協会40年史』日本精神保健福祉士協会，pp.50-59，2004年
10) 日本精神医学ソーシャル・ワーカー協会『PSW通信』
11) 日本精神保健福祉士養成校協会「2005年度理事会報告」『精養協通信』第2号，p.2，2006年
12) 大野和男「『Y問題』と協会活動」日本精神保健福祉士協会事業部出版企画委員会編『日本精神保健福祉士協会40年史』日本精神保健福祉士協会，pp.86-97，2004年
13) 大野和男「『Y問題』の継承性の取り組みとPSW専門性確立の過程にかかわって」『日本社会事業大学精神保健福祉士フォーラム基調講演抄録・資料』第6回社大PSWフォーラム実行委員会，2013年
14) 大瀧敦子「混乱期（1973〜1977）」日本精神保健福祉士協会事業部出版企画委員会編『日本精神保健福祉士協会40年史』日本精神保健福祉士協会，pp.37-42，2004年
15) 関原靖『48年間のあゆみ——選んでよかった精神科ソーシャルワーカーの道』萌文社，2009年
16) 日本精神保健福祉士協会・日本精神保健福祉学会監修『精神保健福祉用語辞典』中央法規出版，2004年
17) 日本精神保健福祉士協会事業部出版企画委員会編『日本精神保健福祉士協会40年史』日本精神保健福祉士協会，2004年
18) 高橋一「精神保健福祉士の業務」日本精神保健福祉士協会事業部出版企画委員会編『日本精神保健福祉士協会40年史』日本精神保健福祉士協会，pp.114-120，2004年
19) 和田朋子「資格化の具現化（1994〜1997）」日本精神保健福祉士協会事業部出版企画委員会編『日本精神保健福祉士協会40年史』日本精神保健福祉士協会，pp.68-74，2004年

第5節 躍進期（2000年～2014年）15年間
～精神保健福祉士の誕生から今日まで～

1 総説

　「精神保健福祉士」の資格制度成立から現在までの「躍進期」は、専門職としての資質の向上と職域拡大への対応が特徴的な時期である。具体的には、事務局を中心とした組織強化や研修制度の充実などに努めてきた。この時期を「資格制度成立後から社団法人化まで」（2000（平成12）年～2004（平成16）年）と「社団法人化後から公益社団法人化まで」（2005（平成17）年～2014（平成26）年）の2つに分けて概観する。

❶ 資格制度成立後から社団法人化まで（2000年～2004年）

　2000（平成12）年の社会福祉法（社会福祉事業法を改称・改正）の制定により、地域福祉が初めて法律に規定され、これまでの措置制度を廃し、利用者の選択と契約による利用制度が導入された。同年4月に施行された介護保険法や民法改正による成年後見制度、地方分権一括法等により、その後の社会福祉制度の基盤が形成され、わが国の戦後の社会福祉制度は大きな転換点を迎えた。その流れを受けて、精神障害者に対しても、精神病院からの退院促進と地域福祉の充実が図られることとなった。

　こうした社会背景の中、本協会は、社会的に責任ある団体として認知されることを目指して、法人化への道を進んだ。2000（平成12）年3月には、念願であった独立事務所を東京都新宿区に持つことができ、安定した組織運営に向かって前進した。2002（平成14）年には、国際ソーシャルワーカー連盟（IFSW）に加入し、国際的にソーシャル・ワーカーの団体として位置づけられた。

　2003（平成15）年5月の第39回全国大会・総会（仙台）における「公益法人化の実現に向けた決議」の後、高橋一会長を代表者とした設立発起人会を設置し、厚生労働省との事前協議に入ることとなった。そして、2004（平成16）年4月29日に日本精神保健福祉士協会臨時総会及び社団法人日本精神保健福祉士協会設立総会を開催し、設立趣意書や定款等を承認、5月10日に「社団法人設立許可申請書」を提出し、6月1日付をもって社団法人の設立が許可された。

　定款第3条（目的）の規定にある「精神保健福祉士の資質の向上を図るとともに、精神保健福祉士に関する普及啓発等の事業を行い、精神障害者の社会的復権と福祉のための専門的・社会的活動を進めることにより、国民の精神保健福祉の増進に寄与する」は、日本精神医学ソーシャル・ワーカー協会第18回全国大会・総会（札幌市）（1982（昭和57）年）の決議である「日本精神医学ソーシャル・ワーカー協会宣言――当面の基本方針について」（「札幌宣言」）に掲げられ、その後、日本精神保健福祉士協会規約第3条（目的）に規定された「基本方針」をそのまま踏襲するものであった。

　法人化と前後して、我々が精神保健福祉士として行動する場合の規範・指針となる倫理綱領の見直しも、同時に行われた。その背景には、日本精神保健福祉士協会になってからは、さまざまな学問基盤を持った人たちが入会してくる状況があった。そこには、今まで本協会が大切にしてきた、社会福祉を基盤としクライエントの自己決定を尊重した「精神障害者の社会的復権と福祉のための専門的・社会的活動」が踏襲されなくなるのではないかという危機感があり、より実践的な倫理綱領への改正が急がれた。このような状況の中で、倫理綱領改正案が会員に提案され、その後3年の論議の末、2003（平成15）年

5月に「新倫理綱領」を採択した。

新しい倫理綱領では、前文において、精神保健福祉士は社会福祉学を基盤とする精神保健福祉士の価値・理論・実践（以前は知識・技術・価値）をもって、精神保健福祉の向上に努め、精神保健福祉士を「クライエントの社会的復権・権利擁護と福祉のための専門的・社会的活動を行う専門職」と規定し、個人としての尊厳、人と環境の関係を捉える視点、さらに、共生社会の実現、誠実に倫理綱領に基づく責務を担うことを示した。

❷社団法人化後から公益社団法人化まで（2005年～2014年）

「入院医療中心から地域生活中心へ」という流れを実現すべく、国は、精神科医療の改革を進めた。地域においても、社会福祉基礎構造改革の流れを受け「障害者自立支援法」が成立し、地域の受け皿づくりも進んできた。

こうした変化に伴って、地域における福祉職の資質向上が望まれる中、厚生労働省が「社会福祉士及び介護福祉士法」の改正を検討していることを踏まえ、本協会は、常任理事会構成役員による「精神保健福祉士の資格制度のあり方に関する検討委員会」を設置し、構成員への状況報告や理事会及び代議員会での意見聴取を行った。また、厚生労働省との情報交換や日本精神保健福祉士養成校協会との定期協議を重ね、2度の要望書を厚生労働省に提出し、ついに厚生労働省は2007（平成19）年12月「精神保健福祉士の養成の在り方等に関する検討会」を設置した。検討会には、本協会からも参画し、2008（平成20）年10月までに6回の審議が行われた。2008（平成20）年10月に発表された中間報告書の「職域の拡大と支援の多様化に対応できる知識と技能を習得できるようカリキュラムを充実させるべきであること」を踏まえ、2010（平成22）年12月に「精神保健福祉士法」が一部改正され、教育カリキュラムの内容が大幅に変更されるとともに、精神保健福祉士の役割に精神障害者の地域相談支援が加わった。

養成カリキュラムの検討がなされる中で、精神保健福祉士の資質の向上を目指して本協会が取り組んだのが「業務指針」の作成である。

1989（平成元）年に採択された最初の業務指針である「精神科ソーシャルワーカー業務指針」は、長年にわたり本協会構成員に親しまれてきた。しかしながら、採択当時と現在とでは、精神保健福祉領域のソーシャルワーカーを取り巻く社会状況が大きく変化してきており、精神保健福祉士の活動領域や求められる役割もひろがりを見せている。

このため、本協会は新しい業務指針を策定すべく、「精神保健福祉士業務指針」提案委員会（相川章子委員長）による「精神保健福祉士業務分類及び業務指針作成に関する報告書」（2008（平成20）年3月）を受けて、2009（平成21）年6月に「精神保健福祉士業務指針」作成委員会（古屋龍太委員長）を設置し、第7回通常総会（2010（平成22）年6月4日）において「精神保健福祉士業務指針及び業務分類第1版」を採択した。なお「精神保健福祉士業務指針」提案委員会報告書においては、「各分野における業務指針」として教育機関、産業精神保健、認知症高齢者支援の業務指針も示されていたものの、作成委員会においてその内容を十分に吟味できなかったこともあり、ひろがりつつある他の分野も含めて、2012（平成24）年度に新たな「精神保健福祉士業務指針」作成委員会（岩本操委員長）が設置され、第2版が、2014（平成26）年9月に発行された。

事務局を中心とした組織機能の整備拡充もこの時期の重要な取り組みであった。

2005（平成17）年には、常務理事制の導入及び職員増員により、組織及び事務局体制の強化を図り、規則や規程の整備拡充を行った。さらには、社団法人における「支部」の制度的な位置づけを整理し、

任意団体時における支部の地区協会への改組や地区協会が社団法人支部を担うという関係性による設置を推進した。また、本部活動に支部が協力するために要する経費について、支部を担う地区協会に対して「支部活動協力費」として支出することとした。

2006（平成18）年からは、本協会と都道府県協会及びブロック内都道府県協会間の連携や協力関係を構築することを目的に、「ブロック内支部代議員及びブロック選出理事会議（通称：ブロック会議）」を開催した。

社団法人設立から4年が経過する2008（平成20）年には、新たな組織課題への対応や中長期的活動ビジョンの明確化、都道府県支部と都道府県精神保健福祉士協会等との連携強化等を目的として、組織を改変し、1局3部体制（事務局・精神保健福祉部・組織部・広報部）を敷くこととした。また、多様な課題に迅速に対応するため、常任理事会の新たな機能として「企画・政策会議」を設け、長期的ビジョンのある活動方針の構築を図ることにした。殊に当面は「精神障害者の社会的復権と福祉のための専門的・社会的活動」「国民の精神保健福祉の増進への寄与」、そのための「精神保健福祉士の社会的認知度の向上」の3点を柱に据えて諸事業に取り組むこととした。

2009（平成21）年からは協会の運営をスムーズにするために「金融機関からの自動引き落としによる新たな会費納入システム」を採用した。また、常勤役員の増員により事務局体制の強化を図ったほか、民主的・効率的な組織運営を図るため、各種規則・規程等の整備拡充を行った。

そして、2010（平成22）年からは、5年をスパンとした協会活動の中期的なビジョンの策定に向けた準備に着手し、その1年後、「中期（5か年）ビジョン」（2011年度〜2015年度の5か年）は完成を見た。中期ビジョンは、スローガンに「"資質向上""全力支援"の推進！」を掲げ、精神障害のある人がどの病院や地域においても良質の支援提供を受けられる体制の構築を目指すために、専門性の高い精神保健福祉士の養成と全力で支援を提供することを宣言した。さらに2012（平成24）年には、中期ビジョンに具体的に取り組むべき活動内容を盛り込んだ「中期計画」も策定した。

公益法人改革により、本協会は2013（平成25）年11月までに公益社団法人か一般社団法人への移行申請を行う必要が生じた。本協会は国家資格である「精神保健福祉士」を正会員とする唯一無二の全国組織であり、この間の事業内容や現行定款に定める目的に鑑みて「公益社団法人」への移行が望ましいと判断し、2011（平成23）年の第8回通常総会において公益社団法人に移行することを決議し、2012（平成24）年10月開催の臨時総会における定款改正、11月の内閣府への移行申請を経て、2013（平成25）年4月1日をもって公益社団法人に移行した。

この時期、災害支援に関する活動も忘れてはならない。1995（平成7）年1月17日未明に発生した阪神・淡路大震災は、協会としての支援活動のあり方を問い直すきっかけとなり、2007（平成19）年10月、災害支援検討委員会が設置され、「社団法人日本精神保健福祉士協会災害支援ガイドライン」の作成という成果につながった。

2011（平成23）年3月11日に発生した東日本大震災と福島原発事故は、未曾有の大被害をもたらした。本協会は、「東日本大震災対策本部」を設置し、災害支援ガイドラインに基づいて支援活動を行った。

2012（平成24）年度には、「東日本大震災対策本部」の活動を継承し、継続的な支援活動を展開すべく、4月1日に新たに「東日本大震災復興支援本部」を設置し、支援活動にかかる募金の呼びかけ、みやぎ心のケアセンターの短期支援者としての構成員の派遣、被災地と全国の精神保健福祉士を結ぶ「東北復興PSWにゅうす」の発行、被災地に訪問し現地の精神保健福祉士と交流する「ほっとミーティング」等を実施した。

2 病院の精神保健福祉士

　精神保健福祉士の国家資格化は、精神科病院の社会的な長期入院患者を地域移行させるための医療機関における唯一の福祉専門職としての期待があった。
　資格化から7年後の2004（平成16）年、厚生労働省精神保健福祉対策本部は「精神保健医療福祉の改革ビジョン」を発表し、受入条件が整えば退院可能な精神障害者7万人の10年後の解消を目標に掲げた。それを具体化するために、国は、早期退院のための基準病床数の算定式の見直し、急性期短期入院の評価への重点化、病院の地域生活への移行の取り組みの評価を行うなど、経済的誘導による退院促進を図った。精神科医療改革の中で、精神保健福祉士が必置になった部分もあり、早期退院に向けた精神保健福祉士の活躍が期待されていたことがうかがわれる。
　さらにここ数年は、精神病床削減の動きが急加速している。2012（平成24）年6月、国は「重度かつ慢性」を除き精神科入院患者を1年で退院させ入院外治療へ移行させる方向性を示し、そのための精神病床機能分化を一層進める方針を打ち出した。さらに、2013（平成25）年の精神保健福祉法改正で新設された退院後生活環境相談員は、精神保健福祉士がその中心的役割を担うことが期待され、地域の相談支援事業所と連携した地域移行の推進が求められている。
　このように、近年国は、矢継ぎ早に精神病床を削減する方策を実行してきたにもかかわらず、入院患者数の劇的な減少は未だに見られない。
　2014（平成26）年度に入り、厚生労働省は、新たな策として、「地域移行支援病床」を提案した。地域移行支援病床では、生活能力を向上させる訓練を提供し、「生活の場」に近い病床として患者の退院を促し、患者が退院して不要になった病棟については、福祉施設などへの転換を認めている。こうした動きに対して、我々が掲げる「精神障害者の社会的復権」につながるのかどうか、精神保健福祉士一人ひとりが真剣に考える必要がある。「単なる看板の掛け替え」に終わるならば、我々が大切にしている精神保健福祉士の価値とは相容れないものである。
　医療分野の精神保健福祉士の近年の特徴としては、診療所に勤務する精神保健福祉士が増えてきていることである。診療所に勤務する精神保健福祉士は、2002（平成14）年から2011（平成23）年で約2.8倍に増えている。彼らの多くは同じ職場に相談する相手がいない1人ワーカーであり、職場を超えたスーパービジョン体制の構築が望まれる。

3 地域の精神保健福祉士

　「入院医療中心から地域生活中心へ」という流れの中で、2000（平成12）年4月に施行された精神保健福祉法により、社会復帰施設等の整備が促進され、精神障害者社会復帰施設など地域で働く精神保健福祉士が増加し、協会員の半数近くとなった。
　しかし、今日の障害者総合支援法に至る一連の改正において、2006（平成18）年に精神障害者社会復帰施設は廃止され、地域の福祉サービス事業所においては精神保健福祉士が必置ではなくなってしまった。しかも、ソーシャルワークが最も必要とされる相談支援専門員においても、福祉の資格は不要となった。さらに、報酬請求等の事務量の増加と1人が抱えるケースの増加により、ソーシャルワーカーとしてのアイデンティティが崩れようとしている。

医療機関以外で働く精神保健福祉士がますます増える傾向にある現在、クライエントとじっくりかかわり、協働し、住みやすい地域を創造するという精神保健福祉士としての専門性を発揮することにより、地域で暮らす精神障害者の自己実現に寄与する使命が我々に課されている。

4 行政機関の精神保健福祉士

「入院医療中心から地域生活中心へ」という流れは、行政機関にも変化をもたらした。特に市町村においては、1999（平成11）年の精神保健福祉法の改正により、2002（平成14）年度から通院医療費の公費負担制度（現・障害者総合支援法における自立支援医療）や精神障害者保健福祉手帳の申請受理に関する窓口業務、相談支援業務の一部等が都道府県から市町村に移管された。その後、2005（平成17）年の医療観察法施行、2006（平成18）年の障害者自立支援法施行及び2013（平成25）年の障害者総合支援法への改正と続き、これらの法律に市町村の業務が明記されるようになり、障害福祉分野における市町村の役割が年々重視されてきている。

その市町村において、精神保健福祉士は、障害福祉、保健、児童、発達などの分野に所属する。精神保健福祉に直接携わる場合もあるが、関連部署でその知識・技術を生かすこともある。このことから、市町村に所属する精神保健福祉士は、精神保健福祉分野の高い専門性を基本としながらも、広く市民全般のメンタルヘルスに関する課題に対応する力量をも求められているのである。

5 その他の分野の精神保健福祉士

高ストレス社会といわれる現代にあって、広く国民の精神保健保持に資するために、医療、保健、福祉にまたがる領域で活躍する精神保健福祉士の役割は、ますます重要になってきている。

医療観察法の制定は、社会復帰調整官や精神保健参与員など、司法領域における新たなシステムの中に、精神保健福祉士の業務を位置づけた。司法施設では、矯正施設においても精神保健福祉士の配置が徐々に進んでいる。

また、生活保護法に基づく救護施設における精神保健福祉士の配置加算も創設されている。さらに、認知症高齢者の増加を背景に高齢者施設などで働く精神保健福祉士の役割も期待されている。その他には、常勤採用は少ないものの、教育現場のメンタルヘルスに関する相談援助を行うスクールソーシャルワーカー、ハローワークの精神障害者雇用トータルサポーター、うつ病の増加に伴い産業分野で働く精神保健福祉士など、その活躍の場はますますひろがりをみせている。

以上の職域拡大の流れは、精神保健福祉士の専門性を様々な領域で発揮する可能性をもたらす一方、こうした新規分野における実践方法や業務体系は未整備で、多くが手探りで実践を積み重ねているところである。これら新規分野の精神保健福祉士の実践の質を担保することも本協会の重要な課題である。

6 精神保健福祉士の教育

　国が、精神保健福祉士の高い専門性を担保するための養成のあり方を検討する一方で、本協会も、専門職としての資質の向上のための研修制度の確立に力を注いだ。

　まず、教育研究部が中心となり、これまでの研修を踏襲しつつ、研修のあり方の整理と実施の方法についてまとめ、2002（平成14）年に、新人1年目から指導者までを網羅する一連の研修（基礎コース、研鑽コース、認定スーパーバイザー養成研修、その他ケアマネジメント研修、実習指導者養成研修等）を体系化した。さらに同年に、精神保健福祉学会を立ち上げ、第1回精神保健福祉学会を高知大会において開催した。

　養成課程が新しいカリキュラムに変化する中、本協会は、専門職団体は会員の資質向上に寄与すべきとの考えから研修制度の確立に力を注いだ。これは、「精神保健福祉士としての専門的活動が、国家資格に基づく最低限の質の担保とともに、専門職としての生涯に渡る研鑽によって成り立つべきものであるという信念」に基づいている。

　2004（平成16）年に、研修委員会内に「研修制度検討プロジェクト」を設置し、現状の研修制度を踏まえて「生涯研修制度基本要綱（案）」の検討を行った。2006（平成18）年には、「特命理事」を任命し、企画部内に生涯研修制度検討委員会を設置して生涯研修制度体系の検討を行い、翌年には「生涯研修制度準備室」を立ち上げ、実施体制の整備を図った。2008（平成20）年からは協会内に「研修センター」（田村綾子センター長）を設け、「共通テキスト」（3巻セット）も編集発行し、全構成員を対象とした生涯研修制度を開始した。

7 まとめ

　本協会は、1982（昭和57）年に採択した「札幌宣言」において、「精神障害者の社会的復権と福祉のための専門的・社会的活動を進める」ことを協会の基本方針に据え、現在も定款の目的に引き継いでいる。しかし、精神障害者の現状を見ると、本協会の基本方針の実現へ向けた活動が十分な評価を得られるかは疑問である。しかも近年、利用者との「かかわり」を自らの支援の中心に置いてきた精神保健福祉士が、直接支援の時間を限定され、じっくりかかわれない状況にあり、精神保健福祉士が大切にしてきた価値が失われるかもしれない危機に直面している。

　精神保健福祉士の登録者が6万人を超え、協会の構成員も1万人を突破しようとしていることは喜ばしいことであるが、構成員同士が顔の見えない関係になってしまっている。今求められる協会の責務は、構成員同士が顔の見える関係を築くための具体的な方策を実行して、現場実践をしている構成員から精神保健福祉士の価値についての検証を集約することである。精神保健福祉士が今後生き残るためには、生涯研修制度をさらに充実させて、PSWの魂（価値・理論・実践）を継承し、それを国に認めさせなければならない。そのためには、構成員一人ひとりが、価値を中心に据えた実践を真摯に実行していくしか道はない。

　　　　　　　　　　　　　　　　（岸本信義）

●参考文献

1）小出保廣「精神保健福祉士の倫理」日本精神保健福祉士協会事業部出版企画委員会編『日本精神保健福祉士協会40年史』日本精神保健福祉士協会，p.111，2004年
2）田村綾子「精神保健福祉士の生涯研修制度のねらいと課題」『精神保健福祉』通巻第77号，p.40，2009年
3）日本精神保健福祉士協会『精神保健福祉士業務指針及び業務分類 第1版』2010年
4）日本精神保健福祉士協会『精神保健福祉士業務指針及び業務分類 第2版』2014年

日本精神保健福祉士協会の歩みと精神保健福祉をめぐる動向

年		協会の動き
1945（昭和20）	黎明期	
1946（昭和21）		
1947（昭和22）		
1948（昭和23）		国立国府台病院に初めてPSWが「社会事業婦」として配置
1949（昭和24）		
1950（昭和25）		
1951（昭和26）		
1952（昭和27）		
1953（昭和28）		
1954（昭和29）		
1955（昭和30）		
1956（昭和31）		
1957（昭和32）		
1958（昭和33）		
1959（昭和34）		
1960（昭和35）		宮城県PSW研究会発足
1961（昭和36）		
1962（昭和37）		東海PSW研究会発足。関西PSW連絡協議会発足
1963（昭和38）		日本社会事業大学において、PSW全国集会開催。76名が参加
1964（昭和39）	創始期	「日本精神医学ソーシャル・ワーカー協会」設立総会（宮城県仙台市）
1965（昭和40）		「PSW通信」及び機関誌「精神医学ソーシャル・ワーク」創刊
1966（昭和41）		
1967（昭和42）		
1968（昭和43）		
1969（昭和44）		患者を退院させすぎたとして協会員のIさん解雇（東京）
1970（昭和45）		「PSW業務基準検討原案」
1971（昭和46）		
1972（昭和47）		
1973（昭和48）	再生期	第9回全国大会（横浜）にて、Yさん問題提議する
1974（昭和49）		Y問題調査委員会報告（第10回全国大会（神戸）にて）3点課題
1975（昭和50）		「Y問題調査報告により提起された課題の一般化について」（常任理事会）
1976（昭和51）		Y問題の継承をめぐって第12回全国大会が流会となる
1977（昭和52）		
1978（昭和53）		

法律の動き	精神保健医療福祉をめぐる国内の動向	精神保健医療福祉をめぐる海外の動向
		1948（S23）「世界人権宣言」（採択）
精神衛生法成立（1950（S25）年） ・都道府県に精神病院設置義務 ・措置入院、保護義務者の同意による入院 ・「私宅監置」の廃止		
	1958（S33）「精神科特例」（厚生省事務次官通知）	
		1959（S34）「児童の権利に関する宣言」（採択）
	1964（S39）年3月「ライシャワー事件」 1964（S39）警察庁から厚生省に精神衛生法改正の意見具申	
精神衛生法改正（1965（S40）年） ・警察官通報制度の強化 ・緊急措置入院制度 ・通院公費負担医療の創設	1965（S40）「全国精神障害者家族会連合会」設立	
		1966（S41）「国際人権規約」（採択）
	1968（S43）「クラーク勧告」 1969（S44）年10月「Y問題」事件発生 1970（S45）大熊一夫「ルポ・精神病棟」 1970（S45）「心身障害者対策基本法」公布	
		1971（S46）「知的障害者の権利宣言」（採択）
	1972（S47）医療費緊急是正、精神科カウンセリング料新設	
	1974（S49）精神科作業療法、精神科デイケア点数化 1974（S49）岩倉病院問題	
		1975（S50）「障害者の権利宣言」（採択）
	1978（S53）ロボトミー訴訟	1978（S53）「アルマ・アタ宣言」（WHO、ユニセフ）

年		協会の動き
1979（昭和54）	再生期	
1980（昭和55）		
1981（昭和56）		「提案委員会報告」（第17回全国大会（東京）にて採択）5点課題
1982（昭和57）		「札幌宣言」日本精神医学ソーシャル・ワーカー協会宣言 第1回研修会開催（47名参加）
1983（昭和58）		
1984（昭和59）		「宇都宮病院問題に関する総会決議」（第20回全国大会（金沢））
1985（昭和60）		
1986（昭和61）		「精神衛生法改正に伴うPSW配置に関する要望について」を厚生省に提出
1987（昭和62）		「精神衛生法改正国際フォーラム」に参画
1988（昭和63）		「日本精神医学ソーシャル・ワーカー協会倫理綱領」採択（第24回全国大会（沖縄））
1989（平成元）	充実期	「精神科ソーシャルワーカー業務指針」採択（第25回全国大会（東京））
1990（平成2）		
1991（平成3）		「倫理綱領」改訂
1992（平成4）		
1993（平成5）		
1994（平成6）		「精神科ソーシャルワーカーの国家資格化を単独で求めることを決議」（臨時総会にて）
1995（平成7）		「倫理綱領」改訂 阪神・淡路大震災の救援活動にボランティアを派遣
1996（平成8）		
1997（平成9）		
1998（平成10）		「組織改革委員会」を設置
1999（平成11）		協会の名称を「日本精神保健福祉士協会」に変更
2000（平成12）	躍進期	
2001（平成13）		
2002（平成14）		「国際ソーシャルワーカー連盟（IFSW）」に加盟

法律の動き	精神保健医療福祉をめぐる国内の動向	精神保健医療福祉をめぐる海外の動向
	1979（S54）精神衛生社会生活適応施設整備費	
		1980（S55）「国際障害分類（ICIDH）」発表
	1981（S56）「保安処分」刑事局案発表	1981（S56）「国際障害者年」（完全参加と平等）
	1982（S57）通院患者リハビリテーション事業実施	1982（S57）イギリス障害者リハビリテーション協会が「社会モデル」提唱
		1983（S58）「国連・障害者の10年」開始年
	1984（S59）年3月「宇都宮病院事件」	
精神保健法に改正（1987（S62）年） ・入院患者の人権擁護の整備 ・社会復帰施設の創設 ・法の目的、義務に社会復帰推進を明記	1987（S62）「社会福祉士及び介護福祉士法」成立 1987（S62）「障害者雇用促進法」成立	
	1989（H1）「預り金横領事件」関西地区A病院	1989（H1）「児童の権利に関する条約」（採択）
		1990（H2）「ADA（障害を持つアメリカ市民法）」公布
		1990（H2）「国際疾病分類第10版（ICD-10）」
		1991（H3）「精神疾患を有する者の保護及びメンタルヘルスケアの改善のための諸原則」
	1992（H4）「小遣い、年金等預り金、作業所運営資金横領事件」	
精神保健法改正（1993（H5）年） ・精神障害者の定義規定が「精神分裂病、中毒性精神病、精神薄弱、精神病質その他の精神疾患を有する者」とされた ・精神障害者地域生活援助事業（グループホーム）の法定化 ・「保護義務者」から「保護者」への名称変更	1993（H5）「障害者基本法」施行 1993（H5）「全国精神障害者団体連合会」結成 1994（H6）「地域保健法」成立	1993（H5）「アジア・太平洋障害者の十年」
精神保健福祉法に改正（1995（H7）年） ・法の目的に自立と社会参加の促進を明記 ・社会適応訓練事業の法制化 ・精神障害者保健福祉手帳制度の創設	1995（H7）「障害者プラン～ノーマライゼーション7か年戦略～」	1996（H8）「精神保健ケアに関する法基本10原則」
	1997（H9）「介護保険法」成立 1997（H9）「精神保健福祉士法」成立 1997（H9）大和川病院事件	
精神保健福祉法改正（1999（H11）年） ・市町村の役割を明記 ・精神保健指定医の職務適正化 ・精神医療審査会の機能強化 ・保護者の自傷他害防止監督義務規定の削除 ・精神障害者地域生活支援センターの法制化	1999（H11）地域福祉権利擁護事業開始 2000（H12）「社会福祉法」成立 2000（H12）「介護保険法」施行 2000（H12）「児童虐待防止法」施行 2001（H13）「池田小学校児童殺傷事件」 2001（H13）「DV防止法」施行 2002（H14）「新障害者プラン」策定	2001（H13）「国際生活機能分類（ICF）」発表

年		協会の動き
2003（平成15）		「倫理綱領」改訂（第39回全国大会（宮城））
2004（平成16）		「社団法人日本精神保健福祉士協会」設立
2005（平成17）		
2006（平成18）		厚生労働省に「精神保健福祉士のあり方に関する検討について（お願い）」を提出
2007（平成19）		厚生労働省に「精神保健福祉士制度の見直しについて（要望）」を提出 「精神保健福祉士の養成の在り方等に関する検討会」スタート
2008（平成20）		「研修センターを設置」 生涯研修制度を開始 「精神保健福祉士国家試験施行10周年記念事業」の実施
2009（平成21）	躍進期	「認定成年後見人ネットワーク『クローバー』」発足
2010（平成22）		「災害支援ガイドライン」の作成 厚生労働省に「精神保健福祉士養成課程における教育内容等の見直しについて（案）」に係る要望書提出 「日本精神保健福祉学会」の名称を「日本精神保健福祉士学会」に変更 「精神保健福祉士業務指針及び業務分類（第1版）」採択
2011（平成23）		「東日本大震災復興支援宣言『乗り越えよう！復興を信じて』」を採択（第47回全国大会（和歌山）） 「精神保健福祉士新カリキュラム改正省令」公布 「中期ビジョン［2011（H23）年度～2015（H27）年度］」策定
2012（平成24）		東日本大震災復興支援活動 「中期計画」策定
2013（平成25）		厚生労働省に「精神保健及び精神障害者の福祉に関する法律の改正に関する要望書」を提出 公益社団法人への移行 東日本大震災復興支援活動 「精神保健及び精神障害者の福祉に関する法律の一部を改正する法律案への見解」を発表
2014（平成26）		「精神保健福祉士業務指針及び業務分類（第2版）」発行
2016（平成28）		

法律の動き	精神保健医療福祉をめぐる国内の動向	精神保健医療福祉をめぐる海外の動向
・精神障害者居宅生活支援事業の法制化	2003（H15）「医療観察法」成立 2003（H15）精神障害者退院促進支援モデル事業開始 2004（H16）厚労省「こころのバリアフリー宣言」 2004（H16）「性同一性障害特例法」施行 2004（H16）「精神保健医療福祉の改革ビジョン」 2004（H16）「今後の障害保健福祉施策について」（改革のグランドデザイン案）	
精神保健福祉法改正（2005（H17）年） ・「精神分裂病」から「統合失調症」へ ・居宅生活支援事業、社会復帰施設や通院医療が自立支援法へ ・市町村における相談支援体制の強化 ・精神科病院等に対する指導監督体制の見直し ・精神科救急体制の確立	2005（H17）「発達障害者支援法」施行 2005（H17）「犯罪被害者等基本法」施行 2006（H18）「障害者自立支援法」施行 2006（H18）「高齢者虐待防止法」施行 2006（H18）「自殺対策基本法」施行 2006（H18）精神障害者退院促進支援事業 2007（H19）「社会福祉士及び介護福祉士法」改正 2007（H19）日常生活自立支援事業開始 2008（H20）「今後の精神保健医療福祉のあり方等に関する検討会」中間まとめ 2008（H20）文科省スクールソーシャルワーカー活用事業開始 2008（H20）精神障害者地域移行支援特別対策事業開始 2009（H21）「精神保健医療福祉の更なる改革に向けて」 2009（H21）障がい者制度改革推進本部設置 2009（H21）「海の日」をソーシャルワーカーデーと定める 2011（H23）「東日本大震災」発生 2011（H23）「障害者基本法」改正 2011（H23）精神障害者アウトリーチ推進事業開始 2012（H24）「障害者虐待防止法」施行	2006（H18）「障害者権利条約」（採択）
精神保健福祉法改正（2013（H25）年） ・精神障害者の医療の提供を確保するための指針の策定 ・保護者制度の廃止 ・医療保護入院の見直し ・精神医療審査会に関する見直し	2013（H25）「障害者総合支援法」施行 2013（H25）「障害者優先調達法」施行 2013（H25）「公職選挙法」改正 2013（H25）「障害者雇用促進法」改正 2013（H25）「いじめ防止対策推進法」施行 2014（H26）「障害者権利条約」批准 2014（H26）「アルコール健康障害対策基本法」施行 2014（H26）「過労死等防止対策推進法」成立 2016（H28）「障害者差別解消法」施行	

第Ⅱ章

日本精神保健福祉士協会の発展と歴史的課題

第1節　日本精神保健福祉士協会の発展と歴史的課題
～歴代会長（故人3名）の足跡を中心に～

はじめに―協会設立前夜―

　我々の先人たちについて思いをめぐらす時、専門職自立を図るために、本協会の設立に向けてさぞかし熱い論議を交わしたであろうことを想像する。設立準備会は日本社会事業大学で開かれたとある。そこには初代理事長の柏木昭氏、2代目理事長の岩本正次氏、3代目の理事長を担われた小松源助氏、発足の当初から事務局長としての重責を担われた坪上宏氏、そして鈴木浩二氏、早川進氏をはじめわが国のPSWの錚々たる先達が一堂に会していた。

　1963（昭和38）年8月24日、当時は原宿駅の近くにあった日本社会事業大学の講堂に全国から76名のPSWの方々が集まり、PSWの協議の場をつくらなければならないとの決議を行っている。PSWはそれまで日本医療社会事業家協会に所属してMSWと一体となって活動をともにしていたのであるが、MSW協会が身分制度化を達成するため、国民の理解を広く得ることを目的に会員規定を変更し、組織名も日本医療社会事業協会（以下、「MSW協会」とする）と変更したことで、ソーシャル・ワーカーの職能団体ではなくなったことが大きな契機となっている。PSWは「患者のニードに応答していくことを目的としたPSWの理論の追求と技術の展開」を進めるために、改めてPSWの専門家集団が必要であることを確認し、日本精神医学ソーシャル・ワーカー協会（日本PSW協会）の設立に踏み込んだのであった。

1　設立総会と会員資格

　1963（昭和38）年8月24日の決議「PSWの協議の場をつくらなければならない」のもと各地区で活動が展開される。翌年の5月には国立精神衛生研究所（当時）にPSW推進委員会の事務局が設置され、各ブロックとの緊密な連携のもと徐々に設立への足場固めの状態に入る。11月18日に最終の拡大推進委員会を開き最終的な審議を行い、翌19日仙台市の県民会館において設立総会を開催したのであった。

　当時の記録には、総会議長　岩本正次氏、副議長　森三郎氏、司会　森井利夫氏、挨拶　柏木昭氏（推進委員長）、経過報告　鈴木浩二氏（推進委員）、議事・規約案説明　坪上宏氏（事務局）とある。筆者にとってはみな師と仰ぐ方たちばかりである。

　このように、協会は発足当初から、PSWの専門職自立の課題に取り組み、専門性を深化することを目的とする組織として設立した。この基本的立脚点は半世紀を経た今日の協会に引き継がれている。この基本の一つが発足当時の協会規約の第5条（資格）に具体的に示されている。規約第5条（資格）には、「本会の会員は、次の資格要件に該当するものとする。学校教育法にもとづく大学または大学院において社会福祉に関する課程を修めて卒業し、2年以上の精神医学ソーシャル・ワークの経験を有する者」とある。大学卒業後2年間のPSW実践経験があることに加え、さらに2名の会員の推薦を必要とするという規定も設けていて、厳密なPSWの専門家集団であることを明確にした。かつて、入会を希望した精神科医に対して入会規約を説明し丁重にお断りするというエピソードがあった。筆者の記憶に残っている協会の歴史の一コマである。

2 身分制度の実現を重要課題に

　次に、協会設立当時の法定資格制度の課題について若干触れることにしたい。協会は設立に伴い「身分資格制度」の実現を重要な懸案事項に掲げていた。この課題について、協会発足当時はどのように位置づけていたのかについて、初代理事長の柏木昭氏による見解が『PSW通信No.1』の巻頭言に述べられている。同じ課題を掲げていたMSW協会が組織の改変までして実現しようとしたことに対して、異議を唱える形で本協会の設立に向かった——もちろんそのことがすべてではないわけだが、引き金になっている——ということがあり、PSWの歴史をつないでいく我々として、いまいちど正しく確認しておくことは意味がある。

　「身分制度の問題に関連して如何なる方向を選ぶべきか会員諸氏による真剣な検討を願いたいところである。PSW協会はその専門家協会という性格からMSW協会とは独立の形をとらざるを得なかった。しかし身分法ということになれば、最初に明確にしなければならないのは、『それはいったい誰たちなのか』である。MSW協会が事業そのものの発展を切望してPRする為に、医師・事務担当者などをも多く包含するのは正しい。しかし『誰が』ということの明確化に於いては、その会員規定に問題があることは、会員諸氏の先刻承知のことであろう。以下は私見になるがMSW協会には今後、専門家協会への方向で何らかの動きが期待される。そしてそれが具体化した暁には、本協会は積極的に相提携し、あるいは主体的に統合への道を選び基礎的専門家協会である日本ソーシャル・ワーカー協会を身分法推進の母体として確立する必要があるのではなかろうか。そしてその中で、自己を表現し、役割を確立してゆかねばならないと思う[1]」

　この論文で明らかなことは、身分資格制度の取り組みは、ソーシャル・ワーカーの主体性及び専門職としての同一性にかかる課題であり、全ソーシャル・ワーカーが協働して取り組む課題であると位置づけていることである。この時期は具体的な展望が見出されない時代状況にあったこともあり、それ以上の言及はここではない。

　身分資格が制度として成立していく社会・政治状況をどのように捉え、いかに展望を切り開いていくかについて、そして、そもそも身分制度が依拠せねばならないものは何かについて深めていくには、PSW自身がそして日本PSW協会自身が成熟する必要があった。そしてそのための一定の時間を必要としたのである。

　協会が設立された年の11月には「身分資格制度に関する専門委員会」が発足し、翌年の1月には委員が選任され、森三郎、森井利夫、桜井芳郎、窪田暁子、鈴木浩二の各氏で構成されている。協会が発足してまもなく精神衛生法改正（1965（昭和40）年改正）に向けた動きが出てくる。改正では、ご承知のとおり、保健所を精神衛生行政の第一線機関と位置づけ全国の保健所に精神衛生相談員を配置（122名）することや、保健所法の改正に合わせて医療社会事業員の充足（96名）を図ることがあった。そこで協会は、その職の任用について専門のソーシャル・ワーカーをあてること、保健所法の中に必置規定を設けること、そして、医療領域に働くソーシャル・

1）柏木昭「協会発足にあたって」『PSW通信No.1』1965年3月1日

ワーカーであるPSWとMSWの身分制度の確立を図られたいこと等を内容とした陳情（「精神衛生技術指導体制の確立に関する陳情書」）を政府に行っている。

注目すべきは、陳情書作成までの経緯で、日本PSW協会、MSW協会、日本ソーシャル・ワーカー協会（以下、「SW協会」という）は合同研究会を重ねて意見の統一を図り、併せて、具体的供給体制について日本社会事業学校連盟との協議を踏まえていることであった。

結果は、歴史が示すように、必置制は規定されず、任用対象の職種は広げられ、身分資格制度については検討もされないなど成果の乏しい結果であった。しかしながら本協会はこの結果について「三協会が堅く手をにぎりあい、ともにSWの身分資格の問題について話し合ったことはこれが初めてであり、ソーシャル・ワーク界における記念すべき歴史の一編を飾るものでありました」と総括している。その後、本協会は「身分資格制度問題に関する専門委員会」により内部検討を進め、また、1971（昭和46）年度には「業務指針研究委員会」を創設しPSWの業務検討を進めていくのであるが、本協会が資格制度で具体的な展望が見出せるようになるには1987（昭和62）年の精神衛生法改正まで待つことになる。

3 先行した社会福祉士及び介護福祉士法

そして実際に精神保健福祉士法が制定されたのはさらに10年後の1997（平成9）年であった。1987（昭和62）年に成立した社会福祉士及び介護福祉士法はその制定に向けて、全ソーシャル・ワーカーにとってジェネリックな資格制度になることを期待し、本協会は取り組んだが、結果は我々の期待に沿うものとはならなかった。社会福祉界は最終的な局面で今回の機会を逃すと法定資格化の機会が遠ざかるとして、保健医療領域のソーシャル・ワーカーを切り離して社会福祉士法の制定に踏み切った。これは、保健医療の分野に影響力の弱い社会福祉界の主導による結果であり、医師を頂点とした保健医療領域の専門職を規定している制度問題について社会福祉界が切り込むには非力であった。結局、保健医療領域には法的に実践の根拠を持たずに制度化された。その意味で社会福祉士法は歴史的妥協の産物なのである。社会福祉士法の持つこの限界は今日においてもたいして変わっていない。このことが本協会が独自に自らの法定資格制度実現に向けて取り組まざるを得ない最大の要因となった。そして、精神保健福祉士法への制度化にあたっては社会福祉界からの協力は得られず、むしろ逆に、反対活動や妨害工作をされるという厳しい状況に立たされながらの活動であった。社会福祉士法については本協会もその実現に向けて協働して取り組んだ。しかし、精神保健福祉士法については社会福祉界全体の協働にはならず、本協会が望む「三協会が堅く手をにぎりあい」からはほど遠いものであった。

4 岩本正次氏の理事長時代の精神医療状況とPSWの課題

本協会2代目の理事長は岩本正次氏である。岩本氏はそれまでの柏木昭氏から引き継ぐ形で1971（昭和46）年に理事長に就任し1975（昭和50）年に小松源助氏に交代するまでの2期4年間理事長を務めている。

この時期は、日本の精神医療が一つの転機を迎え

ようとしている時であった。理事長に就任する前年の1970（昭和45）年という年は奈良県五条山病院事件（医師2名の不当解雇をめぐり闘争化）があり、碧水荘病院問題（病院闘争委員会が学会で医師のあり方について問題提起）がおこり、烏山病院問題（病院で行っていた「生活療法」に対し、患者と職員の人権と自由を抑圧するものであると批判が内部から起こり、病院当局と対立する）が報道されている。そして朝日新聞が『ルポ精神病棟』（朝日新聞の大熊一夫記者が「アル中患者」に偽装して潜入し、体験したことを記事にする）を連載した年であり、それまで隠されていた精神病院内の実態が白日の下にさらされ精神医療界内外に大きな衝撃を与えたのである。前年から精神医療界内部より精神病院告発と改革が始まっていたこともあり、社会的にも大きな関心を呼びその後の精神病院問題への取り組みに影響を及ぼした。

また、協会会員が勤務していた精神病院から不当解雇されるという事件（「Ｉさん問題」）に遭遇し、会員がそして理事会が自分達の社会的力の乏しさを実感させられた年であった。そして、徐々にではあるがPSWの社会的存在意義が問われる時代状況になりつつあった。まさにその時に岩本氏が理事長に就任したのである。

改めて岩本氏を理解する意味で若干ではあるが筆者の知る限りで紹介したい。

岩本氏は、1922（大正11）年7月仙台市で次男として出生、父は東北帝国大学医学部助教授であった。1942（昭和17）年慶應義塾大学西洋哲学科に入学、西洋哲学を学ぶ。1944（昭和19）年病気のため中退。1945（昭和20）年東北帝国大学法文学部哲学科に入学、インド哲学を学ぶ。仏教やキリスト教の本を「むさぼるように」読んだと述懐している。

1947（昭和22）年3月には、法文学部文学科生徒会長となり、当時駐留軍が大学を接収しようとしていることに反対運動を起こし成功する。翌年の4月には学生生活協同組合を結成し、委員長に就任。また5月には少年の町建設学生同盟を結成し委員長に就任、同時に仙台駅周辺の浮浪児の調査にかかわり、フラナガン神父が提唱していた光ヶ丘少年の町の設立に取り組む。1948（昭和23）年4月に宮城県中央児童相談所が開設、翌1949（昭和24）年の4月から同児童相談所職員に採用、一時保護主任となる。27歳の時であった。

1954（昭和29）年4月には、新設した東北大学農学部生活科学科の専任講師に就任、社会福祉学、農村社会学、家族論、生活化学実験（調査）を担当する。

1960（昭和35）年、宮城県立名取病院に転職し主任技術主査としてPSWを担当する。

それ以後、宮城県MSW協会常任理事、東北SW協会会長、日本PSW協会理事を歴任。

1968（昭和43）年には明治学院大学助教授に就任、ケースワーク、社会福祉方法論、精神医学ソーシャルワーク、社会福祉概論、生活構造論を担当する。

そして1970（昭和45）年に明治学院大学教授となり、その翌年に日本PSW協会理事長に就任、また、やどかりの里の初代理事長に就任している。これは、やどかりの里を設立した谷中輝雄氏からのたっての要望に応えた就任であった。

岩本氏のPSWとしての歴史は、1960（昭和35）年に宮城県立名取病院に籍を置いた時に始まる。すでに岩本氏は哲学に併せて社会福祉の研究者として、教員、実践者としての蓄積があり、これを基盤にPSW研究及び実践の開拓に取り組んでいる。当時はまだ精神病院のPSWはわずかで、その後徐々に採用され始めるというPSWの萌芽期にあり、採用した病院も採用されたPSW自身も、精神病院にPSWをいかに根ざし、どのように業務を進めるかについて手探りの状態にあった。そのような中、名取病院と岩本氏は他の病院から依頼されて新任のPSWを研修生として受け入れその指導にあたっている。また、毎月1回定期的に研究会を開催し、岩

本氏は東北地区におけるPSWの発展に中心的な役割を担ったのである。宮城県PSW研究会が発足したのは1960（昭和35）年で、全国に先駆けた研究会の開催であった。さらにその後月1回の事例検討会を開催するようになる。

当時、岩本氏は、PSWの業務にかかる意見や見解をPSW通信や機関誌に述べている。この内容はPSW実践の指針ともなるべき重要な意味を持つが、それは今日においても重要な示唆を与え続けていると考える。

まず、精神病院におけるPSWの業務についてであるが、患者の「生活改善」に努めること、患者の「要求の発達」を計ること、「社会復帰」の準備をすること、また、それを妨げる条件の改善改革に参加することであると明確に述べている。

「（前略）要約すると、私の考える精神病院のソーシャル・ワーカーの仕事は次のようになる。患者の疾病の治療と社会復帰を妨げている諸要因を、主として地域社会と病院を結ぶことにより調整を計り、治療の効果を促進することにある。特に、慢性化の傾向にある患者についてはその生活改善に努め、患者の要求の発達を計ることを通じ、社会復帰の準備をすることであろう。

また、病院社会の改善計画と、患者の疾病を誘発し、社会復帰を妨げるであろう社会的条件（要因）の改善改革に参加し、精神医療が担っている精神疾患の予防と治療の促進を助けることであろう。」[2]

協会が苦悩した会員の不当解雇事件「Ｉさん問題」は、精神病院が内包する深刻な問題をあぶり出したが、岩本氏はここでは精神病院におけるPSWの業務の基本に触れ「患者の疾病の治療と社会復帰を妨げている諸要因」という表現で精神病院批判も併せて行い、PSWを取り巻く医療における管理機構がPSWの専門性と実践を妨げている状況についても述べている。

「現在、クリニックにおけるソーシャル・ワーカーの管理機構はケースワークを押しのけている。ソーシャル・ワーカーは多忙すぎて家庭へ入っていけない。そして、また、ソーシャル・ワーカーの前に、背後にある社会状態を鮮明にしておくことができない、こうしてソーシャル・ワーカーは（医療）制度のとりことなり、病院へ与えなければならない最大の貢献を逸することになる。すなわち、月並みな考え方を避けて、常に地域社会や患者についての見解を鮮明にしておく、という貢献を妨げることになるのである。」[3]

このように「クリニックにおけるソーシャル・ワーカーの管理機構」という表現で、それがPSWの本来的な実践に制限をもたらし、そのことが、PSWが社会的貢献を果たせなくなることになりかねない状況に置かれていることの警鐘を鳴らしたのである。この指摘は、きわめて今日的なPSWの課題として共通するものであると言えるであろう。

岩本氏はさらに、「専門職自立の条件」に関して次のように述べている。

「（前略）医師が医業についてなぜオールマイティを持っているのかについて少し吟味してみましょう。その一つは、全ての専門職が持っている基本的性格であり、もう一つは、医業の対象とするものが、分割することのできない人間を対象としているからでしょう。

ソーシャル・ワークも同様に、人間を対象とし

2）岩本正次「精神病院におけるソーシャル・ワーク」『精神医学ソーシャル・ワーク』第1巻第2号，1965年
3）岩本正次「精神病院におけるソーシャル・ワーク」『精神医学ソーシャル・ワーク』第1巻第2号，1965年

ています。人間を対象とする技術は、明確に、いくつかの業務に分離することが、原則的にできません。

したがって人間を対象とするいくつかの専門職は、つねにチーム・ワークを要求され、それぞれの職種の特色をいかした形で統合されます。(中略)

PSWの現状からすると、学歴、資格、経験などさまざまな点で異なったワーカーから構成されています。そして各病院の現状もさまざまに異なっており、微細に見ると、PSWの業務もはなはだしく異なっております。しかも人間を対象とする技術は、つねに『人間とは何か』という問に答えて、その業務を解体し、現状分析の上に立って業務の再構成をしていかなければなりません。しかし、現場の現状と将来に亘る要求を汲みあげ、要求をまとめ上げることは不可能ではないはずです。そしてこの要求に従って、ワーカーを養成する大学の教育制度を改革することが急務です。(中略)現場のPSWや医師とじっくり話し合ったこともない、なかには、臨床に従事していないまたその経験のない教師が、臨床面のソーシャル・ワークの技術の授業を行う例も多く見られ、そのことを考えただけでも、背筋に水が走る感じがします。

(中略)医師とのチームについて悩めるワーカーのことを耳にしますが、まず医師の勉学に追いつき、追い越すことが大切で、そしてそれが専門職確立の前提条件の一つでしょう。(以下略)[4]」

ここで岩本氏は、専門職とチームワークとの関係について論じ、専門職として自立していることがチームワークの条件であり、PSWがチームを組む専門職として確立していくには、その条件の一つに、医師を追い越すほどの勉学に励む必要を説いた。氏は医師と同等ないしはそれ以上の重さをもったPSWの専門職確立を構想していたと思われる。そして加えて教員の資質も問いながらPSWを養成する大学の教育改革は急務であるとした。

専門職確立については、同じ時期常任理事であった早川進氏も少なくとも医師や弁護士と同等の「業務独占」としての専門職確立を構想していたことを筆者は後で知るのである。

岩本氏はこのように、本協会の黎明期にあって、職能団体としての確かな基礎を築き、そしてPSWの専門性を確立するために重要なメッセージを会員に送り続け、先導的役割を担った。さらに、岩本氏は1998(平成10)年に発表した論文[5]の中で、「2.精神障害と生活障害」という表題を設定し、そのなかで、精神障害者に対し「身体的原因ないし誘引の存在」として捉える医師の専門性に対比して、「この疾病が、仮にそうであれ、きわだって生活者としての人間存在としての1つの様態であることを認めざるを得ない」とし、生活障害を有する人間存在として、精神障害者を捉える意味について述べている。

この「生活障害」という概念は岩本氏が「やどかりの里」に関与して、より明確化されていったようで、この概念は、その後、やどかりの里の創設者で、岩本氏に次いで理事長となった谷中輝雄氏に引き継がれ、「生活のしづらさ」「生きづらさ」という、市民に受け入れられやすい、理解されやすい平易な表現に置き換えられていく。そして今日、PSWが依拠する重要な概念として確立しているといってよいであろう。

---

4) 岩本正次「専門職確立の前提条件」『PSW通信 No.5』1966年4月30日
5) 岩本正次「精神医学ソーシャルワーク」笠原嘉・島薗安雄編『現代精神医学大系第5巻C 精神科治療学Ⅲ』中山書店, pp. 258-279, 1977年

5 小松源助氏とPSW

　小松源助氏は既述したように本協会発足にあたりその準備段階から事務局的役割を担い、協会が発足してからは常任理事として協会の運営にあたっている。当時すでに日本社会事業大学の助教授であった。岩本氏が2期目の理事長を担っていた2年間は事務局長の責務を、そして1975（昭和50）年から1976（昭和51）年の2年間にわたり第3代目の理事長として重責を担った。協会発足当時の筆者は、日本社会事業大学の学生で小松氏より社会福祉援助技術論（ケースワーク論）を学んだものとして、師と仰ぐ存在である。その時期に同じ大学内で本協会の発足に向けた論議と準備がされていようとは当時筆者は知るよしもなかった。

　あらためて岩本氏と同じように小松氏のプロフィールについて簡略に紹介すると、小松氏は1927（昭和2）年12月長野県北佐久郡南御牧村にて出生、長野県立野沢中学校を卒業後、1944（昭和19）年に海軍経理学校に入学するも終戦とともに翌1945（昭和20）年9月に退学。戦後、軽井沢町中学校の教員、長野県共同募金会職員を経て、1949（昭和24）年に現在の日本社会事業大学の前身である日本社会事業学校研究科入学。翌年卒業と同時に社会事業研修所助手となり、1952（昭和27）年には国立精神衛生研究所研究員、1953（昭和28）年からは熊本短期大学専任講師、助教授を経て、1959（昭和34）年8月から大阪府精神衛生相談所技術吏員となり、4年後の1963（昭和38）年4月から日本社会事業大学助教授、1967（昭和42）年4月からは教授となり以後同大学に長く籍を置く。

　紹介したように小松氏がPSWの領域に深くかかわるようになったのは、日本社会事業学校研究科を卒業後に国立精神衛生研究所の研究員となったことに始まる。そこでわが国の精神医学を発展させるうえで非常に大きな貢献をされた井村恒郎氏との出会いがあり、PSWは「ソーシャルな側面に目を向けて取り組むべきこと、そこにソーシャル・ワーカーとして貢献すべきものがある」との示唆を受け、その影響が大きかったと述懐している。[6]

　そしてさらにソーシャル・ワーク実践の新しいアプローチの研究を進めるにおいて、自ら現場の実践に身を置いて、そこで経験を積みながら取り組んでいかなければならないと考え、1959（昭和34）年8月から、4年間にわたって大阪府精神衛生相談所技術吏員となりPSWとしての実践を積み重ねた。このような経緯を経ながら1963（昭和38）年に日本社会事業大学の助教授に就いたのであった。PSWの実践現場を重視し社会福祉方法論を発展させようとする小松源助氏の志向性が理解できるばかりでなく、本協会の発足にあたり、準備段階から重要な役割を担うとともに、常任理事の就任は自然な成り行きであった。

6 岡田靖雄氏の特別講演内容に対する反論

　さて、本協会の第1回全国大会での特別講演で岡田靖雄氏が述べたPSWへ問題提起にかかる「精神

6）小松源助「社会福祉援助技術総論の回顧と展望」『日本社会事業大学研究紀要第40集』pp.43-62, 1994年

医学ソーシャル・ワーカー」と「精神科ソーシャル・ワーカー」と題する小松氏の見解は、常任理事会を代表したPSWの専門的立場性を明言したものとして歴史的に意義がある。

「第1回精神医学ソーシャル・ワーカー協会全国大会において特別講演をされた岡田靖雄氏は、（中略）『精神科関係で仕事をしているソーシャル・ワーカーという意味での精神科ソーシャル・ワーカーはあってよいが、ソーシャル・ワーカー一般からつよい独立性を持った精神医学ソーシャル・ワーカーは不要ではないか』といった問題提起を試みておられる。氏は、『精神医学ソーシャル・ワーカー』といわれる人は、精神医学的アプローチを過大評価し、院内活動に誇りを感じ、院外活動、地域社会に出ようとしないソーシャル・ワーカーというようにみた上で、このような問題提起をされているようであるが、これはわれわれが「とろうとしている方向」では決してないのであって、あきらかに氏の誤解であり、事実認識の不足によるものであるといってよいであろう。（中略）われわれは、ソーシャル・ワーカー一般からつよい専門的独立性をもったものとしてでなく、ソーシャル・ワーカーという専門職として他の専門職と協働して精神科関係で仕事をしていくものという意味を込めて「精神医学ソーシャル・ワーカー」とよんでいるのである。（以下略）[7]」

1966（昭和41）年4月初旬、東京にある国立教育会館で開かれた第63回日本精神神経学会総会において「精神科医療体系におけるソーシャル・ワーカーの役割」のテーマで分科集会が開かれた。この集会では柏木昭氏、鈴木浩二氏、荻野義輔氏、早川進氏、牧野田恵美子氏、渡辺朝子氏等々PSWからは協会の錚々(そうそう)たるメンバーが演者を務めている。ここでの討論を印象記としてまとめた事務局長の坪上宏氏は、「医師とワーカーの公の討論の場を伝統ある学会に設けられたことに大きな意義がある」としながらも、

「そこでわかったのはPSWに対する医師の考え方と態度には大きな巾があるということである。疾病概念とそれに伴う医療の変遷によって、患者と社会とのつながりの重要性は一般に承認されてきたが、その分野への働きかけの内容や性質の理解には大きなひらきがあり、したがって誰に担当させるかの点でも見解が分かれてきているように思う。さらにPSWに懐疑的な医師のなかにも、公平な目で確かめていこうとする真摯な厳正な態度と、いいっぱなしの態度とがあるようである。

疾病と医療の概念が変わってきているように、社会福祉の概念もまた変遷している。この理解のもとに医療と福祉の問題をとらえようとする態度が相互にないと、生産的な討論は生まれてはこないだろう。臨床経験を欠いた社会福祉論とPSW懐疑説の結び付きを感ずるが故の感想である。（以下略）[8]」

このように、当時、医療と福祉の問題は医療側にその理解と制度的必要性については等質性を欠いていて、課題は緒についたばかりの状況にあることを改めて認識するところとなった。また社会福祉界においても、実践を知らないものからのPSW懐疑説があることに類似していると重ね合わせて述べている。そのことは必然的に医療の中でPSWとして専

---

7) 小松源助「精神医学ソーシャル・ワーカー」と「精神科ソーシャル・ワーカー」『PSW通信No.3・4』pp.1-2，1965年11月1日
8) 坪上宏「精神神経学会第22分科集会印象記」『PSW通信No.5』pp.3-4，1966年4月30日

門職自立を図るための活動が、PSW個々の、そして職能団体である本協会の重要課題であることを改めて自覚する機会となったのである。前述した『PSW通信 No.3・4』にある小松氏の見解はこのような背景の中で示されたのであった。

7 「Y問題」への取り組み

　小松氏が理事長という立場で取り組んだ重要課題の一つが「Y問題」である。「Y問題」そのものは、岩本氏が理事長時代の1973（昭和48）年第9回横浜大会・総会に投げかけられた。そして、総会決定を受けて神奈川大会運営委員会が「Y問題調査委員会」を担い、次年度の総会までに報告書をまとめ、協会に報告することになったのである。

　小松理事長は1974（昭和49）年の神戸大会・総会において報告された「Y問題調査報告」を受けて、会員の強い要望に応えて、常任理事会による「Y問題調査報告により提起された課題の一般化について（資料）」（以下、「一般化（資料）」とする）を常任理事会の責任で作成・発行した（1975（昭和50）年8月30日）。

　この一般化（資料）の送付文には「Y氏が全体の経過のなかで人権侵害も含めた不当な扱いを受けた」「会員I氏をも含むY氏にかかわった職員について述べるとすれば、（中略）不適切な対応であったといわざるをえない」「このような不適切な対応というのは、現行の精神衛生法のもとにおいては、つねに起こりうる可能性があるとの認識に立つに至った」「我々は会員I氏を含め、我々の共有の問題としてY問題の教訓を克服していかなければならない立場に立たされているのである」とあり、組織をあげてY問題の教訓化に取り組むこと、ブロック研修会を開催することを方針としたのである。

　PSWの実践が人権侵害を犯したと当事者から厳しく糾弾されたことは初めての経験であった。Y氏と支援者による本協会へ社会的責任の追及は厳しく、会員の受け止め方は肯定的、拒否的、困惑と多様であったが、専門職としての技術上の問題にとどめず、人権侵害問題として、制度的問題としてY問題を正面から受け止めて取り組みを開始したのである。この取り組みは、PSWと本協会にとって大きな試練となったが、後々PSWと本協会の進展に大きな力を獲得する契機となった。

　小松氏が理事長時代は、筆者は事務局次長そして後半は事務局長として組織運営にかかわってきたこともあり、小松理事長のY氏たちとの折衝、話し合いにおける真摯な態度に触れ、学ぶことが多かった。小松理事長はY問題を通して、PSWと協会の発展に必要な決断をして大きく舵を切ったのである。筆者は小松氏はPSWと本協会に対して歴史的な役割を果たしたと考えている。しかし小松氏が理事長として正しい方向を定めることができたとしても、それをどのように進展させていくかは会員の取り組みに委ねられたのである。

　小松氏が理事長時代に静岡市での開催を準備していた第12回大会・総会が中止になるという事態が起こった。1976（昭和51）年のことである。しかも、この事態を克服するために常任理事会が作成した総括文「第12回大会・総会中止を省みての反省と課題」（以下、「総括文」とする）が全国理事会で否決されるという結果となり、組織の運営が行き詰まったのである。Y問題の教訓化と継承性の取り組みが緒についたばかりで、その取り組みに混乱がある中、第12回大会・総会が中止になったことで、一気に組織上の危機が訪れるところとなった。小松氏は責任をとって理事長を辞任することになるのだが、しかしながら総括文を否決した全国理事会は有効な対応策

を持ち得ず、その結果として組織の維持そのものが危機に陥ったのである。そのなかで、全国理事会が理事長の就任を強く要請したのが谷中輝雄氏であった。谷中氏は否決された総括文の作成にかかわった常任理事であったことから、当然ながら理事長の就任を固辞し、そのことでさらに協会組織の危機が深まったのだが、谷中氏は自己矛盾を抱えたまま、苦悩のうちに理事長の就任を受諾する。谷中氏は協会組織の崩壊を回避するという重要な役割を果たしたのであった。

8 谷中輝雄氏と「Y問題」の継承性の取り組みと提案委員会

谷中輝雄氏は埼玉県大宮市（現・さいたま市）で「やどかりの里」を開設し、精神障害者の地域資源はないといってよい時代状況の中で、入院している精神障害者の退院と地域での生活を支援する先進的な活動に取り組み、すでに全国のPSWに大きな影響を与え、多くの信頼を得ていた。また、やどかり研究所を設立し、やどかりの里には全国のPSWが参集し、第一級の研修の場となっていたのである。確かに、小松氏が理事長を引責辞任した後の理事長を担える適任者は谷中氏以外にはいなかったであろう。

谷中氏が理事長に就任していたのは、1977（昭和52）年3月に臨時に開催された第12回総会決定以後、1982（昭和57）年に札幌で開催された第18回全国大会・総会までの期間である。その間、谷中氏は、協会組織の存続と機能回復に向けた取り組み、「Y問題」の教訓化と継承性にかかる取り組みというどちらも困難な二つの課題に理事長として取り組んだのである。谷中氏が理事長を引き受けた心情と、理事長としての考え、協会活動の方向性については、『PSW通信No.38』の巻頭言「存続の意味を問う」に率直に述べられているので紹介する。

「このたび、協会の理事長をひきうけることになりました。（中略）状況から判断しても協会再建の目処も見当たらず、見通しも心細いものです。そのような中で、なぜひきうけたのか自問自答しているところであります。一つ言えることは、このまま新執行部体制が整わずに協会の組織が自滅していくことは許されないと考えたからです。専門職として現行の精神医療状況の中で力をあわせて、共通の諸課題に対して乗り切っていくことの必要性が明確になってきたなら、協会存続の意味もまたはっきりとしてくると思われます。なにはともあれ、会員全体でその意味を問い直す必要があるのではないでしょうか。（中略）

私が組織担当として各地をまわった時も、協会執行部がY問題にふりまわされて、会員のおかれている現状を理解していないという不満の声を一番多く聞きました。その声は当時の状況を物語っていると感じつつ、一方では、Y問題の本質が本当に理解されていないことを感じさせられました。Y問題等における患者の人権をめぐっての問題と資格制度の検討とは二者択一のことがらではありません。むしろ非常に関連しあっている事柄であります。

資格制度の検討を進める際に患者の人権を守る立場を標榜することに誰も反対を唱える人はいないでしょう。しかし、重要なことはその中身なのです。その内容は我々の立場性も問われてくるものであり、また、我々の倫理性も確立しなければならないのです。（中略）

Y問題で提起された患者の人権に関する問題は避けて通れません。むしろ、これらの問題から自らの専門性を問いなおし、また、我々の立場性も検討しつつ、協会の機能を正常化すべく、会員の

協力のもとに努力したいと考えております。ご協力をお願いします」[9]

　谷中氏は、巻頭言の主旨を踏まえてY問題の教訓化と継承性を軸に据えた実践の論議を深める大会を開催していった。会場も関東地区と関西地区を交互に設定、いままでの大会方式を止めて参加者全員による全体討論を進めていったのである。

　1980（昭和55）年、Y問題が提起されてからその後の協会の取り組みを総括するための「提案委員会」の設置を決定するまでに至り、協会はようやく正常化に向けて動き出した。提案委員会報告は翌年6月に開催された第17回総会の場で承認され、協会はようやく正常な組織活動を進める要件を整えることができた。Y問題が提起されてから8年が経過していた。谷中氏は理事長に就任したときの目標（『PSW通信 No.38』掲載）をかなりの程度で達成した。

　提案委員会報告にある「本協会をして『精神障害者の社会的復権と福祉のための専門的・社会的活動』を中心に据えた組織とする」とした提起は、そのまま札幌宣言として取り上げられ、PSW及び本協会活動の基本指針として位置づけられた。

　協会宣言として基本指針を採択した1982（昭和57）年は、まだ精神衛生法体制の時代で報徳会宇都宮病院事件が報道される以前のことである。そのような時代状況の中で「精神障害者の社会的復権」を組織活動の目標に設定し、基本指針としたことは他の職能団体が未だ到達していない世界を獲得したことを意味し、PSWが理念と専門的活動の双方において他職種・他団体に先行する専門職となり、職能団体となったことを意味する。これが谷中理事長時代の本協会の取り組みの成果であり歴史的な偉業であると筆者は評価している。

おわりに

　協会発足の前夜の状況を述べるところから始まり、専門職としてのPSWの位置づけと専門職自立について、Y問題への取り組み、札幌宣言の採択に至るまでの本協会の歴史的経緯の中で、理事長を担った岩本正次氏、小松源助氏、谷中輝雄氏の三氏がその時々の時代状況の中でいかに考え、いかなる志向性を持って担ったか、成果はどのようなものであったかについて、筆者の思いを重ねながら文章を進めてきた。三人ともすでに故人であるが、親しくさせていただいた関係にあったことが、編集方針を受けて筆者が執筆の役割をとることになった理由である。筆者の力不足で内容は不十分なものとなってしまったが、PSW諸氏の力でより豊かなものにしていただきたいと願っている。

（大野和男）

9）谷中輝雄「存続の意味を問う」『PSW通信 No.38』pp.1-2，1977年8月31日

第2節　「Y問題」と協会活動

はじめに

　「Y問題」は今から41年前の1973（昭和48）年6月、横浜で開催された日本精神医学ソーシャル・ワーカー協会（現在の日本精神保健福祉士協会の前身。以下、「協会」という）第9回全国大会のテーマ「精神障害者の現状と私の実践」というシンポジウムの場において、Yさん本人と母親からの発言によって始まった。1969（昭和44）年10月Yさんに起こった不当な入院について訴えられたことから、協会の重大課題となったのである。この問題が現在に至ってもなお精神保健福祉士にとって多くの学びとなる内容であることから、繰り返し学ぶことの意義を強調して稿を進めたいと思う。それにしても時間のたつのは早いもので、Yさんは今では60歳を越え、19歳で強制入院の経験をし、20代の前半を裁判などで過ごされたYさんの人生はどのような歩みで今を迎えているのか、もう一度学ばせてもらえるならばと思うのだが果たす術はない。

　私はこのシンポジウムに参加し直接訴えを聴き衝撃の体験をした一人だった。実は私はこの年（1973（昭和48）年）に協会員となり初めての大会出席だったので、結果的にこの問題を考える機会を与えられた大変幸運な協会員だったといえる。加えてその後まもなく全国理事として「Y問題」から派生した協会の混迷の議論に参加し、再生の道を探り現在の協会の基礎づくりも体験し、PSW協会の機関誌編集長として、PSWの国家資格を担当する資格制度委員長として、この問題から学ぶことを基本としたPSWの社会的あり方と実践に取り組み、協会活動の社会的責任を担う意義を学ばせてもらった。Yさんありがとうございました。

　私が衝撃を受けたのは訴えの内容はもちろんのこと、その訴えに対する出席者の反応であった。驚き、腹が立ち、感情が揺さぶられ、身震いする体験をしたのであった。あまりにも強烈に感じたので今もこの奮い立った感情を鮮明に思い起こすことができる。Yさんと母親の発言内容はまさに告発であり、責められる立場となった会場の協会員の反応が一様でなかったことが驚きだった。私は同じ過ちを自らも犯しかねない実践現場にいることから、私自身が相談を受けたクライエントにYさんのように苦しませた人はいないか、同じPSWがYさんを苦しめたとすればそれは同じ職業、同じ専門職として誠に申し訳ない、との思いを会場の皆は共有しないのだろうか、そして、なぜこのようなYさんをめぐる問題が生じてしまったのか等々多くの疑問がよぎった。その場で私は「なぜ」起こったのかを同じ専門職集団として真摯に取り組むこと、Yさん自身への支援も当然のこととして協会としてできる限りの範囲で行うことが必要と感じ、その場の出席者も同様に違いないと思った。しかし、違っていた。会場の協会員の反応は様々だった。なおかつ、訴えを真摯に受け止めていないのではないかと思われる発言まであることに、私は感情を抑えるのがやっとの状態だったことを今も思い出すことができる。

　40年以上たった今も、このいわゆる「Y問題」を記録に残し続ける意義は大きい。いわば精神保健福祉士の原体験として後輩にも受け継いでほしいと強く思うのである。

1　「Y問題」の始まり

　国家資格である精神保健福祉士が誕生して16年を経た今、Y問題を知らない世代も増え、テキストで歴史の一コマとしか理解していない人も多くなってしまった。そこで改めてY問題の概要を説明し協

会がどのように対応したのか、何が問題で、何を学んだのか、その学びは現在にいかされているのか、Y問題に直面化した協会が会員と共有し財産となったものは何だったのか等を是非知ってもらいたい。精神保健福祉士にとってY問題は現在もなお学ぶ価値が高く、Y問題を通して学んだことを現場実践に役立ててほしいと願っている。

Y問題は第9回日本PSW協会全国大会の2か月前、大会準備を行っていた大会運営委員長宛に以下の「申し入れ書」が届いたことから始まる。大会運営委員会は見過ごしにできない重大問題であるとの判断から、本人たちが希望している大会での発言を大会テーマのシンポジウム「精神障害者の現状と私の実践」において認め、会員はY問題の何たるかを知り、事の重大性から「Y問題」として協会がかかわることになった。この大会運営委員長の決断はすばらしく、後々Yさんと両親との合同面接をするなどして親子関係の修復など個別のかかわりを続けていたことを聞き、学ぶべきPSWの姿勢と感心したのである。

〈申し入れ書〉

大会運営委員長　A殿

　私ことYは、B市C保健所、Dセンターにより、1969年10月11日、本人の全く知らぬ間に精神病であるというレッテルをつけられ、警察、保健所によって強制的にE病院に入院させられました。
　この入院は一切の医師による診察がないばかりか両親の同意もなく行われました。そして40日間という長期にわたり不法監禁され、心身両面にわたる言語に絶する苦しみを味わされました。
　このため私は現在、E病院を相手取り、この重大な人権侵害に対し裁判を起こしています。
　しかしながら、この問題に関して私の入院させられる過程の中でC保健所、Dセンター、警察が積極的に否定的役割を果たしていることは、否めない事実であります。
　C保健所、Dセンターの私に対して行った不法行為を考え合わせますと、今日ここに集まられたPSW会員の日々の実践がどういうものか疑わざるを得ません。
　なにとぞ、この事件を大会議題の一つに取り上げ、積極的討論をされ、第二、第三の私を生み出さないためにも、自らの実践を厳しく見つめ、共にこの闘いに参加されることを、切にお願いします。

1973年4月6日
Y　印

大会当日には「Y裁判を共に闘う会」から〈申し入れ書〉同様の趣意書と事件経過が大会参加者に配られた。

シンポジウムで発言を許されたYさんは会場一般席から経過と裁判に至った詳細を語った。また、母親は「保健所に（相談に）行ったために精神病にさせられた。（保健所で相談にのった）ワーカーは重大な職責にあるのだからもっと慎重に仕事をしてほしい」と語り、そして、Yさんは「このような無責任なケースワーカーによって我々家族はめちゃめ

ちゃにされた。この会員に対し協会としてどうするかはっきりした態度を示してほしい」と発言し、協会に対して社会的責任を果たすことを求めたのだった。

この発言に会場の会員の反応は前述したとおり様々であり、ゆえにほぼ10年間もの長きにわたり協会の混乱が続くことになったのだと思う。その後、丁寧な議論を重ね、会員が共有できる筋の通った結論を求め続けた協会の運営は、組織としてすばらしかったと感じている。

協会としては実情が十分にわからないこと、また現在公判中であることなどから客観的調査には限界があることを承知のうえで、「この問題は直接の関係者の問題だけでなく、われわれの日常業務においていつでも生じる危険があることを考えておかねばならない。協会は全力をあげてこの問題を受け止めるべき」との理事会意見に収束し、大会総会の場で「Y問題調査委員会」を設置することが決められた。極めて常識的な対応と私はこの結果に納得していた。調査委員会は大会運営委員を中心に委員長：三代浩肆、副委員長：江幡鉄雄、書記長：牧野田恵美子、書記：赤沼裕子、委員：小松源助、稲本誠一、大野和男、助川征雄、鈴木民雄、東野忠和、西澤利朗、山田由美子の面々だった。このY問題は神奈川県B市で起こった事案であったから、大会主催の地であり委員の皆さんはY問題にかかわったPSWを知る仲間でもあったので、たいへん複雑な心境で辛い立場を引き受けたこととなり、その労に心から感謝をしたい。

2 「Y問題」の概要

大学受験を控えていたYさんは腰痛が生じるなどの身体の変調もあり、勉強部屋の新築をめぐり父親と対立するなど家族間の葛藤と緊張が高まる中で、時に親子喧嘩が起こり、暴力行為に及ぶことがあったりの日々が続いていたという。本人は母親を攻撃対象とすることによってはけ口を求めていたようである。両親、特に母親はその時々の様子に振り回されながらも受験を控えた子供にありがちな不安定な精神状態の時期と考えていたが、本人のあまりにも激しい言動を心配して知り合いの医師に相談し、1969（昭和44）年10月4日、医師から紹介された精神衛生センター（当時）に父親が一人で出向きPSWに相談したことからすべては始まった。

精神衛生センターではPSWがインテークを担当し、その時の記録によれば父親の話として「勉強部屋を釘付けにし1週間くらいこもる。9月中旬より母親を叩く、バットを振り回し暴れる。この2、3日『殺してやる』という」とのこと。

このことを聞いたワーカーはYさんが病気であると判断し、父親に入院の必要性と家庭訪問の必要性を話してその日は終わったという。父親は帰宅後、母親に入院の必要性などを話すものの、母親は入院もそのための家庭訪問にも強く反対したため、父親は相談した精神衛生センターのワーカーに「なかったことにしてくれ」と断りの電話をしたとのことである。しかし、ワーカーは本人に会うこともせず、病院への入院依頼などの入院準備を進め、10月6日にはYさんの地域を管轄するC保健所のPSWに電話連絡し本人を病院に連れていくための訪問を依頼している。10月8日に父親が相談取り消しをしたにもかかわらず、いずれ問題になるケースという判断から、事前連絡なしにC保健所のPSWは家庭訪問を行った。玄関先で警戒する母親が対応し、その時のワーカーの記録には「親の本人のとらえ方、態度に問題あり、本人の性格、最近の行動、思考内容から分裂病（統合失調症）の始まりのように思われる。

母とて近いうちに破綻が来るものと予想」と書かれていたという。精神衛生センターのPSWの病気予測、加えてC保健所のPSWの病気予測はますます本人不在のままに、精神病の予測と入院治療の必要性の高まりを生み、入院必要性の確信となり予断に基づく入院先行の方向で進められていくことになった。10月11日に母親がC保健所に相談に来所、対応した保健師に「本人の興奮がひどく怖い」「入院は避けたい、他の病気ということで診察を受けさせたい」などと訴えたという。いよいよ具体的対応が必要と考えた保健師は、父親に連絡することとし、母親は「（避難して）近所で様子を観察し、5時までにその結果について連絡するように」と指示されて帰ったとされている。4時過ぎに隣家の婦人からC保健所に、「母親が隣家に隠れていたが本人が捜しに来て、脅かされて怖いので母親は別の友人宅に隠れている」と電話があった。母親も約束通り電話で様子を知らせ「本人の暴力がさらにひどくなった、家の中はめちゃくちゃ、私のことを殺すと言っている」ということから、C保健所は入院可能な病院を探し始め、受け入れ可能なE病院に入院させる方針を決定した。C保健所では本人に対処できないでいる母親に情緒不安定の問題があるとして別個に対処する必要があるとし母親に対して精神衛生センターの受診を勧めてもいたとのことであった。

　Yさんが病気であることを疑わず、母親も精神的問題があると決めつけての判断などからYさんを入院させる必要性へと突き進んでいったのであった。未成年であることから口頭で両親の入院同意を取り、警察官に移送上の保護を求め、C保健所職員3名と警察官2名がYさん宅を訪問した。訪問し本人と対面して入院の説得をした時のYさんは静かな状態であったという。しかし、入院説得を拒否したことから最終的にYさんは手錠をされて拘束され病院へと移送されてしまう。

　病院では診察もされずPSWの面接記録と紹介状が専門医の観察記録として扱われ、それをもとに精神分裂病と診断していたようであったというが、真実は不明な所もあるようである。その入院は父親のみの同意書により10月11日同意入院となった。入院後3週間以上過ぎた11月5日、母親からC保健所に「本人から退院したいと訴える手紙がきた。家族も長期入院になるとは思っていなかった、どうしたらよいか相談したい」と電話があり来所するように伝えている。C保健所のPSWは電話で主治医から「病識全くなく、親子喧嘩が原因と言っている。しゃべりだすとばらばら、思考障害もみられる、長期治療型」と聞いていた。「このままでは一家は狂ってしまいそう」と泣きながら訴える母親に対し、「情緒不安定が一家を暗くしている、母子の離乳ができていない、要医学指導」と判断し、PSWは診察を勧めるために家庭訪問などをしていたという。11月19日、両親は何とか退院をさせたいと考え始め、父親はYさんが入院している病院を訪れ、腰痛などを訴えていた本人の様子から「整形外科受診のため総合病院に入院させること」を理由にして、本人にすれば大変長い40日間の入院からようやく退院できて解放されることとなった。

　その後、Yさんと家族は病院と行政を相手に訴訟を起こし裁判となった。結果は和解という形で結審したという。結果としてYさんは病気でなかったにもかかわらず病気として強制的に入院が行われたということ、相談を受けたPSWの判断と対応の問題、その報告を受けて検討した結果として入院を必要と判断した保健所の問題、行政の依頼を受けて無診察で入院させた病院の問題、このようなことがどうして起こったのかと誰もが疑問をもつに違いない。しかし、現実に起こってしまった。私たちはY問題に正面から向い合い、考える機会を与えてくれた、Yさんと家族に感謝しなければならない。私たちが直面したこの問題は、Yさん自身の問題と家族関係問題など、精神衛生（保健）相談のあり方の問題、精神衛生行政と法制度の問題、精神医療の社会的役割と診断、治療の問題等々、個人の問題から社

会全体の問題までを考える機会となったことは、「個人と環境全体関連」の視点を持って事に当たるPSWにとって示唆深いことだった（この内容は、協会の「調査委員会報告」やその後複数の書物に書かれていたことを事実として知っていただくために私が必要と考えた情報を書き出した経過概要である。表現や細部に事実と異なることがあるかどうかの検証は私にはできないままに、あえて書いていることをお断りしたい）。

3 調査委員会の報告から学ぶこと

　調査委員会の委員はそれぞれの現場で忙しく働いているPSW実践者であり、それに加えて協会活動に積極的にかかわってくれていた労苦は計り知れない。協会は今でも現場実践者が仕事と個人の身を削って運営活動をしてくれていることを会員には忘れて欲しくない。職能団体は専門職としての資質の向上とともに、個々人の実践から明らかとなる課題を集約し、解決するための社会的活動をし続ける組織である。その組織を動かす人たちは、皆現場で精神保健福祉士として実践している人たちであることからその苦労は多く、全国・地方の組織で活動してくれている方々には頭が下がる思いである。

　調査委員会はこの事案の問題点として12点を上げ、加えて6項目について論評をしている。詳述は省くが12の問題は、①入院決定の過程における入院先行、②本人不在に終始した処遇、③警察官導入にかかる問題、④精神衛生相談センターの機能について（保健所との連携、タキシラン投与について、ワーカーの役割）、⑤保健所の家庭訪問について（家族が訪問拒否をしているにもかかわらず訪問実施）、⑥病院の診断、処遇内容、治療における問題点、⑦退院をめぐっての病院、保健所の対応、⑧記録の問題（記録の意味、秘密の保持）、⑨市民相談室のあり方、⑩人権擁護委員会について、⑪病院ワーカーの機能と役割、⑫家族問題への切り込み不足である。6項目の論評は、①入院先行・本人不在の処遇、②保健所職員の介入の限界と警察官導入について、③インテークにおいて事実を知ることについて、④クライエントのニーズを受け止めないワーカーの姿勢について、⑤多摩川保養院の問題、⑥「精神衛生行政の問題点」から、以上について論評している。これらの内容について興味のある方は過去の記録などを参考にして欲しい。

　これだけの情報でもPSWのインテーク段階から多くの問題が内包していること、PSWの対応が本人不在ですすめられていること、その記録だけによってのみ本人のすべてが理解され結論が導き出されていること、後々「記録」だけが証拠となるなど「記録」の重要性、PSWのやってはいけない診断に近い判断をし、憶測と決めつけによって入院という対処の方針が決められ、事が進められていってしまったことなどがわかるだろう。また、問題が沢山あるにもかかわらず、その後かかわる少しYさんから距離のある立場の保健所職員による疑問や指摘もなく、基本ともいえる確認がほとんどされない進め方、本人に一度も会わず入院させるための訪問が当たり前のように展開される事態、初めて会いながら、穏やかに対応した本人との面接においても本人を理解しようとする努力や、情報から判断していた病気なのかという確認の意識もなく、本人は病気、入院が必要な人という先入観だけで事が進められたことは、専門職ゆえの隘路がここに隠されていることを私たちは自分の問題として学ぶ必要がある。

4 「Y問題」調査報告を受けた協会の対応

　協会は「Yさんが人権侵害を含めた不当な扱いを受けた」「かかわった人たちの対応は不適切であったと言わざるを得ない」と結論づけ、しかし「現行の精神衛生法の下においては、常に起こりうる可能性があるとの認識に立った」としPSW総体は「我々の共有の問題としてY問題の教訓を克服していかねばならない立場に立たされている」とする基本見解を示した。

5 当時の精神科医療状況とPSW

　わが国の精神科医療の歴史は1900（明治33）年の精神病者監護法から始まる。精神病となった国民を治療の対象とするだけでなく社会防衛施策に位置づけて保護（隔離）する対象とした。この流れのもと精神障害者の医療と保護、その発生予防のための法律として精神衛生法が1950（昭和25）年に成立した。入院はすべて非自発（強制）入院という制度が成立し1987（昭和62）年まで続いたのである。いわばわが国の精神科医療は長く、本人主体、本人の意思が尊重される制度ではなく始まったといえる。1965（昭和40）年に精神衛生法が改正され保健所が精神衛生行政の第一線機関として位置づけられ、相談から入院までを担うこととなり、担当する保健師及び精神衛生相談員が配置された。神奈川県は全国の中でもいち早くPSWを精神衛生相談員として配置することになっていた。同時に都道府県には精神衛生センターが技術的指導機関として設置され、精神保健にかかわるセンターと保健所の連携が展開され始めた初期の時代であった。精神病床を増やす政策は人員配置の精神科特例や政府機関による低利の資金提供などが行われていた時代で増床政策のもと精神科病院の開設が続いた。その勢いは1987（昭和62）年に人権擁護と社会復帰を二本柱とし病床削減を可能とした精神保健法が成立しても、数年間は増床が続くという異常な状態が続き、これがわが国が世界で最も精神病床が多い国となった現在を招いてきた背景である。私から言わせれば、これらは施策の間違いであり、このことが現在の社会的入院を生み、長期入院をせざるを得ない病院経営に縛られた精神科医療を不幸にも定着させたと考えている。

　一方、Y問題が起こった同じ年、東京都内の私立精神科病院に働くPSWのIさんが突然解雇される事件が起きている。当時はPSW協会員のほとんどが民間精神科病院で働き、厳しい労働条件・労働環境に置かれていた時代であった。解雇理由は不明ながらIさんの話から患者の社会復帰をめぐる医師との意見対立があったようで、当時の精神科病院ではPSWが医師の指示に従わざるを得ないことが常態化していたようにも思う。協会は不当解雇問題として取り上げていた。

　一方、1972（昭和47）年に中央社会福祉審議会から「社会福祉士制定試案」が出され関係団体の意見を求めていた。資格問題は設立以来の課題であり、協会も当然高い関心を持っていた。無資格専門職PSWが資格として認められる絶好の機会であったが、協会は冷静に、論理的にこの資格問題に取り組み、結論として『社会福祉士試案に反対する声明』を出している。その理由は、専門性の発揮できる基盤の整備が優先されるべきであり、患者の環境問題である精神科医療状況の改善なしに資格化することに反対するというものだった。このような問題を抱えていた協会にY問題が投げかけられたのだった。

6 「Y問題」に対する協会の対応

　Y問題調査委員会報告を受けた協会は、「Yさんは全体の経過のなかで人権侵害を含めた不当な扱いを受けた」と結論づけ、かかわったPSWと保健婦について「不適切な対応であった」という見解を出している。その上で（公務員であっても）「現行の精神衛生法のもとにおいては、常に起こりうる可能性があるとの認識に立った」とし、Y問題を個別事案で済ませることなくPSWの共有の問題として捉え教訓にしなければならないとして「調査報告によって提起された課題を一般化する必要がある」とし討議を重ね、そして、告発された大会から2年後の1975（昭和50）年、新潟大会において「Y問題調査報告により提起された課題の一般化について」が配布され、協会員全員に送付された。その内容はPSWは「本人の立場に立つ」との基本姿勢・理念を示し、実践上の理解として本人の立場に立つということは「クライエントの立場を理解しその主張を尊重することを意味する」とし、人権上の問題として「人身拘束にかかわる問題にとどめず、精神障害者の生活上の諸権利をも含めた広義の人権問題と関連させる」と述べている。この一般化の文章は、わが国のPSWの専門性の構築と職能団体としての活動の方向性を決めることとなり、歴史的に重要な意味を持つことになった。

　協会は全国の会員に対して、この「一般化」を資料としてそれぞれの日常実践においてY問題を考え、地方ごとの研修会などで討議することを組織の活動課題としたことを全会員に伝えることになった。しかし、全国的にはこの協会方針の「Y問題の継承」について批判的な会員もおり、資格制度を優先すべきといった意見など、いろいろな考え方があることから必ずしも円滑に進められたわけではなかった。むしろ理事会の方針通りに進まない協会活動の緊張と混乱の時代となった。その後、1976（昭和51）年の関東甲信越ブロック研究会ではY問題を取り上げなかったことに関して「Y裁判を支援する会」の「粉砕宣言」によって流会となり、それとも絡んで同年静岡で開催予定の第12回全国大会が中止になるなど、協会活動は機能停止状態に陥ることになった。事務局長の辞任や理事長が交代するなどし、退会する会員も増えるなど組織体制も混乱をきわめた。運営は不規則となり、組織の脆弱化が深刻化し存続の危機に直面した。解散することさえ議論された時期もあったのである。協会はY問題をめぐる長い混乱の時代を1982（昭和57）年までの約10年間経験することになった。この混乱のさなかにおいても、1977（昭和52）年からはなんとか全国大会総会だけは開かれ続け、大事な議論を積み重ね、会員間の丁寧な合意作業が続けられた。この間に「Y問題等患者の人権をめぐる問題と資格制度の検討は二者択一ではなく関連し合っている」とし、「資格制度を具体化する検討の中では、PSWの立場性が問われ、倫理性の確立も求められる」として、協会はY問題の継承と資格制度は共通課題であると位置づけ「専門性の検討を当面の課題とする」ことを会員に呼びかけ、これを転機として再建の道を歩み始めることとなった。

　1980（昭和55）年の第16回名古屋大会において、協会はY問題以降の総括を行い、今後の基本課題の確認を行うために、棚上げされてきた課題などを検討して会員に提案する「提案委員会」を設け、混乱から再生への道を探り始める。1981（昭和56）年6月の全国理事会に提案委員会報告を行い承認され、同年東京で開催された第17回全国大会総会で採択されたことにより組織運営の一定の機能回復を図り、新たな協会活動を始める体制を整え始めたのである。

　提案委員会報告は、「はじめに」「経過の中で考えられる反省点」「日本PSW協会における組織問題、

組織活動について」「関東甲信越ブロック研究会に関する10項目質問に対する見解を出すことについて」「今後の協会活動について」「おわりに」で構成され、さらに「経過の中で考えられる反省点」は①立場と視点、②状況と認識、③実践とワーカー・クライエント関係、④福祉労働者としての二重拘束性からなっている。この報告は翌1982（昭和57）年北海道で開催された第18回全国大会において、私の発案である札幌宣言として結実し、現在まで続いている精神保健福祉士の基本指針として「精神障害者の社会的復権と福祉のための専門的・社会的活動を行う」としたのである。

協会はY問題を提起されたことにより、大変重い課題に多くの会員が取り組み、長い時間をかけ、苦しみながら多くの学びを得ることができた。結果、議論の積み上げとして専門性を追求することとなり、PSWについて深く考え、精神保健福祉士の基本理念、専門性、価値、倫理、業務などの基本を形成することになった。これは大変大きな財産となったと考えている。したがってY問題を学ぶことが、ソーシャルワーク専門職たる精神保健福祉士の使命を学ぶことにつながると考えている。

7 協会が示した4点について

ここでは、提案委員会報告において示された4点について簡単に記す。

① 立場と視点　「クライエントの立場に立つということの建前と本音の使い分けがソーシャルワーカーとしての視点を欠落させる結果になったことを反省し、日常実践をお互いに検討し合う作業を通してPSWの立場と視点を確立する」として将来への取り組み課題を示した。

② 状況と認識　「ワーカー・クライエント関係という個別の関係を越えて、それを取り囲み規制している状況を認識するというソーシャルワーカーとして当然の社会的視点が甘く、状況としての精神衛生法体制や精神医療などの現状と問題の多面的分析を行い、そこから導かれる一定の結論をもってしてPSWとしての日常実践と協会活動を進める」とし「PSWは何をする集団なのか十分に認識して再出発したい」としてPSWの存在意義を確立していくことが必要とした。

③ 実践とワーカー・クライエント関係　PSWは自分の知識や独自の判断基準をもって独りよがりな指導や説得、善かれと思う結論に基づく行動、世話する・される関係、援助する・される関係を基本とした立場性、医師及び医療のパターナリズムと権威性を容認して実践される問題を反省し、両者が独立した人間として平等、対等な関係を基本とした役割関係を明確に合意して進める。「クライエントの抱える問題や課題をともに解決していける全体的力量を向上させる為の取り組み」を確認した。それは常に「クライエントから学ぶという初心にも似た謙虚な姿勢を持ち続けること」であるとしていた。これはたゆまぬPSWの専門性を高め、全人格的成長を意識的に図る取り組みとしたことである。

④ 福祉労働者としての二重拘束性　PSWの日常実践は「患者の立場に立つ」という関係性とともに、一方では「クライエントの要望に十分に応えられない雇用者との関係」があり、我々は時に相矛盾する「二重拘束性」を有している。ゆえに「このことを正直にクライエントに伝えつつ、解決に向かって共同作業を進める」とした。

8 「Y問題」によって深化できたこと

　Y問題はPSWの専門性に関する普遍的問いかけであり、協会組織のあり方としてYさん個人の問題から派生する社会的問題解決の役割を自覚させるものであった。このY問題に取り組み、一定の考え方と方向性を示した次の3点は、ソーシャルワークの原理の深化であり、我々の財産として継承されるべきものである。

　1) 自己決定の原理、2) 人と環境（状況）の全体性の視点、3) ワーカー・クライエント関係。詳しくは関係書から学んで欲しい。

おわりに

　1973（昭和48）年に協会に提起されたY問題によって、PSWは何をする人か、どのような職業で、いかなる専門性と社会的役割を担っているのかなど、PSWの存在理由を問われる課題を投げかけられた。協会はこの問題を真摯に受け止め、決して逃げることなく丁寧にかかわることから、PSWのあるべき姿を求め一般化して会員に問いかけ、確認をしつつ一定の合意を得てきた。その道のりは遠く、出口のない暗闇の中で、混迷を体験しながらY問題中心の組織運営が続いてきた。8年を経た1981（昭和56）年に、検討し続けた成果であり総括である「提案委員会報告」が出された。この内容が現在まで継承されている重要な活動指針となっている。これは協会組織としての指針であると同時にPSW個々人、今では精神保健福祉士一人ひとりの基本的な理念を含む実践指針となっている。それは1982（昭和57）年に札幌で開かれた第18回日本PSW協会全国大会で採択された「日本精神医学ソーシャル・ワーカー協会宣言―当面の基本方針―」（いわゆる「札幌宣言」）において、PSW（精神保健福祉士）は「精神障害者の社会的復権と福祉のための専門的・社会的活動を進める」として現在まで継承されている協会の指針である。

　混乱の時代を支えてくれた理事長は谷中輝雄氏（故人）である。谷中さんの功績は協会にとって大変大きなものである。それを引き継いだのはY問題調査委員会委員でもあり、長く協会の常任理事を続けてきた大野和男氏で、1987（昭和62）年に協会の理事長となり、Y問題の継承課題として3点課題（①精神障害者福祉の理論構築、②PSWの業務指針の策定、③PSW倫理綱領の制定）を中心的事業として精力的に取り組んできた。協会発足以来の資格制度問題は、Y問題から学んだPSWの何たるかを明確にした後、それを基本として取り組むこととなったのである。

　1988（昭和63）年に協会は「倫理綱領委員会」「業務検討委員会」「資格制度委員会」の議論を中心に展開することとなった。「倫理綱領」は同年の第24回沖縄全国大会において坪上宏氏（故人、当時日本福祉大学教授）を顧問とする倫理綱領委員会によって起草され採択成立した。

　筆者は会員になったばかりのころにY問題に出会い、その後、全国理事として混迷の協会活動に身を置き幸運にも議論に加わり育てられてきた。Y問題による混乱を一定の収束に導くけじめとして「札幌宣言」を行うことを提案実行し、業務検討委員会委員長として「業務指針」原案を書いて1988（昭和63）年12月の理事会に提出した。加えて、資格制度委員会委員長として1997（平成9）年の資格成立までの約10年間、Y問題から学んだことをもって国家資格成立に向けて取り組むことになった。私にとってはたいへん重い課題を背負うこととなった。「精

第Ⅱ章　日本精神保健福祉士協会の発展と歴史的課題

神保健福祉士」はソーシャルワークの一部としての精神科ソーシャルワークの一部を担う国家資格として成立したのである。精神保健福祉士法では、「……精神保健福祉士の名称を用いて、精神障害者の保健及び福祉に関する専門的知識及び技術をもって、精神科病院その他の医療施設において精神障害の医療を受け、又は精神障害者の社会復帰の促進を図ることを目的とする施設を利用している者の地域相談支援の利用に関する相談その他の社会復帰に関する相談に応じ、助言、指導、日常生活への適応のために必要な訓練その他の援助を行うことを業とするものをいう」としている。中心業務は「社会復帰」と「日常生活の適応」である。しかし、ソーシャルワークは必要ならば個人の変容と社会の変革を含むものである。国家資格の業務より広い役割を担っていることから、国家資格精神保健福祉士＝ソーシャルワーカーではなく、一部を担う専門職資格ということの自覚を持って欲しいと思う。

Y氏は、まさに社会的復権を必要としていた状態であった。しかし、PSWはY氏の権利剥奪の結果を招いた不当な入院援助を行った者でもあった。社会復帰の対象者には社会的復権を果たさなければならない権利侵害された当事者が存在することを、私たちは再認識しなければならない。わが国には、先進諸外国の入院基準からすると、未だ20万人を超える、権利侵害されている社会的入院者が存在している。私たちはこの多くの方々の社会的復権について社会復帰（退院）という業務をもって果たさなければならない国家資格者なのである。

Y問題が40年を過ぎた今も精神保健福祉士に重要な課題を提起し続け、今に至る協会活動の歴史に大きく影響を与えたことを、記録に残すことの意義を強く感じている。精神保健福祉士の存在基盤、実践基盤を知るうえでも、精神保健福祉士の専門性を担保するうえでも、今なお重要な学びを与えてくれる問題である。Y問題によって気づかされ認識された課題と取り組みについては一般化して後世に継承す

べきであると今でも強く思っている。Y問題同様のことが現に今も起こっているという認識を持つ必要もあえて強調しておきたい。

精神医療・保健・福祉において重要な課題はその時代時代によって、特に制度施策によって影響されて変化し、わが国の政策によって現場実践が規定され、ある意味翻弄されてきた。しかし、精神疾患を持った市民に対する精神医療の役割と使命、精神保健領域の施策、精神保健福祉のあり方なども、本来は時代や制度などに影響されない根本的使命が基本にあると考えている。それは、精神疾患となり又は精神疾患ではないかと心配している市民に、本人が安心できる支援の方法を、その時々の社会が最良の支援を提供することである。しかし、私たちは社会のあり方として様々な法律、施策、時代ごとに多少変化する価値観、文化・習慣などに影響されて基本から少し外れたり、時にはかなり問題として顕在化することが歴史的事実として続いてきている。人は身体と精神をもってして社会的存在として生涯を送る。すべての人は生涯のうち身体と精神に複雑で多様な要因によって疾病に罹患し障害を抱えるということが必然の現実として起こる。そこに本人と家族では対応不可能な課題を、医学が、生活福祉と総称される多様な支援が社会的に準備、整理され、的確に提供されるべきであるが、現実は決して好ましい状態だけではなかった。いつの時代にも必要な支援は十分でなかった。精神疾患を持った人、そのことが疑われる人、精神的に困り果てている人等に、一言でいえば安心でき希望の持てる支援が、問題、課題解決の支援が提供されることが、その時代その時代に可能な望ましい支援が存在していることが求められてきた。しかし、いつの時代でも支援は本人中心に提供されるとは限らない。支援の理念も方法も技術も決して一様とは言えないことが続いてきた。むしろ、わが国では国家の政策理念、法律や制度、施策において精神疾患を持つ国民に対する支援に、個人支援優先とは言えない現実も歴史的にみること

ができ、その結果として個人の犠牲や社会からの排除が不幸として続いてきた。この個人の背景と状況、一言でいえば環境との関係において個人のあり様が顕在化することから、私たちは「人と環境の全体性の視点」なしに業務を展開してはならない。基本はＹ問題で学んだ本人不在は論外とし、「本人の自己決定」支援こそ、高度な技術と方法を要する専門性の原理をもって実践すべきである。第二、第三の権利侵害を認めるＹ問題を見過ごすことなく現場実践し続けることを切に願って終わりとする。

（門屋充郎）

第3節 協会の方向性

はじめに

「この約10年間、ひたすらに走り続けてきた。わたしの頭は、身の周りで拡大していく領域に追いつくのがやっとで、いまだに整理整頓がついてない。それはひとつの混乱状態ともいえるもので、山積みになった本と処理しきれない書類の束と懸案事項の図面に囲まれたわたしの仕事場さながらである」とある高名な建築家の展覧会で目にしたこの言葉が余りにも自分の心境と酷似していて、一言一句違わず借用させていただいた。

このような混乱状態にある私に、日本精神保健福祉士協会の50年を俯瞰して、かつ未来につなぐ方向性を示せというあまりにも大きな課題が与えられた。たまたま創立50年と言う節目に会長職を引き受けている身の不運をかこちつつ、できうるかぎり公正な検証のもとに稿を進めたいとは思うが、力量不足から私見に偏ることもあることを予めお断りしておきたい。

1 私と協会活動とのかかわり

私は1976(昭和51)年に財団法人浅香山病院に就職した。精神病床が80％を占めるやや特殊な成り立ちをもつ総合病院であり、精神科ソーシャルワーカー(PSW)もいち早く雇用され、中間施設やデイケアも制度化される前に先進的に取り組まれているような病院であった。創設期・草創期の日本精神医学ソーシャル・ワーカー協会(日本PSW協会)を支えた先輩(荻野良輔氏)が私の上司であった。この大先輩は1954(昭和29)年に浅香山病院に就職した、まさにPSWの草分け的存在であった。また協会の理事を長年引き受けていた先輩(菅野治子氏)もおり、近畿支部大阪ブロックの事務局を担うなどPSWの対外的な活動に当時6人いた先輩たちはそれぞれ熱心に取り組まれていた。私が就職した時期は、Y問題をめぐって日本PSW協会は機能停止状態に陥っており、第12回全国大会が中止されるなど協会の存続自体が危ぶまれる状況にあった。静岡での大会が流れ、次期開催地が見つからないなか、当時日本PSW協会の理事であった菅野治子氏が、「どこも引き受けへんから大阪で引き受けてきたわ」。その無謀さに他の先輩PSWたちは唖然としたようだが、それでも大阪のPSW諸氏はあえて火中の栗を拾い、第13回大会が大阪で開催された。「PSWの当面する課題」をテーマに、基調講演もシンポジウムもなく分科会のみという構成で、この大会が私の協会デビューである。そして当時理事長であった谷中輝雄氏のおひざ元である埼玉での第14回大会を間にはさみ、第15回大会・総会も大阪の地で開催された。混乱の只中に2度も大会を引き受けた大阪のPSWの端くれであったことに私は今も誇りをもっており、今さらであるが、大阪での大会開催を牽引した先輩諸氏に深く敬意を表したいと思う。この第15回大会を経て、協会の正常化を目指し提案委員会が設置され、その後の協会活動の指針となった重要な文書「提案委員会報告」がまとめられることになった。協会が混乱を乗り越え、機能を回復してY問題の教訓化、PSWの専門性の中身を明確化する作業に取り組んでいこうとする時期に居合わせ、真摯な論議の場に身を置くことができたことは稀有な幸いであり、またこの時期に多くの素晴らしい出会いを経験させてもらったことは、私のPSWとしてのあり方、生き方に大きな影響を与えてくれたと思う。

浅香山病院はPSWの対外活動に寛容な職場であったため、医療福祉相談室は、長く大阪精神医学

ソーシャル・ワーカー協会（大阪PSW協会）の中心的役割を担ってきた。混乱期には大会開催を引き受け、協会の正常化に協力した大阪PSW協会であったが、資格制度をめぐっては日本PSW協会と真っ向から対決し、第23回総会において第1号議案「国の社会福祉職種への資格制度化に対する対応について」の全文を修正する動議を提案した。私はこの文案の作成に関与し、国の打ち出してきている資格制度は決してクライエントにとってプラスに作用しない、PSWの身分の安定にもつながらないと主張した。国家資格化がもたらしたものについては後述するので、ここではあくまで私見を披歴していることでご容赦願いたいが、国家資格化に最後まで疑義を唱えていた大阪PSW協会、その中心であった浅香山病院医療福祉相談室、そこに帰属する私が、この協会の会長とは歴史の皮肉を感じざるをえない。

2 国家資格化までの協会の道のり

日本で最初のPSWは1948（昭和23）年国立国府台病院に社会事業婦として配属された。浅香山病院でも力動精神医学を学んだ先進的な医師がPSWの活用に積極的に取り組み、その上でPSWの活躍があったわけであるが、その医師がアダムとすると、イブは看護師、つまりPSWのアダムとイブは医療機関の治療スタッフであったということになる。PSWが医療チームの一員として診断と治療に協力する専門職であったという当時の位置づけが、60年以上経った今も医療と福祉の境界域を彷徨っている病院PSWの危うさにつながっているようで、常に問われ続けているPSWの専門性の問題がこの時代から内包されていたと思うのは少し考えすぎであろうか。

1950年代後半から60年代にかけて、先進的と言われる精神病院に次々PSWが雇用されていく。その背景には精神医療の中でリハビリテーションへの期待があり、精神病院が整備され精神障害者が地域から切り離されて収容されていく一方で、薬物療法の登場で入院中の患者の社会復帰の可能性も高まり、PSWへの多様な期待もまた大きくなっていったと言えよう。そのような中で専門職としてのアイデンティティの確立を求めるPSWの間で全国組織結成の機運が高まり、ついに1964（昭和39）年11月、仙台市において、日本PSW協会の設立総会が開催された。この当時の精神医療状況は、精神病院が毎年1万床以上増加し、平均在院日数も400日を超えるようになっていた。一方で精神衛生法が改正され、精神衛生センターの設置、精神衛生相談員の配置、訪問指導相談事業の強化、通院医療費公費負担制度などが定められている。長期に精神病院に収容される患者の人権上の処遇の問題、通院して地域で暮らす精神障害者への地域管理や資源不足の問題などが顕在化する時代にあって、設立当初の協会はそれに深く拘泥することはなかったようである。

しかし昭和40年代は、各地の民間精神病院で不当な処遇事件が多発、またPSWの不当解雇問題など諸問題が露呈した時代であった。そして精神障害者の置かれている精神医療の状況を「患者の人権擁護」の視点から、精神病院、精神医療従事者、精神医療そのものを再点検、再構築しようとする変革の時期でもあった。そのような最中に「Y問題」は起こり、精神障害者の置かれている医療状況の構造的矛盾の克服と、PSWの立場性が鋭く問われることになる。

10年近い歳月、協会はY問題をめぐって大きく混乱していたとはいえるが、PSW個々人にとってはPSWの専門性、立場性を深く考察する機会となり、協会は精神障害者の社会的復権や福祉の向上といった価値を根拠とする活動の展開が社会的使命であるという方向性を得たことは大きな収穫であった

と思う。その後協会は、Y問題の教訓化、PSWの専門性の中身を明確化するという「提案委員会報告」を具体化するため、日常業務の深化、法人化、保安処分等をめぐる活動、支部活動の推進に取り組み、1982（昭和57）年に札幌で開催された第18回大会・総会において「精神障害者の社会的復権と福祉のための専門的・社会的活動を深めること」をPSW及び協会活動の基本指針とすることを明文化したいわゆる「札幌宣言」を採択するに至った。

この協会の再生期に、「宇都宮病院事件」が起こり、国内のみならず国際的にも日本の精神医療への批判が集中し、人権の擁護と社会復帰促進を2本柱とする精神保健法が成立する契機となった。協会はこの法改正の趣旨を具現化するためのマンパワーとしてPSWの配置促進を要望する運動の展開を皮切りに、国家資格化を目指していくことになる。しかし1987（昭和62）年5月、医療領域のソーシャルワーカーを含まない形で「社会福祉士及び介護福祉士法」が成立した。協会は、将来的に全ソーシャルワーカーが統合された専門資格制度の実現を願いながら、医療福祉職の資格化を模索していく。1990（平成2）年には「医療福祉士（仮称）資格化にあたっての現在の考え方」を厚生省が示し、協会は日本医療社会事業協会とともに折衝を続けるが、日本医療社会事業協会は社会福祉士以外の資格はないと厚生省案を拒否、その後は精神科ソーシャルワーカー単独の国家資格化を目指すという方向に舵を切らざるを得なくなった。その方針の追い風となったのは入院中心から地域へという国の大きな施策転換であろう。精神障害者の人権擁護と地域生活支援の推進、社会的入院の解消と精神障害者の保健医療福祉の充実のために、医療機関や地域の社会復帰施設等にそれを担う人材としてPSWへの期待が高まった。かくして1997（平成9）年12月「精神保健福祉士法」が成立し、この国に精神科ソーシャルワーカーが誕生して以来の悲願が実現したのである。しかしソーシャルワーカーとして統合された福祉職を目指しつつも、医療領域の福祉職としてまとまることもできず、また精神保健福祉士法に定められた業務はPSWの一部の業務について資格化したものでしかないなど、精神保健福祉士法は様々な課題や問題を次代に残すことになったといえる。

3 資格制度後と法人化

1998（平成10）年に精神保健福祉士法が施行され、1999（平成11）年には「日本精神医学ソーシャル・ワーカー協会」から「日本精神保健福祉士協会」に名称を変更、組織体制を改新し、法人化に向けて組織強化と充実を図っていった。情報媒体の充実（PSW通信や機関誌等）や研修制度の確立（生涯研修制度や養成研修、課題別研修等）、精神保健福祉学会の立ち上げ（2002（平成14）年）など精神保健福祉士の育成や質の向上のための取り組みが確実に進んでいった。同年、国際ソーシャルワーカー連盟（IFSW）に加盟し、国際的・学際的な組織の位置づけも示した。資格化後は、出版物の編集、厚生労働科学研究や国の検討会への派遣依頼など、精神保健福祉士の社会的な役割を期待する事業も増加していく。そして精神保健福祉士のさらなる社会的認知を目指し、公的な責務を果たすべく協会が重点課題としてきた社団法人化が2004（平成16）年に実現することとなった。

この時期の精神保健福祉分野の変化を見ると、1999（平成11）年の精神保健福祉法の改正では、精神医療審査会の機能強化や移送制度の創設などに加え、地域生活支援センターが法定化され、2002（平成14）年には精神障害者居宅生活支援事業（ホームヘルプ、ショートステイ、グループホーム）の充実

が図られ、福祉サービス利用の窓口が市町村になるなど、精神障害者を地域で支えるシステムが稼働し始めたといえよう。

一方、この時期は社会福祉基礎構造改革が大きく動き始め、措置制度から自己決定によるサービス選択への転換、措置の客体からサービス選択への主体の転換を目指す、戦後の社会福祉の大きな転換点にあった。介護保険法（2000（平成12）年施行）、支援費制度（2003（平成15）年施行）を経て精神障害者も対象に含めた障害者自立支援法（2006（平成18）年施行）による一部自己負担制度の導入と、要介護度や障害程度区分によってサービス量を枠づけし、福祉サービスを行政が調整することが可能なこの仕組みは、自己決定の美名の下に国家責任の回避ともいうべきものであった。障害者自立支援法については、応益負担制度、日割単価制度、就労支援の成果主義など多くの課題を当初より抱えていたが、協会はシンポジウムの開催や機関誌の特集などを通じて法の周知、課題の共有化を図り、対外的な活動としては、全市町村に対し精神保健福祉士の配置・活用を要望している。障害者自立支援法によって「精神保健福祉士が」精神障害者社会復帰施設等の配置規定から外されたことは後に禍根を残したといえるが、地域における精神保健福祉士の役割は大きく広がり、精神障害者の地域生活を支える豊かな実践が各地で見られるようになってきた。また、社会的入院の受け皿としての地域資源としての機能を地域で働くPSWも強く意識するようになったといえよう。

精神保健福祉士の職域の拡大や役割の多様化は司法領域にも広がりをみせた。2001（平成13）年の大阪教育大学附属池田小事件を契機に、2003（平成15）年に「医療観察法」が成立した。協会は社会防衛を目的とし「再犯の恐れ」を基準とした無期限の予防拘禁を可能にするものとして反対を表明した。しかし成立後は社会復帰調整官や精神保健参与員として、また指定医療機関における入・通院処遇に関わる精神保健福祉士などとして司法の場に関与する精神保健福祉士は増加を続けている。

自殺、引きこもり、虐待など社会状況の変化に伴う国民のメンタルヘルス課題も拡大していく中、これらの領域に関与する精神保健福祉士の配置も広がりをみせている。

厳しい社会状況が背景にあるとはいえ、多様化と拡大化の傾向が著しい国民のメンタルヘルス課題に対応すべく、精神保健福祉士の職域や役割が広がってきたのは国家資格化以前から考えると予想外の成果であろう。一方、協会設立当初からの課題である国家資格化と組織の法人化という目標は、協会の基本的活動方針である「精神障害者の社会的復権と福祉の向上」に寄与するための条件整備といえるものであった。精神医療の長年の宿痾ともいうべき社会的入院の解消、入院中心から地域へという改革ビジョンの具現化を現実に担う人材としての精神保健福祉士の個人的活動をバックアップし、それを阻害する社会構造に変革を迫るための社会的力量を有することが協会の存在意義である。しかし国家資格化からはすでに16年、法人化からも10年、我々はこの命題にどれだけ応えたかと自問する時、忸怩たる思いを否定することはできない。

4　中期（5か年）ビジョンの検証

基本的活動方針の実現のために「国家資格の創設」「社団法人への移行」を活動の目標に掲げてきた協会であるが、この二つが成った後も基本方針の実現には程遠い状況にあった。また前述したように、急激な社会状況の変化や国民の意識の変化を背景に、新たな精神保健福祉の課題が顕在化するようにも

なってきた。そこで2011（平成23）年、「精神障害者の社会的復権と国民の精神保健福祉の向上に寄与する」という本協会の目的を実現するため、「"資質向上""全力支援"の推進！」をスローガンに中期ビジョンを策定することとなった。3年を経ていまだ中期ビジョンの存在すら構成員に周知されているとは言い難く、中間的な検証も十分ではない。その事実も踏まえ自省もこめて検証してみたい。

以下、達成課題として掲げる大項目と具体的行動目標である［中項目］の概要を示す。

Ⅰ．精神保健医療福祉の改革に資する具体的実践の組織的推進
　①精神障害者の社会的復権を図るための喫緊の課題である社会的入院の解消に対する組織的な取り組み
　②権利擁護に関する法制度活用等による具体的支援
　③質的・量的な実践データの蓄積と分析

Ⅱ．専門職としての精神保健福祉士の資質の向上
　①自己研鑽の意義の自覚
　②生涯研修制度の充実強化
　③日本精神保健福祉士学会の充実
　④資格制度のあり方の追及
　⑤資格に伴う現状の課題の解決
　⑥ソーシャルワーク・アイデンティティの継承

Ⅲ．精神保健福祉士が働く環境の整備改善と資格に関する普及啓発
　①専門性を発揮して安心して働ける環境の整備・改善
　②配置促進と雇用形態の改善促進
　③精神保健福祉士の社会的認知の向上

Ⅳ．災害支援体制の整備・強化
　①災害支援に関する体制の整備
　②東日本大震災被災地及び被災者への継続的な支援活動の実施

Ⅴ．組織基盤の強化
　①公益法人改正への対応
　②2015年度までに構成員数1万2千人を達成
　③都道府県協会との関係整理の推進
　④都道府県支部体制の定着化
　⑤収益事業の見直し

最大かつ喫緊の課題は社会的入院の解消に対する組織的な取り組みであるが、5か年のうちに、どの地域にあっても、どのような領域であっても高い専門性を発揮し、精神障害者の地域生活支援と権利擁護という役割期待に応えうる精神保健福祉士の養成と配置促進、それを推進させるための研修制度の確立と実践データの分析やツールの開発などの知的財産の蓄積、そしてすべての活動展開の基礎となる組織基盤の強化が目指された。2012（平成24）年からはこの中期ビジョンに対応する形で各委員会を設置し、また委員会相互の協働を図るための工夫もなされている。地域移行推進委員会が手掛けた「精神保健福祉士のための社会的入院解消に向けた働きかけガイドライン」、相談支援政策提言委員会による「精神保健福祉士のための相談支援ハンドブック」が合本で発行されることなどがいい例である。3年余の経過の中で、地域移行のためのマニュアルや業務指針第2版の完成など目に見える形の成果もあれば、災害支援体制整備、認証制度の検討などようやく緒に就いた活動もある。また改正精神保健福祉法の中にPSWの本来業務である退院支援が法的な根拠を与えられたり、2014（平成26）年度診療報酬改定で精神保健福祉士配置加算が認められるなど一定の配置促進が進んだこともあり、一概に否定的な評価もできない。しかし目標構成員数（1万2千人）には遠く及ばない組織率の低迷、質の担保を言いながら生涯研修制度の認定に至る構成員が4割に満たない現状を鑑みるに、都道府県協会・支部との更なる連携強化はもちろんだが、何らかの抜本的な対策を講じる必要がある。改正精神保健福祉法であれ障害者総合支援法であれ、精神障害者の地域生活を支援する人材として精神保健福祉士に対する期待は今後益々大きくなろう。その期待に応え精神保健福祉士が自

らの個別実践を展開していけば必ずや社会の障壁にぶつかり社会の矛盾に気づく。ソーシャルアクションの展開なしに問題解決は図れないとの気づきの先にアイデンティティを補完する協会の存在がある。2012（平成24）年に改正された精神保健福祉士法の第41条の2に、資質向上の責務が課せられ、精神保健福祉士は、相談援助に関する知識及び技能の向上に努めなければならないとされている。一人ひとりの精神保健福祉士が質の高い実践的な研修の必要性を認識し、協会はまたその要請に応える研修制度の確立を図っていく必要があろう。個々の精神保健福祉士の自己研鑽の意欲、ソーシャルワーク実践への強い意識が協会組織を強化していく最大の要件である。

中期ビジョンは本協会の当面の課題を整理し、今後の協会の方向性を具体的に表現したものである。未着手のものも多く、構成員への周知、進捗状況の評価など課題も多いが、今後の指標として常に意識化していく必要があろう。

5 全精社協の補助金不正受給事件に関して

この間の協会の動きの中で、特筆すべき事柄の一つが、全国精神障害者社会復帰施設協会（全精社協）における補助金不正受給事件がある。この事件は2010（平成22）年9月マスコミ報道等で明らかになったものであるが、全精社協が運営する「ハートピアきつれ川」の資金繰りが悪化したため、全精社協が厚生労働省の補助事業である調査研究事業を、施設運営費として不正流用したというものである。本協会は全精社協とは監事を推薦するなどの協力関係にあったことや全精社協の会員施設には多くの本協会構成員が勤務しているなど密接な関係にあり、またこの事件がわが国の精神保健福祉に与えた影響がきわめて大きいことから、「全精社協補助金不正受給に係る調査特別委員会」（以下、「調査特別委員会」とする）を設置し、不正受給に至った経緯や背景を調査することになった（調査特別委員会が行った調査内容の報告書と事件に関する見解については、CD-ROMに収載されている資料を参照していただきたい。）。

私自身も調査特別委員会の委員として参画した。大変個人的な事情を言えば、私は当時医療機関の中でも認知症を担当している期間が長く、調査時点では全精社協自体をあまり知らず対岸の火事ほどにも思っていなかった。しかし調査を進める中で、これは他山の石とすべきというような綺麗ごとの感想ではなく、むしろ本協会がわが問題として受け止めるべきこと、全精社協の解体に痛みを感じなければならない立場にあることを思い知らされた。調査特別委員会の委員長所感をそのまま引用させてもらう。

「精神障害者の社会復帰を担う施設の集合体としての当該団体執行部が、精神障害者の社会復帰を支援するために設けられた公金を不正に流用するという形で、刑事事件を引き起こしたこと、その結果、国に対する要望・提言を行うという枢要な役割を担うべき組織体を事実上の解散に追い込んだことは看過出来ない。組織体としてこれまで同団体が果たしてきた役割を果たせなくなったことは、その意味で精神保健福祉の充実発展を著しく阻害するものであり、同じく精神保健福祉にかかわる唯一の専門職能団体としての本協会としては、極めて残念である。

加えて、国家資格者である精神保健福祉士の不祥事件として社会に報道されたことは、まさしく本資格全体の信用に瑕疵を負わせることにつながり、日々真摯な実践を積み上げている多くの精神保健福祉士にとっての不利益につながりかねない重大な問題であるといえる。

しかしながら、本件の発生した背景にある、あまりに貧弱に過ぎる精神保健福祉施策を憂いつつ、数

少ない精神障害者の就労や社会復帰訓練のための場を維持せんがため、止むに止まれぬ忸怩たる経緯の中で補助金が不正流用された事実に鑑みると、わが国の精神保健福祉の課題とともに、このことに取り組む組織としてのありように関する問題を示唆していると考えることができる」

根拠や経緯の曖昧なままに、組織規模に見合わない事業展開に着手した結果として生じた財政難。それを補填するため、恒常的に「補助金」を核に据えた組織運営の不安定さ。また理事会が形骸化し、開催されない等、役割遂行が困難となる一方で、組織決定が一部役員の個人的判断に委ねられるなど、組織としての健全な運営が破綻していたという事実。この事件を起こした最大の要因は全精社協の事業展開の甘さや組織運営の不安定さであることは言うまでもない。またあまりにも貧困な精神保健福祉施策がこの問題の大きな背景であることも然りであろう。しかし看過してはならないことは、所轄官庁である厚生労働省と当該団体との関係性である。補助金による研究事業の実施展開にあたり、同省関係者の恣意的な助言や少なくない関与があった形跡も否定できず、当該団体は同省からの期待に応えることによって、その見返りとしてそれなりの組織活動が当然に成し得ると過信するに至ったことが推察される。同省の誘導に振り回され、権力を有する国家と一定の健全な距離を保持した組織運営ができなくなっていた実態があったと推測せざるを得なかった。社会福祉を存在の基盤とする専門職は、時として国家政策の不備を厳しく指摘し、あるいは国民の思いを実現すべく率直なる提言を示すことを使命とする。その我々の専門性を再認識する時、「関係省庁との関係性には、一線を画する緊張感」を常に意識しなければならず、公益社団法人となった本協会の組織運営のあり方に対しても重要な教訓を示すものとなったのである。

6 改正精神保健福祉法における精神保健福祉士の課題

2014（平成26）年4月、精神保健福祉法が改正された。改正までの過程で本協会も厚生労働省の「新たな地域精神保健医療体制の構築に向けた検討チーム（第3R）」「精神科医療の機能分化と質の向上等に関する検討会」「精神障害者に対する医療の提供を確保するための指針等に関する検討会」「長期入院精神障害者の地域移行に向けた具体的方策に係る検討会」等に関与し、提言と要望を重ねてきた。今回の法改正は障害者権利条約の批准を目的にした国内法の整備という背景が後押しとなり、精神保健福祉法の最も大きな懸案事項の一つである「医療保護入院の見直し」をはじめとして、退院後の地域生活支援などを盛り込み、早期退院を目指し一般病床と同等の人員配置などが議論されており、改正への大きな期待を抱かせるものであった。しかしながら保護者制度は廃止されたもののそれに代わって家族等による同意を強制入院の要件とし、一方で保護者が担っていた権利擁護の側面は制度によって保障されず、改正前に議論された代弁者制度等の権利擁護のシステムは棚上げされることとなった。入院する患者が代弁者を選択できるといういわゆる代弁者制度は、今改正の目玉ともいうべき提案であり、保護者制度の廃止はこの代弁者制度が構築されて初めて完成形といえる。それが時期尚早、具現化できるだけの人的資源がないという理由で実現できなかったことは、権利擁護を旗印に掲げるPSWとして、自らの非力も含め痛恨の極みであった。

本人の意思を誰がどう支援していくのか、実現可能な仕組みはどういうものか、検討すべき課題は山積しているが、国内・外の先行的な実践の情報を収

集し、実効性のある提案をするために、各関係団体は知恵を出し合い、代弁者となるべき人材の育成や財源確保などの運動を展開していかなければならない。本協会としては精神保健福祉士の存在意義を問われていると言っても過言ではない課題であるとの認識に立ち、3年を目途とする見直しに向けて代弁者制度だけでなく精神医療審査会等の検討も含め権利擁護の仕組みについて具体的な提言が出来ることを目指していかねばならない。

また精神障害者の退院支援が法に具体的に謳われたことは精神保健福祉士の本来業務の追い風となるものである。精神科病院の管理者に課せられた退院促進のための体制整備、地域生活への移行を促進するための措置を講じることの責務（第33条の6）に、社会的入院解消の期待がかかる。まずはその業務を担う退院後生活環境相談員の数の確保（入院者数に応じた人員配置、常勤専従化、診療報酬上の位置づけなど）と、人材育成のための研修・訓練等の必須化による質の担保が必要と考える。また医療と地域の連携が個別の事例だけの連携ではなく、医療機関や地域援助事業者の相互理解や地域全体の底上げにつながるように、入院時から地域援助事業者が介入できるような仕組み、例えば院内審査会などに彼らが参画することが義務づけられることなども求めていかなければならない。地域に入院患者を押し出す役割を担う医療機関のPSWと地域で彼らを支える地域援助事業者であるPSW、院内多職種チームと地域支援チームがつながることがまずは必要である。制度やサービスの情報提供、利用支援などの実際的な援助はもちろんだが、入院者本人の思いに寄り添い、本人や家族が孤立しないよう、本人が当たり前に地域で暮らすことを望めるような支援がPSWの最も重要な役割であり、そのような支援を可能にするPSWの質を担保するための研修と十分な人員を確保できる体制整備を要望していくこと、これが協会に課せられた責務であろう。長期に精神科病院に入院を余儀なくされてきた人々にとって、今回の法改正は退院促進・地域移行の最後の機会と言っても過言ではない。医療機関、地域を問わずかかわるすべてのPSWが退院促進・地域移行に全力を尽くすこと、それなしに我々精神保健福祉士の存在意義はない。

7 生活保護法をめぐる協会の取り組み～拡大する貧困に立ち向かう

我々が日常出会う精神障害者の多くは貧困のうちにあると言っても過言ではなく、生活保護法をめぐる動きについては到底無関心ではいられない問題である。一昨年来のいわゆる生活保護バッシングや2013（平成25）年8月から引き下げられた生活扶助基準、同年12月には生活保護法改正法と生活困窮者自立支援法が成立した。改正生活保護法は生活保護費の抑制を目的に、申請手続きの厳格化や扶養義務の強化、不正受給対策の拡充を盛り込んだものである。協会は生活保護制度をめぐるこれらの動きが憲法の保障する基本的人権を侵害しかねないとの認識に立ち、これまで数回にわたり見解・要望等を表明してきた。我々精神保健福祉士が支援対象とするクライエントの多くは精神障害があるがゆえの様々な貧困問題（経済的、社会参加機会、支援体制など）を抱え、生活保護制度への攻撃はすなわち精神障害者の生きづらさに直結するという認識からである。

この改正生活保護法反対の運動をめぐって特筆すべきことは、本協会が他の専門職団体と共闘した点である。生活扶助費の削減については日本医療社会福祉協会、日本ソーシャルワーカー協会、日本社会福祉士会に呼び掛けて、4団体連名による反対声明

を出した。改正生活保護法成立の前には、日本医療社会福祉協会、日本社会福祉士養成校協会、日本精神保健福祉士養成校協会と合同で廃止を強く訴えた。さらには改正生活保護法の省令案が国会の審議や付帯決議を無視し政府原案に逆行したことを受け、大阪弁護士会、日本医療社会福祉協会と共同して同じ内容の声明を同日に発表した。拡大する貧困への危機感は関係専門職団体共通のものであり、今後も貧困問題の解決に向け、様々な場面で連携を深め、より有効なソーシャルアクションに結びつけていかなければならないだろう。

　今後わが国は雇用状況の厳しさや社会保障制度の劣化に伴い、貧困・低所得層が増大することが想定される。それが確実に要保護者を激増させることもまた想像に難くない。生活保護制度改革のねらいはその歯止めにある。生活保護基準を下げれば課税基準の変更、賃金水準の低下、各種制度の利用抑制や給付水準の下方修正などが自動的に可能となり、ことは生活保護受給者への影響に留まらない。過酷な労働戦線から離脱してメンタルヘルスに問題を抱える人の生活基盤の確立にとっても、長期に入院している精神障害者の地域移行にとっても経済的基盤として最後のセーフティネットである生活保護は欠かせない社会資源である。また生活保護法だけでなく年金制度、医療保険などの社会保障制度も超高齢社会を前に大きな転換期を迎え、受給抑制や自己負担増が想定される。わたしたちはソーシャルワーカーとして常にこの動向に関心を払う必要がある。歴史的にも社会的にも貧困とならざるを得ない状況に長く置かれてきた精神障害者の基本的人権が保障されるような個々のソーシャルワーク実践を積み上げ、事例を通じて感じる社会的矛盾をソーシャルアクションの展開に結びつけること、これもまた本協会の大きな社会的使命であると考える。

8　まとめとして～協会の方向性とは

　「此病を受けたるの不幸の他に、此国に生れたるの不幸を重ぬるものと云うべし」

　呉秀三が慨嘆した日本の精神医療事情は今もまだ多くの不幸を克服できないままにある。精神保健福祉士とは人とその生活にかかわる専門職として、この国に生れた不幸を解決していく役割をもつ。入院を促進し、退院を阻止する要因となっている地域の暮らしの貧困、排除の仕組み、そのために社会的入院が再生産され続けてきたこの国のありよう。そのありようを変えていくソーシャルアクションと、一人ひとりをかけがえのない自分の人生をもつ「ひと」としてかかわり、そのひとに出会えてよかったと思われる専門職の育成、これが協会の変わらぬ役割である。今後疾病構造の変化などによる対象者の変化や労働環境の悪化、社会保障制度の劣化など我々を取り巻く社会状況や時代状況も大きく変わってくることが想定される。そしていつの時代でも障害、高齢など様々に脆弱な基盤をもつ人々がその影響を大きく受けることになる。そのような近未来をPSWはどう戦っていくのか。ソーシャルワーカー同士の共同作業もあれば、多職種との連携、異業種との共闘も視野に入れ、ソーシャルインクルージョンを志向していかねばならないだろう。これからの協会の方向性を示すことは私には荷が重すぎる。しかし社会を変革する意志をもち、その理念やビジョンを現実化していく戦略や具体的な方法論をもつことのできるソーシャルワーカーとしての精神保健福祉士が結集すれば自ずと協会の方向性は生まれてくると信じたい。

（柏木一惠）

第4節　日本精神保健福祉士協会の組織づくり
～社団法人の設立、公益社団法人への移行を中心として～

はじめに

　公益社団法人日本精神保健福祉士協会（以下、「本協会」という。社団法人日本精神保健福祉士協会も含む）は、1964（昭和39）年11月に設立された日本精神医学ソーシャル・ワーカー協会（以下、「日本PSW協会」という）を前身として、精神保健福祉士法の制定（1997（平成9）年12月）により日本精神保健福祉士協会に改称（1999（平成11）年7月）し、その後、社団法人の設立許可（2004（平成16）年6月）を経て、2013（平成25）年4月に公益社団法人へと移行し、現在に至っている。

　日本PSW協会設立時の会員（社団法人設立以後は「構成員」）は88人であったが、精神保健福祉士法が制定された年度末（1998（平成10）年3月）は1,817人、社団法人設立総会（2004（平成16）年4月）時は3,567人、そして現在は9,367人（2014（平成26）年7月）と推移しており、この50年間で設立時の100倍を超える構成員を有する組織体となった。

　本協会の組織変遷を俯瞰すると、大きな転換点は、精神保健領域のソーシャルワーカー（以下、「PSW」という）の国家資格法となる精神保健福祉士法の制定であることは論を俟たないであろう。本協会相談役の門屋充郎氏（元日本精神保健福祉士協会会長）は『日本精神保健福祉士協会40年史』において、日本PSW協会設立から資格制度確立、組織の法人化までの間を「40年かかった条件整備の時代」と述べている。日本PSW協会設立時の翌年から発行されている「PSW通信」をはじめとして、その間に蓄積された資料等を紐解けば、先達の絶え間ない組織づくりへの努力と苦悩の足跡が数多散見され、まさに「条件整備の時代」であったことを痛感する。

　筆者は、その「条件整備」の最終段階ともいえる2003（平成15）年1月から現職に就任し、この間、社団法人設立から公益社団法人移行にかかる本協会の組織づくりにおける事務的側面を担い、また、組織運営の事務的課題への対応を主たる任務としている。

　そのため、本稿では、「条件整備の時代」にも触れつつ、主に精神保健福祉士法の制定前後から今日の公益社団法人に至るまでの組織変遷と組織運営の課題、今後の展望を述べることとしたい。

1　草創期の組織

　日本PSW協会は、全国組織としてPSWが大同団結し、精神障害者の福祉のために専門的知識と技術の向上を図ること、また、組織によって身分資格、地位向上を図ること（身分法制定）を目的として設立している。

　設立から10年は、①組織のあり方の模索と内部統制の構築、②地方におけるPSWによる研究活動等への支援や組織化（支部、地区組織）が主であったといえる。精神医療現場のPSWの立場からの組織となるべく、執行体制を大学・研究者中心から実践者に移行するための取り組みや組織活動を機能的に進めるための執行体制の再編、地区組織連絡委員協議会の設置による地区活動の実態把握や情報交換、交流への取り組みを通じた組織化を進めている。

　一方、会員と執行部との疎通性の問題や組織目的と会員資格上の課題、財政難等を要因に組織基盤が弱体化しており、1973（昭和48）年、組織のあり方を再検討する「あり方委員会」を設置している。1973（昭和48）年にとりまとめられた報告書（CD-ROM収載資料〈文書等〉③）は、①協会の目的と性格、②会員資格と支部組織、③当面の課題（理事選挙制度、事務局体制、規約改正）等の点から提言

しているが、「本質論議抜きにすべて組織の強化に絞られている」との批判等を受けて、「あり方委員会」は、この報告書をもって解散している。

その後、1973（昭和48）年のY問題をめぐって本協会は大きな混乱期に突入することとなり、組織体としての回復には10年余りを要することになった。

2 札幌宣言と「法人化」への歩み

1982（昭和57）年6月26日の第18回総会において「日本精神医学ソーシャル・ワーカー協会宣言」（以下、「札幌宣言」という）（CD-ROM 収載資料〈文書等〉⑥）を採択し、精神障害者の社会的復権と福祉のための専門的・社会的活動を推進することを組織の基本方針に据えた。札幌宣言は、日本PSW協会がY問題をめぐる混乱期からの回復を内外に示すものであった。これを機として、組織の「法人化」を目指すことも明記し、身分法（国家資格法）制定とともに、法人格取得に向けた取り組みも組織課題となったのである。

3 精神保健福祉士法の制定に伴う組織転換

精神保健福祉士法の制定及び施行（1998（平成10）年4月）後に開催された日本PSW協会第34回総会（同年7月）では、規約を改正し、会員の資格に「精神保健福祉士の登録を受けた者」と規定している。

それまでの規約及び会員資格に関する細則では、入会に際して一定の「精神医学ソーシャルワークの業務」の経験を要件としていたが、精神保健福祉士で構成された組織への転換を図る一歩を踏み出した。さらに、会費額を「常勤職員を含む複数の事務局員を配置できるよう財源の確保を図る」ために改定（12,000円から15,000円）している。以下、表2-1は会費額の推移であるが、現在の会費額はその時の改定額となっている。

また、改めて法人格を得て活動する方針を決定し、同年11月、厚生大臣（当時）宛に「法人化に関する要望書」（CD-ROM 収載資料〈文書等〉⑧）を提出している。

翌年の日本PSW協会第35回総会（1999（平成11）年7月）では、本格的に組織転換を図るべく、「日本精神保健福祉士協会」への名称変更及び会員資格を「精神保健福祉士であることを第一義」とする規約改正を決議している。精神医学ソーシャル・ワークの価値、知識及び技術を共通の基盤とした専門職としての資質の向上とともに、社会的責務として「精神障害者の社会的復権と福祉のための専門的・社会的活動を進めること」を組織の目的に規定したことは、公益法人への移行も見据えた「公益的」組織への転換を図ったといえる。

また、本総会では、喫緊の課題として、法人化の財源確保のための取り組みを会員の総意のもとで進めることなど、「本協会の法人化の取り組みの強化

表2-1　会費額の推移

年　度	1964（昭和39）	1974（昭和49）	1982（昭和57）	1987（昭和62）	1993（平成5）	1999（平成11）
金額（円）	2,000	4,000	6,000	9,000	12,000	15,000

に向けた決議」（CD-ROM 収載資料〈文書等〉⑨）の承認も得ている。

さらに、組織内部の体制について、従来の理事長・事務局長を中心とした業務執行体制から、会長・副会長のもとに常任理事を部長とした8部（部のもとに委員会等を設置）及び事務局体制に改編し、業務執行における役割分担の明確化と社団法人への転換を目指した組織強化を図った。

加えて、日本PSW協会発足以来、執行部や会員有志による執務体制であった事務局について、専従職員の雇用と執務環境の整備を図ることを喫緊の課題としている。

その後、組織内では専従の事務局職員の雇用や事務局の移転、公益法人会計基準に準拠した会計管理システムの導入等、社団法人設立に向けた準備を進める一方、主務官庁となる厚生労働省社会・援護局障害保健福祉部精神保健福祉課（当時）との折衝も徐々に進めた。2000（平成12）年度に定款案の事前協議を開始し、翌年度には設立趣意書案をはじめとする社団法人設立申請に要する主な書類等の作成に入っている。

しかし、精神保健福祉法改正（1999（平成11）年）や心神喪失者等医療観察法制定（2003（平成15）年）等に伴う精神保健福祉課の業務が多忙な時期であったことや、国の行政改革の一貫として公益法人のあり方の見直し作業が進められていたこと、また、組織内部では専従の事務局職員の退職があったこと等により、その後、社団法人設立への取り組みが一時停滞せざるを得ない状況であった。

4 厚生労働省との折衝再開と社団法人の設立

2002（平成14）年度から2003（平成15）年度初頭に事務局体制の立て直しを図り、事務局長を含む常勤職員3人体制となった。第39回総会（2003（平成15）年5月）では「会員の総意として法人化の実現のための活動をより一層強化していく」とした「法人化の実現に向けた決議」（CD-ROM 収載資料〈文書等〉⑩）が承認され、常任理事会を設立発起人会として、2003（平成15）年8月から厚生労働省精神保健福祉課（担当部局）及び同省の大臣官房総務課（総括部局）と事前協議を再開した。

当時の公益法人設立は、主務官庁との事前協議が重要であった。提出書類や記載内容を裏づける資料等は、その都度、精神保健福祉課を通じて大臣官房総務課の審査を受けて了解を得る手続きを繰り返し、2004（平成16）年4月1日、社団法人設立にかかる内諾を得ている。

同月29日には日本精神保健福祉士協会臨時総会（以下、「臨時総会」という）及び社団法人日本精神保健福祉士協会設立総会（以下、「社団法人設立総会」という）を開催した。

臨時総会では、社団法人の設立に伴って日本精神保健福祉士協会を解散し、その財産（権利、義務）や事業を社団法人に無償譲渡することを議決、社団法人設立総会では、設立趣意書（CD-ROM 収載資料〈文書等〉⑪）や定款、日本精神保健福祉士協会からの寄付財産、設立後の事業計画及び収支予算、設立時の役員等を議決した。

その後、坂口力厚生労働大臣（当時）宛に社団法人設立許可申請書を提出し、同年6月1日付で社団法人設立が許可され、念願の「社団法人日本精神保健福祉士協会」として再出発することとなった。

5 社団法人の組織運営及び事業執行に向けて

社団法人としての組織運営や事業執行は、日本精神保健福祉士協会の組織運営方法等を継承しつつ、新たな組織運営や事業執行の仕組みを導入した。

❶ 規則・規程等の整備

社団法人設立に伴い、関係法令や定款、それを補完する規則・規程等に基づく組織運営や事業執行を図るための仕組みづくりが急務となり、2004（平成16）年11月、社団法人としての第1回通常総会を開催し、次の14規則を制定している。

> 事務処理規則、会計処理規則、就業規則、構成員規則、賛助会員規則、代議員選出規則、代議員及び代議員会に関する規則、役員選出規則、常勤役員報酬規則、役員費用弁償規則、顧問及び相談役に関する規則、常任理事及び常任理事会に関する規則、支部設置規則、運営補足規則

その後は、規則に基づく様々な規程等を順次作成していった。2008（平成20）年度までは全構成員に規則・規程等をまとめた冊子を配布し、その後はウェブサイト上に掲載し、組織運営や事業執行の仕組みを共有している。

❷ 代議員制度の導入

任意団体時は、前年度の事業報告及び決算と当年度の事業計画及び予算は、年1回開催する総会で承認を得てきた。しかし、社団法人では、事業計画及び予算は事業年度開始前に総会の承認を得て、厚生労働大臣に届け出ることが義務づけられている。そのため、従来の開催時期とは別に、年度末前での開催も必要となった。当時でも約4,000人の組織となっており、全構成員を対象に年2回総会を開催することは現実的ではなかった。

代案として、厚生労働省との事前協議において、構成員から選出された代議員を配置し、年度末前の総会は、代行機関としての代議員会で対応することを確認した。

代議員は、全国で80人を上限に、都道府県ごとの構成員数に応じて支部ごとに定数配分し、支部総会で選出し、代議員会は、①規則の改廃、②事業計画及び予算、③役員の選任、④顧問及び相談役の選任等、総会から委任された事項を議決することとした。

❸ 都道府県を単位とした支部設置と都道府県協会との組織整理

日本PSW協会設立以来、会員で組織された支部及び非会員のPSW・関係者で組織された一定の地域又は都道府県を単位とした地区組織があり、日本PSW協会及び日本精神保健福祉士協会では、支部

や地区組織との連携、活動支援等に取り組んできた。

精神保健福祉士法制定後、都道府県を単位としていた支部や多くの地区組織でも組織名称に「精神保健福祉士」を用いた変更を図っている。その設立の経緯や時期、背景も様々で、精神保健福祉士を正会員とする団体から、精神保健福祉士を含む精神科領域に勤務するソーシャルワーカーを会員とする団体など、会員要件も異なっていた。

本協会の社団法人設立前、日本精神保健福祉士協会との関係では次の5分類となっており、外部から見ると組織体としての位置づけが未整理に映る状況であった。

＜日本精神保健福祉士協会支部・地区協会の分類＞
①日本精神保健福祉士協会支部、②地区精神保健福祉士（協）会（日本精神保健福祉士協会支部の位置づけにある）、③地区精神保健福祉士（協）会（日本精神保健福祉士協会支部の位置づけはないが、実質的にその役割をもっている）、④「精神保健福祉士」を組織の名称に使用しないが、日本精神保健福祉士協会支部の位置づけにある、⑤「精神保健福祉士」を組織の名称に使用せず、日本精神保健福祉士協会支部の位置づけにはないが、実質的にその役割をもっている。

社団法人設立過程で、支部を都道府県単位に設置することとしたが、関係法令や定款に基づけば、支部は構成員を都道府県ごとに組織した内部機関であり、本協会の事業及び組織運営のために設置する位置づけとなった。

また社団法人設立に伴い、「①日本精神保健福祉士協会支部」が従来と同様に独自の事業・活動を継続するには、本協会支部と都道府県を単位とした地区精神保健福祉士（協）会等（以下、「都道府県協会」という）との組織区分が必要となった。そのため、都道府県協会としての規約（従来の会員規定や会費の設定等）の作成や既存規約の中で整合性を図るための修正等を行っている。

社団法人設立から概ね3年以内に組織区分は進み、現在、全都道府県に固有の会則等による都道府県協会が設置されており、本協会では、都道府県単位で実施する事業（生涯研修制度における基幹研修等）の委託や相互の情報交換・共有、入会促進等の連携を図っている。また、本協会の支部は、現在、奈良県を除く46都道府県に設置するに至っており、多くの支部の組織運営や事務局業務は都道府県協会に委託し、一体的な組織体制の構築を図っている。

❹立候補制による役員選出制度の導入

日本PSW協会設立から社団法人設立前までの間、役員数や役員選出方法も変転しているが、社団法人では、理事の選出過程に初めて「立候補制」を導入した。

理事の定数は「25人以上30人以内」で、理事の区分及び区分ごとの定数は、①ブロック選出理事（15人）、②全国選出理事（10人）、③学識等理事（5人以内）と規定し、「ブロック選出理事」と「全国選出理事」に立候補制を導入した。また、ブロック選出理事の定数は、ブロックごとの構成員数に比例して配分する方法をとっている。

また、役員選出・選任手続きは、選挙管理委員会がブロック選出理事並びに全国選出理事への立候補にかかる公示を行い、ブロック選出理事はブロック内代議員の合議、全国選出理事は全代議員による投票、学識等理事は理事会で選出し、代議員会で選任することとなった。

表2-2 ブロック区分とブロック選出理事の定数

ブロック区分	都道府県	定数※
北海道	北海道	1
東北	青森県、岩手県、宮城県、秋田県、山形県、福島県	1
関東・信越	茨城県、栃木県、群馬県、埼玉県、千葉県、東京都、神奈川県、山梨県、長野県、新潟県	5
北陸・東海	富山県、石川県、福井県、岐阜県、静岡県、愛知県、三重県	2
近畿	滋賀県、京都府、大阪府、兵庫県、奈良県、和歌山県	2
中国	鳥取県、島根県、岡山県、広島県、山口県	1
四国	徳島県、香川県、愛媛県、高知県	1
九州・沖縄	福岡県、佐賀県、長崎県、熊本県、大分県、宮崎県、鹿児島県、沖縄県	2

※2006年度及び2007年度ブロック選出理事にかかる定数

❺ブロック単位での会議の開催

ブロック選出理事とブロック区分を設け、ブロック選出理事はブロック内代議員の合議で選出する仕組みとしたことから、役員改選期の2005（平成17）年度にはブロック単位で「役員選出にかかる説明会」を開催した。説明会は、主に当該ブロック所属の代議員を対象として、ブロック選出理事選任までの手順やスケジュール等の説明を行っている。

説明会に参加した代議員等から、単に理事選出の説明だけでなく、そのブロックに属する理事や支部長も参加し、本協会事業の情報共有やブロック内の連携を図る場とすべきとの意見等もあり、2006（平成18）年度に「ブロック内支部代議員・支部長・ブロック選出理事会議（通称：ブロック会議）開催要綱」を定めて、毎年度、ブロック会議を開催することとした。

❻都道府県支部長会議の開催

2007（平成19）年、精神保健福祉士の資格制度の見直しの動きや、2008（平成20）年度からの「生涯研修制度」の全国展開に向けて、都道府県支部長との協議が必要となった。しかし、支部の位置づけや役割・機能等の共通認識が浸透していなかったことから、同年10月に「都道府県精神保健福祉士協会等代表者会議」を開催した。会議では、①精神保健福祉士の資格制度のあり方、②「生涯研修制度」の実施体制、③本協会と都道府県協会との連携（情報提供・共有、入会促進、支部問題等）のあり方、④支部活動協力費の取り扱いを協議した。いずれも都道府県協会の協力や連携は欠かせず、一定の成果はあったが、本協会は都道府県協会の連合体ではなく、本協会に入会している構成員による組織体であるため、まずは内部機関たる支部との協議や調整等を図ることが必要とされ、2008（平成20）年度からは毎年度、都道府県支部長会議を開催することとした。

❼常勤役員の配置

　日本PSW協会設立以来、理事は本来業務の中で協会業務を担っている。理事会や常任理事会は休日に開催し、限られた時間の中で主要な組織運営や事業執行のための議決や政策課題への対応協議等を行い、また、近年は電子メールを活用したメーリングリストでの情報共有や情報交換等を図っている。

　一方、社団法人の設立直後から、対外的には心神喪失者等医療観察法の施行や障害者自立支援法の制定の動きをはじめとして障害者施策が激動しており、情報収集や状況分析、関係省庁や関係団体との折衝・連携等を要する業務が急増していた。また、内部的には社団法人として必要かつ適切な事務や会計処理を円滑に進めるうえで、事務局判断に委ねられない事項も少なくなかった。

　特に、関係省庁及び関係団体との折衝・連携等は、会長や副会長の負担が大きく、精神保健福祉士としての現場経験と一定の決裁権等をもった理事が常勤し、内外の多様な組織及び業務課題に日常的に対応できる体制が必要となっていた。そのため、2005（平成17）年6月、日本PSW協会設立から初めての常勤役員となる「常務理事」を置くこととし、同年9月に大塚淳子氏が就任（2014（平成26）年3月退任）した。その後、2009（平成21）年2月に常務理事を増員し、同年4月に木太直人氏が就任、現在に至っている。

　また、2007（平成19）年1月には、本協会業務の中で特に重要な課題に対応する常勤役員として「特命理事」を置くこととした。当時の重要課題は2008（平成20）年度から導入予定の生涯研修制度の実施準備であり、2007（平成19）年4月に生涯研修制度準備担当特命理事として田村綾子氏が就任し、翌年4月からは生涯研修制度実施担当へと特命業務を変更している（2011（平成23）年3月退任）。

❽外部資金の積極的活用

　会費収入以外の財源確保の観点から、社団法人を対象とした国の補助金や民間団体の助成金を事業展開に積極的に活用することとした。事業の成果物はウェブサイトに公開し、構成員をはじめ広く公共の用に供している。

表2-3　外部資金による事業実績件数（2004（平成16）年度～2014（平成26）年度）

年度	助成金・補助金等事業	委託事業等	年度	助成金・補助金等事業	委託事業等
2004・2005	2	—	2010	4	2
2006	1	2	2011	7	4
2007	—	3	2012	2	1
2008	—	4	2013	2	1
2009	4	5	2014※	6	—

※2014（平成26）年7月現在

❾構成員に対する苦情への組織的対応

　社団法人定款における「精神保健福祉士の資質の向上」の一環として、2006（平成18）年度、構成員の倫理の維持及び向上を目的とした「苦情処理規程」を定め、2007（平成19）年度から構成員に対する苦情について組織的対応を図ることとした。

　原則として、苦情が書面（苦情申立書）で提出された場合に限られているが、構成員及び学識経験者等（弁護士等）で構成された倫理委員会を審査機関として、倫理委員が申立人（国内国外の個人又は団体）と被申立人（構成員）への聴き取り調査等を行い、倫理委員会から提出された審査報告書に基づき、理事会において懲罰を含めた処分を決定するものである。

　2007（平成19）年度から2013（平成25）年度までの苦情申立件数は5件、その内懲罰処分を決定した案件は2件となっている。

❿事務局体制の強化とコンプライアンスの重視

　社団法人設立時の事務局体制は、事務局長を含む常勤職員3人で、主に構成員の個人情報や会費管理、公益法人会計基準に基づく会計処理、関係法令に従った労務管理、理事会・委員会等の各種会務や研修、「PSW通信」の発行、精神保健福祉士模擬試験等の各種事業の補助業務を担っていた。

　その後、構成員数増加に伴う情報管理や会計処理業務の増大、生涯研修制度実施に伴う研修事業の拡大、インターネットを活用した情報提供の拡充、各種事業への外部資金の積極的活用等のため、事務局員を増員し、2014（平成26）年7月現在、事務局長を含む常勤職員7人、非常勤職員3人体制で、総務班、研修班、広報班を構成している。

　また、社会保険労務士や公認会計士、弁護士との顧問契約を締結し、コンプライアンス（法令遵守）による事務処理や組織運営を図っている。

⓫預金口座振替による会費納入制度の導入

　会費収入を主たる財源とする組織として、未収会費の減額は長年の課題であった。総会での構成員や監事からの意見等を受けて、第5回代議員会（2009（平成21）年3月）では、2009（平成21）年度から会費納入は預金口座振替を入会要件とすることを議決した。その後、第8回通常総会（2011（平成23）年6月）では、2013（平成25）年度までに全構成員が会費納入方法を口座振替へ移行することを議決し、その後、理事会や都道府県支部による粘り強い働きかけにより、ほぼ全員が移行することになった。

　この制度の導入により、2004（平成16）年度は1,239万円（未収率22％）であった未収会費が、2013（平成25）年度には717万円（未収率5％）に減額している。

　今後は分納制度の導入や会費減額の検討が課題となっている。

6 公益社団法人への移行と新たな組織運営の課題

❶公益法人制度改革による新たな社団法人への移行

　公益法人改革関連3法（一般社団法人及び一般財団法人に関する法律、公益社団法人及び公益財団法人の認定等に関する法律、一般社団法人及び一般財団法人に関する法律及び公益社団法人及び公益財団法人の認定等に関する法律の施行に伴う関係法律の整備等に関する法律、以下、「法人法等」という）が2008（平成20）年12月に施行され、公益法人は2013（平成25）年11月末までに一般社団法人か公益社団法人に移行しなければ解散に至ることとなった。本協会は、社団法人設立からわずか10年で新たな社団法人への移行を迫られることとなった。

❷公益社団法人の選択

　法人法等施行後となる2009（平成21）年度事業計画から「新公益法人への移行に関する検討」を掲げ、公益社団法人と一般社団法人の利点や欠点を整理しながら、関係する専門職団体の移行状況等の情報を収集・分析した。その結果、本協会は国家資格者である「精神保健福祉士」を正会員とする唯一無二の全国組織であって、この間の事業内容や定款に定める目的に鑑みて「公益社団法人」への移行が望ましいと判断し、第8回通常総会（2011（平成23）年6月）において公益社団法人への移行を決議した。

　2012（平成24）年1月に事務局内に公益社団法人移行プロジェクトを設置し、移行に向けた具体的作業に着手、定款変更案の作成や関係規則等の調整、財務に関する公益認定基準に照らした現行事業と勘定科目の整理等を行った。

　同年5月から内閣府公益認定等委員会等への相談や指導を受けて定款変更案等を整え、同年10月に臨時総会を開催した。定款変更には構成員総数の4分の3以上（75％以上）の賛成が必要となっていたが、都道府県支部長や支部運営委員による構成員への丁寧な呼びかけにより、構成員総数8,764人中6,785人（77.4％／議決権行使書・委任状を含む）の賛成により承認を得た。

　同年11月、安倍晋三内閣総理大臣宛に移行認定申請書を提出し、2013（平成25）年3月に認定書が交付され、同年4月1日から公益社団法人に移行した。

❸公益法人への移行に伴う組織運営方法の変更点

　公益社団法人の組織運営や事業執行の仕組みの多くは、可能な限り社団法人の仕組みを継承しつつも、法人法等との関係において、総会及び理事会・常任理事会の位置づけ等に変更が生じている。

　総会については、毎年度6月末までに開催する定時総会は年1回開催し、総会の代行機関となる代議員制度は廃止することとなった。さらに、次年度の事業計画及び予算は理事会の承認事項として、総会での役員選任による任期の起算点は2年度ごとの定時総会となり、役員選任には候補者ごとの決議が必要になったことなどがあげられる。

　理事会は、他の理事への議決権委任ができなくなり、書面等表決の決議には全員賛成を要件とし、監事の理事会出席は義務となった。また、常任理事会

は、議決権廃止など権能が縮小し、主に業務運営の年間計画策定や理事会での審議事項の検討・準備が職務となったことなどがあげられる。

❹新たな組織運営課題への対応

公益社団法人移行後の第1回定時総会（2013（平成25）年6月）では、構成員の除名が議案の一つとなった。構成員の除名は、社団法人では出席構成員（総会成立要件となる総構成員の過半数）の3分の2以上の賛成が要件であったが、公益社団法人では総構成員の議決権の3分の2以上の賛成という厳しい要件に変更となっている。

総構成員数8,698人、委任状及び議決権行使書を含めて5,205人（59.8％）の出席者数で過半数出席となり、総会自体は成立したが、当該議案の審議に要する出席人数の3分の2以上（5,799人以上）にすらならず、結果として否決となった。

本協会の最高議決機関である総会は、この間、委任状や議決権行使書も含めた過半数の出席によって成立している。つまり、約4割の構成員は重要な権利である議決権を行使していない。開催にあたっては、委任状や議決権行使書の未提出者に対し、都道府県支部や事務局が相当な労力をかけて連絡を行い、ようやく成立（過半数の出席）に漕ぎ着けるといった例年の状況であった。

総会での決議は、一部の重要事項を除いて、出席した構成員の過半数をもって行うが、現状は事前の議決権行使書の提出により、総会当日を待たずして議案が可決されることが決まっており、総会当日に審議することの意義が形骸化しているに等しい状態であった。

内閣府公益認定等委員会事務局との移行協議の過程で、総会について、本協会が1万人に迫る構成員を有する組織状況にあったことから、早期に代議員制を導入すべきとの意見があった。過去の組織経過を踏まえて、公益社団法人移行後の総会は、従来通り、構成員を社員とする直接民主制を選択したが、第1回定時総会において、かねて抱えていた様々な課題や矛盾がより顕著に表出したといえる。

理事会では、第1回定時総会後直ちに代議員制（間接民主制）の導入に向けた検討に入り、翌年度の第2回定時総会（2014（平成26）年6月）には代議員制導入に必要な規定等を盛り込んだ定款変更案を提出した。採決はわずかに賛成多数で可決となったが、出席した構成員からは「構成員が発言する機会が保障されなくなる」「代議員の選挙制度や構成員個々の意見聴取方法が示されない中で定款変更が提案されることに疑問」等の意見が出されており、今後の課題として受け止めなければならない。

7 今後の組織運営における課題

現在の組織としての到達点から、今後の組織運営には大きく3つの課題があると認識している。

1つめは、組織運営上の一大転換となる代議員制度の円滑な開始に向けた対応である。代議員は都道府県ごとの構成員数に応じた人数の代議員を選挙で選出するが、立候補した構成員の所信表明等を選挙人となる構成員にいかに周知するかが重要である。また、選挙管理委員会が都道府県を選挙区とした投票の一括管理や代議員が選挙区の構成員や支部の意見を集約するための仕組みづくりも大きな課題である。一方、代議員会の審議状況をライブ配信するなど運営上の工夫も必要である。また、執行部が構成

員の意見を聴取する場の設定も検討すべきであろう。2016（平成28）年度に開催される第4回定時総会が代議員による総会として開催される予定であり、選挙期間を見込むと準備期間は決して十分とはいえない。今後、ブロック会議や支部長会議、また、支部総会を通じて構成員の意見聴取等を行い、早期に制度設計を図らなければならない。

2つめは、組織基盤の更なる強化である。人材確保の観点からは、多様な政策課題への期待に組織的に応えられるよう、精神保健福祉士の組織率を高める入会促進は継続的課題である。まずは都道府県協会との数値目標をもった相互入会制度や、入会に伴う財政的支援等を検討すべきである。組織率とも連動して、点在する先駆的実践を行っている構成員をはじめとした精神保健福祉士の組織化も欠かせない。また、一般社団法人日本精神保健福祉士養成校協会と連携した学生時からの入会勧奨も重要である。財源確保の観点からは、公益法人への寄付に対する税制優遇制度を積極活用し、会費収入、外部資金に続く「第3の事業活動収入」とする戦略も必要である。事務局機能の観点からは、構成員が1万人に迫る現在、構成員自身が管理情報の閲覧や更新が可能となるオンラインの情報管理システムの早期導入が必要と考える。また、厚生労働行政をはじめ広く精神保健福祉士にかかわる政策動向を把握し、情報収集・分析を担う専門職員の配置や財務管理部門の充実も検討すべきである。

3つめは、中・長期的課題になるが、組織体制と役割の再検討の必要性である。本協会は全国規模の単一組織ではあるが、都道府県協会の連合体的役割も担っている。現在、5都県協会が一般社団法人に組織転換したが、都道府県単位での事業の充実や活動の深化に伴って、支部の役割等を整理したうえで、都道府県協会の連絡調整や後方支援等を行うための機能強化が必要と考える。一方、公益社団法人として、一都道府県単位では取り組めない全国的あるいは広域的事業の拡充も必要であり、都道府県協会との役割分担を明確にした連携及び事業提携を図るべきである。

おわりに

社団法人設立、公益社団法人移行の10年を経て、組織基盤と組織体制の整備を図ることに伴い、本協会の社会的認知度は高まりつつある。メンタルヘルスをめぐる様々な政策課題や社会問題等における期待からも、精神保健福祉士を構成員とする唯一無二の全国組織である公益法人としての本協会には、精神保健福祉士全体を代表した意見表明や事業・研究等への参画、また、組織的な取り組み等が求められている。

しかし、現在の組織状況を冷静に見れば、未だ発展途上であり、その期待に応えうる組織とは言い難い。改めて本協会の目的を確認すれば、日本PSW協会が札幌宣言に掲げ、その後、日本精神保健福祉士協会規約に引き継ぎ、現在は本協会の定款第3条に定める「精神保健福祉士の資質の向上を図るとともに、精神保健福祉士に関する普及啓発等の事業を行い、精神障害者の社会的復権と福祉のための専門的・社会的活動を進めることにより、国民の精神保健福祉の増進に寄与すること」にある。

今、本協会に寄せられる期待を、目的の達成あるいは実現に向けた過程と捉え、それに応える「手段」としての組織づくりを図ることが、今後最も優先される組織課題である。

（坪松真吾）

●参考文献

1)『精神医学ソーシャル・ワーク』第9巻第15号，1975年
2)『日本精神医学ソーシャルワーカー協会20年の歩み』日本精神医学ソーシャル・ワーカー協会20周年記念全国大会運営委員会，1984年
3) 日本精神保健福祉士協会事業部出版企画委員会編『日本精神保健福祉士協会40年史』日本精神保健福祉士協会，2004年

第5節　精神保健福祉士の倫理

はじめに

　先日、精神保健福祉士になって5年目の人たちとの話し合いの場があり、その際、「私たちは業務に矛盾を感じたり、倫理的ジレンマに陥った時は、いつも原点に返り、日本精神保健福祉士協会の倫理綱領を何度も読み返し、そこに書かれている内容を検討しているのです」と言われた。このことは、倫理綱領作成に精力を費やして頂いた、故坪上宏先生が『倫理綱領は床の間の掛け軸ではなく、茶の間の地図』にしましょうといった理念が生かされているものと考えている。

　倫理綱領の明文化には、次のような意味がある。
①サービス提供者に対して、精神保健福祉士としての考え方や方向性を明示する。
②一般市民や他職種に対して、精神保健福祉士を周知させ、理解を促す。
③精神保健福祉士自身が自らのなすべき業務に関する共通理解を深め、自己に対して内在化を深めていく。

　秋山智久は、倫理綱領について「価値志向的機能」「教育・開発的機能」「管理的機能」「懲戒的機能」の4つを指摘しており、専門職と専門職が支援する対象者の両者を擁護するために機能しているものといえる。

　精神保健福祉士がサービス利用者に対して、個々のサービスに対する是非の判断を示す必要がある時や、精神保健福祉士自身の倫理的ジレンマ状況を解決する時の判断の拠り所となるのが倫理綱領であり、倫理綱領が正解を教えてくれるのではなく、実践における「望むべき姿として」、各精神保健福祉士が個々の状況に応じて何を選択していくのかの参考となるものの集大成が倫理綱領といえる。

1　日本精神医学ソーシャル・ワーカー協会の発足と「Y問題」まで

　日本精神医学ソーシャル・ワーカー協会（現・公益社団法人日本精神保健福祉士協会）は1964（昭和39）年11月に精神科領域のソーシャル・ワーカーの専門職協会として発足したが、当初はとりたてて価値や倫理を「課題」としてはこなかった。しかし、すでに、協会設立趣意書には「精神医学ソーシャル・ワークは学問の体系を社会福祉学に置き医療チームの一員として精神障害者に対する医学的診断と治療に協力し、その予防および社会復帰過程に寄与する専門職」と記載されており、専門職としての価値を示すものとされている。

　そして、1973（昭和48）年のあり方委員会報告の中で、日本精神医学ソーシャル・ワーカー協会の目的と性格において、①精神障害者の立場に立って運動を進めていく団体とし、②専門職団体はワーカーとしての業務の向上を図るために必要であり、ソーシャル・ワーカーの性質上、その専門職団体は、当然運動体であるはずであり、治療に協力し、その予防及び社会復帰過程に寄与する「専門性」と「運動体」は十分両立できるとしている。

2 「Y問題」から「倫理綱領」ができるまで

　1973（昭和48）年、日本精神医学ソーシャル・ワーカー協会にとって「倫理綱領」を考えるうえにおいても、重要かつ貴重な体験となる事件が起こった。横浜で行われた第9回全国大会で「Y問題」が提起されたのであった。

　その後、Y問題調査委員会の報告書が出され、1975（昭和50）年に、次の3つの課題が提起された。
① Y問題の背景となっている現行精神衛生法、特に措置入院、同意入院制度の点検
② 「本人」の立場に立った業務の基本姿勢の確立
③ そのような業務が保障される身分の確立

　また、報告書の『趣旨と方針』において、基本となるべき姿勢、あるいは理念を「本人の立場に立つ」ということに置き、「本人の立場に立つ」ということは、「ワーカーがそのままクライエントの立場に直接的、同時的に入れ替わるということではなく、クライエントの立場を理解しその主張を尊重することを意味している」とし、「理念には人権を尊重するという観点が当然含まれてくるが、人権の問題に関しては、Y問題の提起する人身拘束にかかわる問題にとどめず、精神障害者の生活上の諸権利をも含めた広義の人権の問題と関連させて取り上げること」としている。

　このことは、私たち精神医学ソーシャル・ワーカーの倫理綱領を制定するうえで重要な課題であり、出発点ともいえる。

　Y問題で機能停止状態になっていた日本精神医学ソーシャル・ワーカー協会は、1980（昭和55）年、機能回復に向けて「提案委員会」を設立し、1981（昭和56）年6月に、「提案委員会報告」を提出した。今後の協会活動に向けて「精神障害者の社会的復権と福祉のための専門的・社会的活動」を中心に据えた組織として、精神科ソーシャル・ワーカーとしての「倫理綱領」の確立や日本精神医学ソーシャル・ワーカー協会を規定するフレームワークの確立に取り組むこととなった。

　1986（昭和61）年には、日本精神医学ソーシャル・ワーカー協会の専門性を構成する課題として精神障害者福祉論の確立、精神医学ソーシャル・ワーカー業務の確立と並んで倫理綱領の制定に向けて坪上宏氏（日本福祉大学教授（当時）を顧問として）らが動き出した。

　また、1986（昭和61）年に日本ソーシャルワーカー協会が倫理綱領を制定し、1987年には全米ソーシャルワーカー協会が数年にわたって検討してきた、ソーシャルワーク実務基準および業務指針を公表し、このことも日本精神医学ソーシャル・ワーカー協会の倫理綱領の制定に影響を与えた。

3 最初の「日本精神医学ソーシャル・ワーカー協会倫理綱領」

　1987（昭和62）年に倫理綱領の制定作業に着手し、倫理綱領の組み立てを「前文」「原則」「専門職の責務」とした。

　倫理綱領制定委員会は、原案を日本精神医学ソーシャル・ワーカー協会員に提示するとともに、各地区や支部からの意見をまとめ、1988（昭和63）年6月16日の第24回沖縄大会・総会において採択した。

　日本精神医学ソーシャル・ワーカー協会の倫理綱領の「前文」においては、「社会福祉学を基盤とする」ことと、人権擁護の世界的な思潮を考慮し「精神障害者の社会的復権と福祉のための専門的・社会的活動」を示した。「原則」においては、人権擁護と自

己決定権の保障、プライバシーの保護を強く打ち出した。

「本文」において、以下の①〜⑨が定められていた。

①個人の尊厳の擁護、②法の下の平等の尊重、③プライバシーの擁護、④生存権の擁護、⑤自己決定の尊重、⑥専門職向上の責務、⑦社会に対する責務、⑧専門職自律の責務、⑨批判に対する責務とした。

1988（昭和63）年以降、協会員に倫理綱領の内在化を図ることを目的とする常設の倫理綱領委員会を設置した。

4 二度にわたる改正に至る経過

倫理綱領作成後の経過の中で、1989（平成元）年8月、1992（平成4）年12月、1995年（平成7）年12月に「クライエントの預り金横領事件」が起こった。

倫理綱領制定後3年を経て行われた1991（平成3）年7月の最初の改正では、「前文」において「社会福祉の向上のみならず、精神保健・医療の向上に努めること」を明示した。また、「本文」において内容の流れを整えるために、⑦専門職自律の責務、⑧批判に対する責務、⑨社会に対する責務と順番を入れ替えることとした。

1995（平成7）年7月の二度目の改正では、倫理綱領に抵触する事件に対する反省を込めて、社会的責任性を明示するために、倫理綱領の「本文」において「地位利用の禁止」や「機関に対する責務」についての規定を加えることとした。

また、1997（平成9）年に倫理綱領委員会は「PSWの倫理綱領＜資料集＞」を作成し、全協会員に配布した。

5 「新倫理綱領」が制定されるまでの経過

1997（平成9）年12月に精神保健福祉士法が制定され、1999（平成11）年3月末には国家資格を持つ精神保健福祉士が誕生している。日本精神医学ソーシャル・ワーカー協会は1999（平成11）年7月の第35回北海道大会において、名称を日本精神保健福祉士協会へと変更した。

日本精神保健福祉士協会になってからは、精神保健福祉士の国家資格を有する人たちが入会資格を持つことになったため、協会員も増加し、様々な学問基盤を持った人たちが、国家資格を取得し入会してきており、それまで大切にしてきた、社会福祉を基盤とし、クライエントの自己決定に基づく、「精神障害者の社会的復権と福祉のための専門的・社会的活動」がどこまで踏襲されていくのか、今までの簡潔な倫理綱領で精神保健福祉士の業務が理解されるのか不安にさえ感じられた。

また、この間ソーシャルワークは、人間中心のソーシャルワークから人間と環境とその関係を重視するソーシャルワークへと変化し、医学モデルから生活モデルへの転換が図られてきた。そして、精神保健福祉分野でも入院中心主義から在宅を基本とした地域生活中心主義へ大きく舵を取り始め、地域で活動する精神保健福祉士も増加し、契約福祉や利用者主体のサービスを基本に組み立て、地域生活支援を支援してきた。

さらに、精神障害者当事者自身によるセルフヘルプグループ活動が展開され、ピアカウンセリング、ピアヘルプ、ピアサポートなどが始まり、危機介入

における当事者参加や精神保健福祉審議会などへの当事者参加も進められてきた。

このような、コンシューマ・イニシアティブの台頭の中で、ソーシャルワーカーとしてのエンパワメント、アカウンタビリティー、アドボケイト、パートナーシップ、リカバリーなどの新しい社会福祉の価値（ニューバリュー）の検討が必要とされ、精神障害者の社会的復権だけでなく、構造的に社会的変化をすることが求められてきた。

一方、国際ソーシャルワーカー連盟（IFSW）は、1994年6月スリランカにおいてソーシャルワークの倫理（原則と基準）を採択し、加盟協会には各会員の倫理問題への対処を援助することが期待された。

日本精神保健福祉士協会は、新しい倫理綱領改訂素案を2000（平成12）年7月の第36回東京大会・総会に提案し、会員による日常実践と照らしたうえで検討に附した。

6 「新倫理綱領」の内容

新しい倫理綱領の策定までには3年間をかけ、何度も倫理綱領委員会や各支部・地区での検討を重ね、大会・総会においても批判検討を重ねた。

新倫理綱領は、「前文」「目的」「倫理原則」「倫理基準」からなる。また、新しい「行動基準」については、日ごろ精神保健福祉士が直面している事例を盛り込み、個々の行動に関して倫理判断を指し示すものが必要と考え、倫理綱領とは別に作成していくものとした。

「前文」では、これまでの日本精神医学ソーシャル・ワーカー協会の歴史を踏まえ、「社会福祉学」を基盤とすることやY問題における反省に立ち、精神保健福祉士を「社会的復権に基づく福祉のための専門的・社会的活動を行う専門職」とし、新しく共生社会の実現や「社会的復権」の後に「権利擁護」を追加した。

また、新しく6項目の「目的」を示し、「倫理原則」では、①クライエントに対する責務、②専門職としての責務、③機関に対する責務、④社会に対する責務に分け、より具体的な内容を盛り込むこととなった。さらに、「倫理基準」では倫理原則に則しながら、私たちの日常業務に起こりうる具体的で個別的な状況まで踏み込むことになった。全体的にみると、全米ソーシャルワーカー協会の倫理綱領に近いものとなっているが、Y問題の反省もあり、自己決定の尊重やクライエントの批判に対する責務など私たちソーシャルワーカーにとって当事者主体を原則とし、より謙虚な姿勢が問われるものとなった。

時代を反映して、インフォームドコンセント、秘密保持と情報開示の問題、情報伝達にまつわる電子機器等の利用の問題、精神的・身体的・性的嫌がらせ等の人格を傷つける行為の問題、スーパービジョンや教育指導に関すること、ネットワークや他職種との連携の問題など、現在精神保健福祉士が直面している問題にも具体的な指針を掲げた。

この新しい倫理綱領の採択は2003（平成15）年5月の総会の時であった。

その後、IFSWでは2004年10月オーストラリアのアデレードにおける会議で、「ソーシャルワークにおける倫理――原理に関する声明」を採択し、日本のIFSW加盟団体である日本ソーシャルワーカー協会、日本社会福祉士会、日本医療社会事業協会はIFSWの倫理綱領をもとに「ソーシャルワーカーの倫理綱領」を改訂し、3団体で採択している。日本精神保健福祉士協会は独自の倫理綱領が改訂された直後でもあり、独自の倫理綱領と社会福祉専門職団体協議会のソーシャルワーカーの倫理綱領を2005（平成17）年6月に承認し、2つの倫理綱領を持つ

ことになった（IFSWに加盟するには、加盟しようとする団体がIFSWの理念と「ソーシャルワークにおける倫理——原理に関する声明」に準じた倫理綱領を採択していることが要件の1つになっている）。

7 倫理委員会の活動

2006（平成18）年度から、協会定款及び倫理綱領に依拠して、正会員等の倫理及び資質の向上に資するため、倫理委員会規程に基づく「倫理委員会」が設置された。公益社団法人移行後の倫理委員会規程の改正により、現在の任期は「理事の任期と同一」となり、委員の選任は理事会の権能とされている。

当初、倫理委員会は日本精神保健福祉士協会のメンバー5名と弁護士2名で構成され、本協会に寄せられた、協会に対する苦情の処理にあたっていた。

倫理綱領違反に対する苦情や疑問は、まず電話で寄せられるので、事務局段階でトリアージをする。そこには、精神保健福祉士に対する不満や苦情だけでなく、協会に対する意見・不満・苦情、資源紹介などが含まれる。

2010（平成22）年度から2013（平成25）年度までの内訳は表2-4のとおりである。

精神保健福祉士に対する不満・苦情は「地位利用の禁止」「秘密保持義務違反」「プライバシーと秘密保持違反」であり、ほとんどの事例は、不満・苦情を訴える者が利用している施設等の精神保健福祉士を対象にしたものであるが、残念なことに非構成員も含まれている。

表2-4 本協会（本部）事務局に寄せられた苦情等

2014（平成26）年1月17日現在

区分	2010年度[※1]（平成22）	2011年度（平成23）	2012年度（平成24）	2013年度（平成25）	合計[※2]
協会への意見・不満・苦情	0	0	0	1	1
資源紹介	0	1	2	4	7
精神保健福祉士に対する不満・苦情	7	9	7	13	29
相談・制度要望など	1	2	5	13	20
合計	8	12	14	31	57

※1 2010年度前を含む。
※2 同一相談者からの同一相談は複数回数も1件としている。

表2-5 精神保健福祉士に対する不満・苦情件数（本協会の構成員・非構成員別）

2014（平成26）年1月17日現在

区分	2011年度[※3]（平成23）	2012年度（平成24）	2013年度（平成25）
構成員	2	1	5
非構成員	3	2	4
不明	3	4	4
合計	8	7	13

※3 2010年度からの継続記録案件があるため1件少ない。

苦情が申し立てられた場合は、まず倫理委員会の苦情処理規程に合わせて倫理委員会に伝達し、倫理委員会による審査開始の調査を行う。

調査終了後、倫理委員会で裁決し、理事会へ審査報告書を提出し、理事会審議を行うことになっている。

その際、除名処分相当の場合は、総会議案として提出し、厚生労働省への精神保健福祉士登録取消しの意見具申も議案としてあげられる。

8 倫理綱領に残された課題

倫理綱領をもってしても実践上でぶつかる倫理上のジレンマにすぐに対応できるとは考えにくく、より具体的な行動基準や指針が必要になってくる。そのため、倫理原則や倫理基準にまつわる事例の検証をしていくことが必要となってくる。

今後、地域での精神障害者の自立支援活動が活発に展開され、コンシューマ・イニシアティブが進められた時には、エンパワメント、パートナーシップ、構造的挑戦といった新しい価値に根ざした倫理綱領が要請され、新たにコミュニティワーク、ソーシャルアクションなど社会との関係性の視点が必要となってくる。

倫理綱領抵触問題は、私たちがかかわるクライエントから日本精神保健福祉士協会に提起されることが多い。しかし、協会に属していない精神保健福祉士の引き起こした問題も多く、協会としての対応が難しい問題を抱えている。

しかし、精神保健福祉士という名称で仕事をしている人が引き起こした事件である。精神保健福祉士の名誉にかかわる問題でもあり、協会への参加を幅広く求めるとともに、協会に属さない精神保健福祉士に倫理綱領を内在化させ、何らかの手立てをとっていく必要性があると考えている。

私たちは、常に精神障害者と向き合って業務を行っており、精神障害者が置かれている環境を抜きに私たちの倫理を語ることはできない。倫理綱領は唯一絶対の固定的な規定ではなく状況に応じて見直され、私たちの実践の進化とともに成長していくものと考えている。

(小出保廣)

●参考文献
1）日本精神保健福祉士協会事業部出版企画委員会編『日本精神保健福祉士協会40年史』日本精神保健福祉士協会，2004年
2）「PSWの倫理綱領＜資料集＞」日本精神医学ソーシャル・ワーカー協会，1997年
3）「特集・新倫理綱領とPSWの実践」『精神保健福祉』第31巻第3号，pp.5-29，2000年
4）秋山智久「倫理綱領」仲村優一編『ケースワーク教室——自立と人間回復をめざして』有斐閣選書，1980年
5）『生涯研修制度共通テキスト［第2版］』日本精神保健福祉士協会，2013年
6）「日本精神保健福祉士協会苦情申し立て及び審査結果状況」2013年

第6節 精神保健福祉士の業務

はじめに

　精神保健福祉士の業務とは、その価値と理念を具体化する行為である。つまり、単に行為的側面を意味するものではなく、そこに価値と理念を内包し、知識や技術を活用する総体的なものなのである。この点を踏まえて、本協会の「精神保健福祉士業務指針及び業務分類 第2版」では、精神保健福祉士の業務を「精神保健福祉にかかわる諸問題に対して（場面・状況）、ソーシャルワークの目的を達成するために（価値・理念）、適切かつ有効な方法を用いて働きかける（機能・技術）精神保健福祉士の具体的行為・表現内容」と定義している。この「具体的行為・表現内容」が「狭義の業務」といえるわけだが、決してそれ単独で業務が成り立つのではない。精神保健福祉士が直面する現実状況に対して、精神保健福祉士の価値、理念、視点を基軸として状況分析を行い、絶えず場面を再構成しつつ行動を試みる過程が「業務」なのである。

　また、精神保健福祉士は「人と状況の全体関連性」を踏まえた包括的アプローチを行っており、その業務は「ミクロ―メゾ―マクロ」の連続性の中で展開するものである。例えば、組織活動や地域活動を行っている場面でも、一人ひとりの利用者ニーズを想定し、そのニーズの充足に向かう活動であるかを常に確認する必要がある。一方、一人の利用者と向き合っている場面でも、利用者を取り巻く環境である機関のサービス内容や地域の実情、社会システムを検証し問い直す姿勢が求められる。このように、精神保健福祉士の業務とは、「価値―理念―視点―業務（狭義）―機能―技術」のそれぞれをつなぐ縦軸と、「ミクロ―メゾ―マクロ」をつなぐ横軸とが交差するところに表れるものと位置づけられる。

　精神保健福祉士の責務は、その業務において具体的に表すことで果たし得る。それゆえ、日常の業務を振り返り検証することは精神保健福祉士一人ひとりの使命であり、そのための基準や枠組みを示すことが本協会の重要な役割なのである。

1 精神保健福祉士の業務をめぐる近年の動向

❶制度改正に伴う精神保健福祉士の業務の課題

　近年、精神保健福祉をめぐる施策の変化は激しく、精神保健福祉士の業務もその影響を受け、新たな課題に直面している。

　精神科医療の改革の流れは、「早期退院」と「病床機能分化」を推進している。診療報酬上の特定入院料である「精神科救急入院料」「精神科救急・合併症入院料」の施設基準に精神保健福祉士が必置となり、「精神科急性期治療病棟入院料」でも精神保健福祉士の配置が規定されていることから、早期退院に向けた精神保健福祉士の活躍が期待されていることがわかる。また、2013（平成25）年の精神保健福祉法改正で新設された退院後生活環境相談員は、精神保健福祉士がその中心的役割を担うことが期待され、地域の相談支援事業者等と連携した地域移行の推進が求められている。わが国の施策が「入院医療中心から地域生活中心へ」と大きく方向転換したことは、精神保健福祉士が長らく要望してきたことであり、精神保健福祉士がこれまで積み重ねてきたことが制度的に裏づけられてきたといえる。しかし、これらは精神保健福祉士の病棟専従化を一層進めることになり、ともすれば病棟機能に限定した対応に追われるリスクを生む。そして、当事者とのかかわ

りも病棟単位で区切られれば、生活の連続性を重視した実践が十分にできない葛藤を抱えることになる。

2006（平成18）年に施行された障害者自立支援法は、2010（平成22）年の改正、2012（平成24）年の障害者総合支援法への改正と続いている。この間、応能負担への転換や相談支援機能の強化、支給決定プロセスの見直しなど必要な措置が図られる一方、地域の事業所で働く精神保健福祉士は、その変化に対応するのが精一杯という状況にある。また、障害者総合支援法は障害福祉サービスをいくつもの事業に分類・再編し、事業ごとに内容が規定され報酬単価が定められている。各事業所は利用者のニーズを踏まえつつ、法が規定する事業の指定を受け、その基準に則していかなければ運営が成り立たないという問題を抱えている。こうした状況は、利用者の多様なニーズに対応することを困難にし、精神保健福祉士が重視してきた包括的なアプローチやソーシャルワークの柔軟性や即応性を阻害しかねない。

以上の動向は、精神保健福祉士の業務における「スピード」を要求し、さらに制度化による「分業化」を生んでいる。つまり、利用者との「かかわり」を自らの支援の中心に置いてきた精神保健福祉士が、直接支援の時間を限定され「じっくりかかわれない」現実に直面するのである。今日的施策の流れのなかで、精神保健福祉士の価値と理念に基づく業務をいかに展開できるかが一層問われているのである。

❷ 精神保健福祉士の職域の拡大

精神保健福祉士の業務をめぐるもう一つの流れは、その職域の拡大である。今日、わが国のメンタルヘルスにおける課題の増加や普遍化に伴い、それらに対応した精神保健福祉士の活躍が期待されている。医療観察法の制定は、社会復帰調整官や精神保健参与員など司法領域における精神保健福祉士の業務を位置づけた。また、認知症高齢者の増加を背景に高齢者施設などにおける精神保健福祉士の役割も重要になっている。さらに、スクールソーシャルワーカーとして学校・教育分野で働く精神保健福祉士、うつ病の増加を背景に産業分野で働く精神保健福祉士など、その実践の場はますます広がりを見せている。

以上の職域拡大の流れは、精神保健福祉士の専門性を様々な場面で活用することを可能にする一方、新規分野における実践方法や業務体系、そして職場環境は未整備であり、多くは手探りで実践を積み重ねているところである。こうした新規分野の精神保健福祉士の実践の質を担保することも必須の課題である。

2 業務指針と業務の標準化に向けた本協会の取り組み

❶ 日本 PSW 協会における業務論の展開

1964（昭和39）年に日本精神医学ソーシャル・ワーカー協会（以下、「日本 PSW 協会」とする）が設立して間もなく、当時の精神障害者に対する長期的隔離収容施策の中で、多くの会員が矛盾と葛藤を抱えている実態が露呈した。日本 PSW 協会は、この現実的問題に対応すべく PSW の業務基準の検討を始め、1971（昭和46）年に業務指針研究委員会（窪田暁子委員長）を設置した。そして、第7回全国大会・総会（福岡）において「PSW の業務指針」をテーマとしたパネルディスカッションを開催し、翌年の

第8回全国大会・総会（仙台）では「業務の現状と実態」に関する研究発表を実施した。こうして本協会におけるPSW業務の実態把握と基盤形成とに向けた取り組みが始動したのである。

1973（昭和48）年全国大会・総会（横浜）における「Y問題」の提起によって、PSWは自らの加害者性を問われ、その業務基盤を根本から見直す事態に直面した。「Y問題」における課題を総括し、協会の方向性を示すまでには長い時間を要したが、この過程は、その後の精神保健福祉士の専門性と業務の基盤形成に欠かせない礎となった。そして、1982（昭和57）年の全国大会・総会（札幌）において「精神障害者の社会的復権と福祉のための専門的・社会的活動を進める」ことをPSW及び協会活動の基本方針に定めたのである（「札幌宣言」）。

日本PSW協会は、「札幌宣言」で明文化した基本方針に基づく活動基盤を整備するため、倫理綱領と業務指針の策定に着手した。1986（昭和61）年に倫理綱領制定委員会（小出保廣委員長）を設置して「精神科ソーシャルワーカー倫理綱領」を作成し、1988（昭和63）年の全国大会・総会（沖縄）で採択された。この倫理綱領は今日においても本協会の活動基盤を示すものとなっている。倫理綱領の作成・制定と時期を同じくして、日本PSW協会は1985（昭和60）年に「PSWの業務指針と業務内容の標準化の構築」を目指して精神障害者福祉問題委員会（1987（昭和62）年業務検討委員会（門屋充郎委員長）に改組）を設置し、PSWの配置状況や業務実態の把握を進めた。業務検討委員会は1987（昭和62）年に「PSW業務統計全国調査」を実施するとともに、1988（昭和63）年に「精神科ソーシャルワーカー業務指針」を作成した。この業務指針は翌1989（平成元）年の全国大会・総会（東京）で採択され、倫理綱領とあわせてPSWの実践の方向性を示すものとなった。なお、1987（昭和62）年に業務検討委員会が実施した全国調査は、東京都衛生局病院管理部業務検討委員会が作成した「MSW・PSW業務分類表」に従った調査項目を設定している。それは、当時の日本PSW協会会員は保健医療機関で働く精神科ソーシャルワーカーが大半を占めており、東京都衛生局の分類表が当時の業務実態に即していたことが背景にあった。

❷業務実態調査の継続的実施

1997（平成9）年の精神保健福祉士法の制定により、精神科ソーシャルワーカーは精神保健福祉士として国家資格化された。それに伴い、日本PSW協会は1999（平成11）年に「日本精神保健福祉士協会」へ名称変更し、2004（平成16）年には「社団法人日本精神保健福祉士協会」に改組、2013（平成25）年には「公益社団法人日本精神保健福祉士協会」へと移行した。この間、精神保健福祉をめぐる状況は目まぐるしく変化してきており、精神保健福祉士の業務も変化と発展を見せている。

業務検討委員会は、多様化する精神保健福祉士の業務実態を把握するため国家資格化以降も継続して調査を実施し、以下の報告書を発表している。

■2004（平成16）年「日本精神保健福祉士協会会員に関する業務統計調査報告（平成13年10月全国調査）」
　　本協会の全構成員（当時は会員）2,312人から約40％を任意抽出した927人を対象に実施、回収率42.1％
■2009（平成21）年「精神保健福祉士の業務実態に関する調査報告書」
　　一次調査（平成19年12月）：全構成員5,683人を対象に実施、回収率20.6％
　　二次調査（平成20年2月）：一次調査回答者から抽出した500人を対象に実施、回収率54.6％

■2014（平成26）年「精神保健福祉士の業務実態等に関する調査報告書」
　　　全構成員8,937人を対象に実施（2012年12月）、回収率33.6％（有効回答率30.5％）

　これらの報告書は、精神保健福祉士の業務の実態とその変化を明らかにすると同時に、本協会が業務実態調査において取り組むべき課題と精神保健福祉士の業務そのものが有する課題を提示している。例えば、2004（平成16）年の報告書では、所属機関によって業務の遂行度が異なることや地域での活動を展開する精神保健福祉士が増えている結果を踏まえて、それまでの医療機関の業務を中心とした調査の枠組みを再検討する必要性が示された。そして、「精神科ソーシャルワーカー業務指針」についても、精神保健福祉士の所属機関が多岐にわたっている実情に則して見直しが急務であるとの見解を示した。
　また、2009（平成21）年の報告書では、業務分類の方法に関する課題が指摘されており、精神保健福祉士の業務の標準化と専門性の向上を図るうえで重要な点といえる。実態調査から精神保健福祉士の業務の傾向を明らかにするには、精神保健福祉士が「今、自分の行っていることはどの業務にあたるのか」を判断する基準を共有していることが必要であるが、実際はこの判断が個々の主観に左右され、バラつきが見られるという。確かに、ある行為が「日常生活支援」なのか「心理情緒的支援」なのか判断に迷うことはしばしば経験する。同じような行為であっても、精神保健福祉士によってその意図やねらいが異なる場合もある。しかし、精神保健福祉士が「何をする人なのか」を明らかにし、社会に示すことは専門職団体として必須のことである。そのためにも、精神保健福祉士の業務の枠組みを示す分類基準と業務指針を共有し、日常的にそれらを意識化することが求められるのである。

❸新たな業務指針の作成に向けて

　精神保健福祉士は利用者のニーズに応じて多岐にわたる活動を行っている。業務指針はこれらの諸活動に対して一定の分類・整理を行い、それぞれの業務内容を明確にするとともに、各業務が精神保健福祉士の価値や理念とどのようにつながっているのかを示すものである。業務指針の目的は以下の3点があげられる。
①精神保健福祉士の価値や理念に裏打ちされた業務展開を示すこと
②精神保健福祉士の業務の整理や統計作業における共通の枠組みを示すこと
③精神保健福祉士業務の社会的認知を促進すること
　本協会は国家資格化後も、日本PSW協会が提示した「精神科ソーシャルワーカー業務指針」を継承していた。しかし、前述したとおり、業務検討委員会が2004（平成16）年に発表した報告書において、実情に対応した業務指針の見直しが必要であると指摘されていた。これを受けて2006（平成18）年に業務指針提案委員会（相川章子委員長）を設置し、新たな業務指針の策定に取り組むことになったのである。
　業務指針提案委員会は、多分野多領域から委員を選出し、各委員による業務レポートとプレゼンテーションによる協議を重ねた。そこで示された膨大な業務内容について、どの分野にも共通する業務の分類・整理を行うと同時に各分野における業務指針を作成し、2008（平成20）年3月に「精神保健福祉士業務分類及び業務指針作成に関する報告書」をまとめた。この報告書は、倫理綱領をすべての業務の土台に位置づけ、4つの倫理基準（クライエントに対する責務、専門職としての責務、機関に対する責務、社会に対する責務）を主軸として多様な業務の分類・整理を試みており、現在の業務指針に引き継がれている。しかし、本協会の新たな業務指針として

提示するには更なる検討が必要であったため、2009（平成21）年6月に設置した「精神保健福祉士業務指針」作成委員会（古屋龍太委員長）が業務指針作成の作業を引き継ぐことになった。

「精神保健福祉士業務指針」作成委員会は、業務指針提案委員会の報告書をたたき台として主に分野別業務指針の見直しと修正を行い、新たに業務指針における「用語の定義」を盛り込んだ。そして、2010（平成22）年3月に新たな業務指針案を提示し、同年の全国大会・総会（沖縄）で「精神保健福祉士業務指針及び業務分類 第1版」（以下、「第1版」とする）として採択された。こうして、本協会の新たな業務指針が誕生したが、第1版の作成期間が限られていたため、業務指針提案委員会の報告書を十分に精査することができず、いくつかの課題が残った。そのため、2012（平成24）年度に新たな「精神保健福祉士業務指針」作成委員会（岩本操委員長）が設置され、第1版の改訂に取り組むことになった。そして、2年にわたる協議を重ね、2013（平成25）年3月に「精神保健福祉士業務指針及び業務分類 第2版」（以下、「第2版」とする）を提示したのである。第2版の改訂の主旨とその内容については、後に詳しく述べる。

3 精神保健福祉士の業務の実際

今日、本協会の構成員である精神保健福祉士はどのような業務を展開しているのだろうか。ここでは、業務検討委員会が実施した最新の調査結果をまとめた報告書（2014（平成26）年）をもとに、その状況を概観する。

❶調査結果の概要

本調査は、全構成員8,937人を対象に実施し、2012（平成24）年12月5日〜6日の1日の業務内容の記録を求めたものである。有効回答数は2,723（30.5％）であり、所属機関の割合は、医療機関が53.7％と最も多く、障害者総合支援法関係機関22.6％、行政機関6.5％、教育機関4.8％、障害者総合支援法関係以外の福祉事業所4.7％、各種団体2.0％、労働関係機関1.6％、司法関係機関1.4％、その他は2.4％であった。

調査の結果、最も多かった業務内容は「当事者・家族・関係者等と対面して行った業務（以下、「当事者等業務（対面）」とする）」で回答者の87.0％が実施しており、1日の平均実施時間は142.0分であった。次いで、「記録・書類作成」が81.4％で76.1分、「会議」が73.1％で60.7分、「当事者・家族・関係者等と通信手段を用いて行った業務」が64.6％で46.8分、以下、表2-6のとおりであった。実施者が特に多かった「当事者等業務（対面）」の詳細な業務内容ごとの平均実施時間を見ると、「その他日常生活や療養上の支援」に費やした時間が24.1分と最も多く、次いで「職員間の情報交換・連絡調整」に23.9分、以下、表2-7のとおりであった。また、業務の対象者別実施時間は、当事者が169.9分と最も長く、次いで所属機関内職員が114.4分であった。

所属機関別の実施状況を見ると、「当事者等業務（対面）」はほとんどの機関に共通して実施時間が長かったが、司法関係機関は「当事者等業務（対面）」にかかる時間が少ない一方、「記録・書類作成」にかかる時間が平均186.9分と長いのが特徴的であった。また、障害者総合支援法関係機関では「所属機

表2-6 精神保健福祉士の業務の実施状況：実施者数と時間数

業務内容	実施者 (数)	実施者 (%)	平均実施時間 (分)
当事者等業務（対面）：面接等（声かけ、訪問含む）	2,252	87.0	142.0
記録・書類作成	2,106	81.4	76.1
会議	1,891	73.1	60.7
当事者等業務（通信）：電話、メール、FAX等	1,672	64.6	46.8
所属機関運営管理事務	930	35.9	24.4
グループワーク	754	29.1	46.0
所属機関設備維持管理	464	17.9	7.6
企画・立案	333	12.9	9.5
教育活動：講義、講演、実習指導等	286	11.1	16.2
自己研鑽	244	9.4	7.4
代理行為	151	5.8	2.1
広報・啓発活動	150	5.8	3.8
調査・研究	132	5.1	4.1
その他（上記に属さないもの）	1,624	62.8	64.0

2014（平成26）年「精神保健福祉士の業務実態等に関する調査報告書」をもとに作成

表2-7 当事者・家族・関係者等と対面して行った業務（詳細）の実施時間

業務内容詳細	平均実施時間 (分)
その他日常生活や療養上の支援	24.1
職員間の情報交換・連絡調整	23.9
受診受療などの医療に関する支援	15.8
障害福祉・介護保険サービスの利用に関わる支援	11.6
心理情緒的支援	10.7
就労・社会参加に関する支援	10.6
医療機関や施設からの移行に関する支援	6.4
経済問題調整	6.3
住居支援	3.5
家族支援	3.5
当事者活動の支援	2.9
精神保健福祉の領域か見極めの相談	1.0
教育問題調整	0.8
苦情処理・処遇改善	0.6
上記に属さない対面して行った業務	13.5

2014（平成26）年「精神保健福祉士の業務実態等に関する調査報告書」をもとに作成

関運営管理事務／所属機関設備維持管理」が他の機関に比べて実施割合が高い傾向が見られた。さらに、「当事者等業務（対面）」の詳細が示した業務内容の実施時間にも所属機関による差異があった。例えば、医療機関では「職員間の情報交換・連絡調整」「その他日常生活や療養上の支援」「受診受療などの医療に関する支援」の実施時間が長く、労働関係機関では「就労・社会参加に関する支援」の実施時間が平均114.4分と突出して多いなど、機関ごとの業務内容の特徴が見受けられた。

本調査では、過去1年間に所属機関外において精神保健福祉士として行った活動内容に関する回答も求めている。その結果、研鑽や教育など知識・技術の向上のための活動を行っている者の割合は回答者の75.9％であり、社会活動（地域における各種会議、各種審査会や審議会、啓発活動、災害支援活動など）への参画は63.1％であった。

❷調査結果から見えてくること

本調査の結果から、精神保健福祉士は「当事者等業務」に多くの時間を費やしており、当事者と直接かかわる業務と当事者を介した関係職員との連絡調整が中核にあることがわかる。一方、「記録・書類作成」や「会議」に費やす時間も多く、「所属機関運営管理事務」にも相当量の時間を割いている。これらは精神保健福祉士の実践の質を管理し、当事者の支援環境を整える業務といえる。今後は、これらの業務が当事者支援にどのようにつながっているのか検証することも必要であろう。また、「当事者等業務（対面）」の内訳では、「その他日常生活や療養上の支援」に最も長い時間を費やしている。この業務は「経済問題調整」や「住居支援」などと比べて主訴やニーズが明確でないことへの対応が予測され、多くの要素を含んでいる。これに関連して表2-6が示すように「その他（上記に属さないもの）」の業務を選択する割合が高いことも注目すべきである。包括的な視点をもち、自らの実践を限定的に捉えない精神保健福祉士の業務特性を反映するものであるが、その業務を行う際の意図や目的を明確にし、それを共有することが実践の質の向上につながると考えられる。

本調査では、所属機関による業務の実施の程度に差が見られた結果を示していた。所属機関の提供するサービスに応じて業務内容が変わるのは当然であるが、前述したように、各機関の機能分化を背景とした精神保健福祉士の業務の分業化が進んでいることの現れでもある。精神保健福祉士は所属機関の機能に埋没することなく、他の機関の機能やサービス内容を踏まえた連携を更に強化する必要性が高まっているのである。この点に関連して、多くの精神保健福祉士が所属機関を超えた活動を業務として行っている結果が示されたことは重要である。所属機関の利用者への支援を中心に活動していても、その利用者の生活は地域社会にあり、精神保健福祉士の実践の土台となるフィールドも地域社会である。こうした「ソーシャル」な視点をもって日々の業務にあたることを今後も重視し、発展させることが求められる。

4 「精神保健福祉士業務指針及び業務分類 第2版」の意義と課題

❶ 第2版の改訂の主旨

　精神保健福祉士が専門職として業務を展開するには、業務の枠組みや個々の業務の目的及び方法を共有することが不可欠であり、そのために活用されるのが業務指針である。本協会では、精神保健福祉士の質の向上と実践的活用を促す業務指針の作成に取り組んできたが、ここでは2014（平成26）年に提示された第2版の概要を述べる。

　前述したとおり、第2版は2012（平成24）年に設置された「精神保健福祉士業務指針」作成委員会における協議を経て、第1版に大幅に修正を加えたものである。第2版の改訂の主旨は以下のとおりである。

①精神保健福祉士の価値や理念に裏打ちされた業務指針を示すこと

　第1版では、「『業務』の根底にある『理念』や『視点』が見えにくいものになってしまっている」と課題が示され、第2版では、この改善が急務であった。そこで、具体的な業務展開において常に理念や視点を確認できるような枠組みを設定すること、さらに、実践現場で迷いや葛藤が生じる場面を想定して指針を示すことに主眼を置いた。

②業務の定義及び業務を構成する要素の関係性を整理すること

　第1版では、精神保健福祉士の理念や視点について丁寧な説明がなされていたが、「業務とは何か」を明確に定義しているとは言い難かった。また「業務」「機能」「技術」「方法」などの用語に混乱が見受けられ、業務を構成する要素の全体関連性が掴みづらくなっていた。このことが、①で述べた業務と価値や理念との関係を見えにくくしている1つの要因と考えられ、第2版では、それぞれの用語の定義と関係性を明確化することに努めた。

③精神保健福祉士の包括的な視点を表す業務指針を示すこと

　第1版では、倫理綱領が示す4つの責務に添って業務分類を行っており、この分類はソーシャルワークの包括的視点に基づく「ミクロ―メゾ―マクロ」のレベル性に対応するものである。第2版でもこの分類基準を踏襲しつつ、各業務の指針を示す際に単一レベルで完結することなくレベル間の関連性を示すような枠組みを定めた。

❷ 第2版の構成と今後の課題

　第2版は4部で構成されており、それぞれ前記の改訂の主旨①～③を踏まえた記述を展開している。

　■第Ⅰ部　精神保健福祉士の基盤と業務指針の位置

　精神保健福祉士の業務及び業務指針をめぐる動向を整理し、改訂の主旨②に対応して、精神保健福祉士の業務特性について、「価値」「理念」「視点」「業務」「機能」「技術」「知識」それぞれの定義と関連性を踏まえて説明している。

　■第Ⅱ部　精神保健福祉士の業務指針

　どの分野にも共通する精神保健福祉士の業務の代表例を取り上げ、改訂の主旨①③に対応して、業務ごとに「目的―指針―業務―機能―技術」のつながりと「ミクロ―メゾ―マクロ」の連続性を押さえて

指針を示している。1つの業務が多様な要素から構成されていることを示す見取り図を描いたものである。

■第Ⅲ部　精神保健福祉士の各分野における業務指針

地域・医療・行政の3分野について、それぞれ特徴的な業務を取り上げ、各業務の定義と指針を示している。改訂の主旨①に対応して、現場で迷いや葛藤が生じやすい場面を例示し、それを指針に基づいて状況分析し、実践上の課題を提示している。

■第Ⅳ部　用語の解説と定義

第1版の内容に修正を加えて、業務指針の記述全体にかかわる用語の解説と定義を示している。

第2版は2年に及ぶ集中的な協議を踏まえて作成されたが、そこで対応できなかった課題もある。特に分野別業務指針では、第1版で取り上げた3分野の改訂に留まり、新たな分野の業務指針作成に至らなかった。精神保健福祉士の職域拡大に伴い、新規分野の実践環境を整え、質の向上を図るうえで早期の指針作成が求められる。また、第2版で示した業務指針を現場で検証し、より有効で実践的活用を促進する業務指針として最適化するよう、今後も改訂を重ねていくことが求められる。

おわりに

「はじめに」で述べたように、精神保健福祉士の価値と理念は具体的な業務において示すことで意味をなす。そのため、本協会は精神保健福祉士の業務指針を示し、その業務実態の把握を重ねてきた。精神保健福祉士の業務は倫理綱領を基盤とした業務指針に沿って行われるものであり、業務実態調査による検証が求められる。また、業務実態調査の結果を踏まえて、より実践現場に必要かつ有用な業務指針の進化が求められる。業務指針と業務実態調査とが両輪となって機能するために中心に位置するのが一人ひとりの精神保健福祉士の日常実践であることは言うまでもない。ケース記録を作成する時、日報や月報をつける時、ケースを振り返る時、OJTや新人教育など、様々な場面で日常的に業務指針を共通のツールとして使い慣らしていくことが何よりも重要である。日常化した動きを改めて「精神保健福祉士の業務」という共通言語において再規定し、業務指針に照らし合わせて評価することによって「何気ない動き」が「専門職の行為」になるのである。そして「専門職の行為」を職能団体として共有し、その輪郭を示すことが社会的信頼に足る専門職として精神保健福祉士が果たす責務なのである。

（岩本　操）

第7節　精神保健福祉士の国家資格化と今後の方向性

はじめに

　1915年にボルチモアで開催された第42回全国慈善矯正事業会議において、アブラハム・フレックスナーが、「ソーシャルワーカーは専門職か？」という講演の中で、社会福祉専門職のあり方や専門性を厳しく指摘した。これに対してメアリー・リッチモンドはソーシャルワーカーの教育の体系化や専門職化に向けて『社会診断』や『ソーシャル・ケース・ワークとは何か』を著した。その後、ソーシャルワーカーの専門職としてのあり方や役割について一世紀をかけて議論されてきたが、それは社会福祉専門職としての専門性（知識・技術・価値）だけでなく、教育内容や専門職組織のあり方、倫理綱領、公益性、社会的承認、自律性などが確保されているかということであった[10]。これらのことはわが国においても社会福祉専門職としての位置づけを考えるうえで重要な要素である。

　1998（平成10）年4月に精神保健福祉士法が施行されることにより、わが国の精神科ソーシャルワーカー（PSW）の専門職化がなされた。1948（昭和23）年に国立国府台病院にPSWが採用されてから50年の歳月をかけて、ソーシャルワークの実践を積み重ねた結果、ようやくその国家資格化が実現して16年が経過している。別の言い方をすれば、わが国におけるソーシャルワーカーとしてのPSWの活動が、社会福祉専門職として組織的・実践的に社会的に評価されて国家資格化されたということである。

　そして、国家資格化から16年が経過し、「心の時代」と言われる現在、国民のメンタルヘルス課題は多様化し、精神保健福祉士に対する期待は大きくなっている。その一方、わが国の精神保健福祉をめぐる制度・政策の急激な変化は、精神保健福祉士のソーシャルワーク実践に大きな影響を与えており、精神保健福祉士は制度・政策の枠組みの中での運営や日々の業務をこなすことにとらわれているのが現実である。かつて、PSWが実践してきたソーシャルワークの実践が、退院促進事業、地域移行・地域定着支援事業、就労支援事業、ケアマネジメント、アウトリーチ事業などに行政施策として切り取られて細分化されてきた。そして、それらに応じた効率化、費用対効果、成果主義も求められるようになり、社会防衛的な法制度や入院制度と、利用者の個別の生活ニーズに対するサービスとは対照的な包括的な地域支援サービス制度の中で、当事者の地域生活の医療的な管理が進んでいる。

　ここでは精神保健福祉士の国家資格化の経過を振り返り、国家資格後の専門職に関する動向と精神保健福祉士の資格化の意義と今後の課題について検討する。

1　精神保健福祉士の国家資格化の経過

　わが国のソーシャルワーカーの活動の経過の中から、資格化の動向とPSWの専門性に関係する状況について取り上げる。

10）三島亜紀子『社会福祉学の＜科学＞性』勁草書房, pp.1-10, 2007年

❶アメリカの力動精神医学の影響

　PSWの歴史は1964（昭和39）年に日本精神保健福祉士協会の前身である「日本精神医学ソーシャル・ワーカー協会」が設立されるまでは、前述したように1948（昭和23）年に国立国府台病院において、村松常雄院長が社会事業婦という名称で採用・配置したのが始まりである。村松は戦前に世界精神衛生協会の有力なメンバーになり、マイヤーやビアーズとの交流を通して、アメリカの力動精神医学の影響を強く受けて精神科ソーシャルワーカーの仕事に着目した。[11] 村松は1952（昭和27）年に国立精神衛生研究所に、そして1953（昭和28）年に名古屋大学医学部の精神医学教室にPSWを採用した。

❷全国的な研究交流とPSW独自の組織化

　1950（昭和25）年に精神衛生法が制定されて以降、精神科病院の設立が進んだことに伴い、精神科病院において徐々にではあるがPSWが採用され、1950年代後半から名古屋市を中心にした東海PSW研究会が発足し、宮城、関東地区などでも研究会が組織化されてPSWの専門性の検討が進められるようになった。

　また、当時のPSWは1953（昭和28）年に結成された日本医療社会事業家協会に結集して組織的活動を行っていたが、1958（昭和33）年に日本医療社会事業協会（現・日本医療社会福祉協会；日本MSW協会）として組織名を変更し、医療社会事業の普及啓発に重点を置いたことから、ソーシャルワーカーの専門性を追求していたPSWの間で全国組織結成の機運が高まっていった。[12] 当時は「公的発言力を強めることが、対象者のニードに応えることにつながる」として専門職団体として組織化することを考えた。そして、1963（昭和38）年8月に日本社会事業大学において76名のPSWによって「精神病院ソーシャルワーク連絡協議会」が発足し、全国的なPSWの協議の場をつくり、1964（昭和39）年5月に国立精神衛生研究所にPSW推進委員会の事務局が設置され、東北、関東甲信越、関西、中国四国、九州等に地域推進委員が配置され、11月に仙台市において設立総会が開催された。[13]

❸協会の組織化と専門職化

　日本精神医学ソーシャル・ワーカー協会（日本PSW協会）の設立趣意書には、「精神科ソーシャルワークは学問の体系を社会福祉学に置き、医療チームの一員として精神障害者に対する医学的診断と治療に協力し、その予防および社会復帰過程に寄与する」とある。この協会の組織化は、チーム医療への参画と身分資格制度に関することが中心で、専門職化を追求し社会的認知を高めることに限定したという限界がある。

　また、1965（昭和40）年の精神衛生法改正では保

---

11) 柏木昭「PSWの歴史」柏木昭編著『精神医学ソーシャル・ワーク』岩崎学術出版社，pp.35-36，1986年
12) 荒田寛「日本精神保健福祉士協会——ソーシャルワーク実践の足跡」ソーシャルケアサービス従事者研究協議会編『日本のソーシャルワーク研究・教育・実践の60年』相川書房，pp.221-223，2007年
13) 12) に同じ，pp.223-225

健所を精神衛生行政の第一線機関とし、実務に携わるものとして精神衛生相談員の配置規定がなされた。日本PSW協会は、精神衛生相談員と医療社会事業員の充足供給と執務規定について検討し、社会福祉系の大学卒業生の採用を主張した。さらに、日本MSW協会、日本ソーシャルワーカー協会の三協会の合同専門委員会による「精神衛生技術指導体制の確立に関する要望書」を作成し、日本社会事業学校連盟の支持を得て厚生大臣(当時)等に陳情している。柏木は精神衛生相談員の要望に関し、「1965年の精神衛生法の改正が、地域精神衛生対策として、そこに生きる患者・障害者といわれるものにとって何であるかという洞察を欠いたまま(中略)、政治状況に対する問題意識が欠落していた[14]」と反省している。

❹当時の「医療福祉士法案」と「『社会福祉士法』制定試案」の動向

PSWとは別に当時、厚生省公衆衛生局保健所課(当時)が主管して、「医療福祉士法案」が1966(昭和41)年から1968(昭和43)年にかけて作成検討されたが実現には至らなかった。

さらに、1971(昭和46)年に中央社会福祉審議会に職員問題専門分科会が設置され、「『社会福祉士法』制定試案」が公表された。従来の社会福祉主事とは別に専門職化を考えたもので、ソーシャルワーカーのジェネリックな資格制度の性格をもっていた。日本PSW協会は、この資格が国民の生活保障につながらないことと、1級と2級にランク分けされていることに問題があること、そしてPSWの待遇改善を含む社会福祉と精神医療の基盤整備を図ることが喫緊の課題であるという理由で反対の意思を表明した。現業の機関からの反対意見や、日本社会福祉学会でも法制化をみだりに急ぐことなく調査と議論の時間的な余裕が必要という慎重な意見が出され、全国的な専門職能団体の組織化がされていないことなども理由になり、この案は1976(昭和51)年には白紙に戻された[15]。

❺専門性の追求と専門職制度

1973(昭和48)年に日本PSW協会は「Y問題」を経験することで、本人不在の支援が人権の侵害につながるということを学び、ソーシャルワーカーとしての専門性を追求する必要性を主張する意見と、活動の裏づけとなる専門職制度(身分法)を検討していく必要があるという意見に分かれて論争をしている。そのために、協会の存続の危機ともいえる組織的な課題を抱えながら「Y問題」を調査・報告し、その結果から提起された課題の一般化が行われ、PSWの「加害者性」をめぐった論争と組織の立て直しに10年の歳月をかけた議論が続いた。1982(昭和57)年、札幌で開催された日本PSW協会の全国大会・総会では、「精神障害者の社会的復権と福祉のための専門的・社会的活動を進めること」を、PSW及び日本PSW協会の活動の基本指針とすることを明文化した「札幌宣言」を採択した。そして、日本PSW協会は、専門職制度の確立と専門性の追求を車の両輪と考えることで「Y問題」で混乱した組織の事態を収束させたのである。

1981年の国際障害者年を契機に、1983年からの10

---

14) 柏木昭「協会の10年を振り返って」『精神医学ソーシャル・ワーク』第9巻第15号(10周年記念特集号),p.11,1975年
15) 宮嶋淳「社会福祉士資格制度の成立と現状」ソーシャルケアサービス従事者研究協議会編『日本のソーシャルワーク研究・教育・実践の60年』相川書房,pp.100-101,2007年

年間を「国連・障害者の十年」として、障害者の社会参加とノーマライゼーションの実現に向けた行動計画が具体的に展開されることとなった。折しも、わが国では1984（昭和59）年に起きた宇都宮病院事件により、精神医療の状況に国の内外から厳しい批判がなされ、わが国の精神科医療の病根の深部にメスを入れ、そのあり方を根本的に問い直すという課題を行政的にも精神医療従事者にも厳しく突きつけられたのである。この宇都宮病院事件を契機に、精神障害者の人権の擁護と社会復帰の促進を法の目的にして精神衛生法が改正され、名称も精神保健法となった。PSWの「札幌宣言」にある精神障害者の社会的復権という役割と課題が、精神保健法の人権の擁護と社会復帰の促進という具体的なものとして提示されることになったのである。日本PSW協会は法改正の趣旨を具現化するマンパワーとしてPSWの配置が不可欠であるとし、政府や関係団体に理解を求める活動を展開し、衆参両院においてもPSWなどのマンパワーの充実を図る附帯決議がなされた。

❻ 社会福祉士と精神保健福祉士の資格化

　1987（昭和62）年5月には、社会福祉士及び介護福祉士法が制定された。この法は社会福祉士を名称独占資格として福祉領域に限定し、医療領域を含まない職種として明記しており、将来医療領域のソーシャルワーカーの資格化を国会で約束した。そして、1989（平成元）年2月に厚生省（当時）は、「医療ソーシャルワーカー業務指針検討会報告書」を公表し、1990（平成2）年12月には、厚生省健康政策局計画課（当時）が「医療福祉士（仮称）資格化にあたっての現在の考え方」を示した。日本PSW協会はこの医療福祉士（仮称）案に対して、ソーシャルワーカーの単一の包括的・統合的な国家資格へつながること、利用者の人権と利益の尊重、自己決定の尊重、社会的復権を貫くような位置づけ、理論的・実践的専門性の基盤を社会福祉学に置き、社会福祉の援助技術を用いて行うものとしての位置づけ、専門職としての業務を遂行するにふさわしい裁量権の保障、受験資格の学歴は4年制大学卒であること、現任者の教育と研修の充実など10項目の要望書を提出し厚生省と事務折衝を行った。しかし、日本MSW協会は当初の医療ソーシャルワーカーの資格化の方針を変更し、社会福祉士以外の資格は受け入れないとして、厚生省は関係者団体の意見の一致がみられないとして通常国会への法案上程を断念した。

　1993（平成5）年6月に精神保健法施行5年後の見直しが、精神科病院から社会復帰施設へ、さらに地域社会へという流れを促進するという目的でなされた。そして、衆参両院において、「精神科ソーシャルワーカーの国家資格制度の創設について検討すること」とする附帯決議が行われている。同年の障害者基本法の成立により、精神障害者も法的に医療の対象としてのみではなく、福祉の対象としても位置づけられたことから地域生活支援への取り組みが行われるようになった。しかし、精神障害者の置かれている状況に大きな変化はなく、多くの長期入院者が社会の受け皿がないまま入院を継続せざるを得ず、社会資源が少ないために地域で生活する当事者にとってもあまりにも社会的自立を目指すには厳しい状況であった。1993（平成5）年12月、厚生省保健医療局長（当時）からPSWの資格化について、精神保健課を担当課として具体的な作業に入ると意思表示があり、日本PSW協会は、1994（平成6）年に臨時総会を開催し国家資格化を単独で求めていく方針を決定し、同年、厚生科学研究においてPSWの業務の医行為性について検討した。

　1995（平成7）年には、精神保健法から精神保健及び精神障害者福祉に関する法律（精神保健福祉法）に改称・改正され、法の目的に「精神障害者の自立

と社会参加のための援助」が謳われ、地域ケアに重点を置く規定が大幅に加わり、病者としてではなく生活者としての位置づけがなされ、精神障害者の人権擁護がさらに重要になった。さらに、1996（平成8）年に厚生科学研究において、日本精神病院協会（現・日本精神科病院協会）、日本看護協会、日本MSW協会などの関係団体が参画して、PSWの国家資格化に関し検討を進め、翌1997（平成9）年4月には、日本社会福祉士会も加わった検討会で国家資格化の概要をまとめた報告書を提出する。そして、同年12月、臨時国会最終日にPSWの国家資格法が精神保健福祉士法として成立した。[16]

2 資格化後の専門職化に関する動向

❶ 急激な精神保健福祉の状況の変化

1999（平成11）年には「日本精神医学ソーシャル・ワーカー協会」から「日本精神保健福祉士協会」へと名称を改めるとともに、組織体制を改新し法人化に向けて組織のさらなる強化と充実を図っていくこととなる。さらに2002（平成14）年に国際ソーシャルワーカー連盟（IFSW）に加盟し、国際的・学際的な組織の位置づけを明示した。一方、2000（平成12）年に制定された「社会福祉法」によって利用者の選択と契約による制度が導入されるなど、戦後の社会福祉の大きな転換期を迎えた。

1999（平成11）年に精神保健福祉法の一部改正が行われ、適正な医療と精神障害者の人権の確保を意図として、保護者の負担を軽減し本人の自己決定を尊重する方向での改正となった。また、2002（平成14）年に社会保障審議会障害者部会精神障害分会より報告書「今後の精神保健医療福祉施策について」が提出され、10年のうちに社会的入院者7万2,000人の退院・社会復帰を示した。翌年5月に「重点施策5か年計画」が出され、そのなかで優先的に取り組むことになった、①普及啓発、②精神医療改革、③地域生活支援の3点について検討会が設置された。この各検討会の報告が2004（平成16）年9月の「精神保健医療福祉の改革ビジョン」にいかされ、わが国の精神保健福祉の具体的な改革の方向性を示すことにつながった。さらに、大阪や埼玉から始まった精神科病院の長期入院者の「退院促進事業」が2003（平成15）年から、国全体の事業として位置づけられ、全国的な退院促進事業として普及し、2008（平成20）年度より「精神障害者地域移行支援特別対策事業」として展開されるようになり、退院を推進する「自立支援員」として多くの精神保健福祉士が従事し活躍した。

また、2001（平成13）年に大阪教育大付属池田小学校で起こった児童殺傷事件に端を発し、2003（平成15）年には「心神喪失等の状態で重大な他害行為を行った者の医療及び観察等に関する法律」（医療観察法）が制定された。日本精神保健福祉士協会は法律案に関して、審判における「対象行為を行う再犯の恐れ」の判定のあり方、指定入院・通院医療機関、地域社会での処遇のあり方などの項目で具体的な提言を示し、その成立過程に疑義を残したことを批判した。しかし、社会復帰調整官や精神保健参与員に、主に精神保健福祉士が採用されることになり、司法福祉の領域にPSWが参画し重要な役割を担う

---

16) 12) に同じ．pp.230-231

という新しい課題に挑戦することとなった。

2000（平成12）年以降、国民の精神保健福祉（メンタルヘルスケア）の多様化に伴い、司法福祉の領域だけでなく児童虐待問題やドメスティック・バイオレンスへの対応、スクールソーシャルワーカーの活動、自殺防止対策、発達障害者への支援、高次脳機能障害者への支援、認知症高齢者への生活支援、産業保健領域のEAP（従業員支援プログラム）への参加などPSWの活動の領域が拡大するとともに、精神保健福祉士に対する周囲の期待も大きくなっている。一方、2006（平成18）年には、精神障害者も含めた三障害を対象にした法制度と市町村を中心にした支援体制の整備という理念により「障害者自立支援法」が施行された。この法の施行に伴って、精神障害者の社会復帰の規定などが削除されたことにより、地域で働く精神保健福祉士の任用規程がなくなった。

また、2014（平成26）年4月より精神保健福祉法の改正が行われ、保護者制度の廃止に伴って医療保護入院のあり方が見直されるとともに「精神科病院の管理者に、医療保護入院者の退院後の生活環境に関する相談及び指導を行う者（精神保健福祉士等）の設置と地域援助事業者との連携と退院促進のための体制整備を義務づける」とし、退院環境整備の支援と地域関係者との連携を進める精神保健福祉士の役割を明確に打ち出すとともに、精神医療審査会に参加し精神障害者の権利擁護を推進する役割が具体的に示された。精神保健福祉士には、日本精神保健福祉士協会の歴史的な活動の中軸である「精神障害者の社会的復権と福祉」の活動と精神障害者が自立した地域生活を確立していくための支援の具現化が求められている。

❷成立した精神保健福祉士法の内容

1997（平成9）年に精神保健福祉士法が成立し、精神障害者の社会復帰の促進が国民的課題として承認され、PSWが行ってきた精神障害者の社会的復権と福祉のための社会的・専門的な実践が国民によって評価されるとともにPSWは大きな責任を負うことになった。

精神保健福祉士法の第2条において「精神保健福祉士の名称を用いて、精神障害者の保健及び福祉に関する専門的知識及び技術をもって、精神科病院その他の医療施設において精神障害の医療を受け、又は精神障害者の社会復帰の促進を図ることを目的とする施設を利用している者の社会復帰に関する相談に応じ、助言、指導、日常生活への適応のための必要な訓練その他の援助を行うことを業とする者」とされた。このことは、資格は名称独占資格であり、その業務は精神障害者の社会復帰に関する相談援助と日常生活への適応のための訓練ということに限定され、PSWの業務の一部が規定されたものであり、他の専門職も行うことが可能な業務である。また、養成課程におけるカリキュラムと国家試験科目は、社会福祉士の養成カリキュラムや試験科目と共通の8科目を含むものであり、社会福祉士と「横並び」の資格として位置づけられた。そして、医師との関係は、「医師の指示」関係ではなく「主治医の指導」という拘束力の弱いものになったが、法第41条で医療関係者との連携義務と主治医の指導を受けることが規定され、精神疾患を有する精神障害者を対象に、精神科病院その他の医療施設でチーム医療に参加できる根拠をもった。そして、倫理規定では、信用失墜行為の禁止と秘密保持義務が定められた。こうして、専門職化は可能になったが、日本PSW協会が培ってきた専門性の継承はPSWの課題として継続して取り組む必要があることが明確になった。

❸社会福祉士法、精神保健福祉士法の改正

　社会福祉士及び介護福祉士法が2007（平成19）年に改正され、社会福祉士の養成に関する内容が大幅に改められ、ソーシャルワーカーの養成のあり方についてカリキュラムの内容や実習・演習教育のあり方など、社会福祉士の質的向上を目指して大幅に見直された。

　社会福祉士及び介護福祉士法の第2条において、社会福祉士について「社会福祉士の名称を用いて、専門的知識及び技術をもって、身体上若しくは精神上の障害があること又は環境上の理由により日常生活を営むのに支障がある者の福祉に関する相談に応じ、助言、指導、福祉サービスを提供する者又は医師その他の保健医療サービスを提供する者その他の関係者との連絡及び調整その他の援助を行うことを業とする者」と定めた。そして、今回の改正では「誠実義務」と「資質向上の責務」が加わり、「資質向上の責務」は「社会福祉を取り巻く環境の変化による業務の内容の変化に適応するため、相談援助に関する知識及び技能の向上に努めなければならない」としている。また、「他職種との連携」が見直され、第47条で「福祉サービス及びこれに関連する保健医療サービスその他のサービスが総合的かつ適切に提供されるよう、地域に即した創意と工夫を行いつつ、福祉サービス関係者等との連携を保たなければならない」と規定された。

　その後、厚生労働省社会保障審議会障害者部会で「今後の精神保健医療福祉のあり方等に関する検討会」が開催され、精神保健福祉士の役割についても言及された。そして、社会福祉士の養成のあり方の検討に引き続いて、精神保健福祉士の養成のあり方に関する検討が始められ、精神保健福祉士法の改正が、2010（平成22）年12月に行われた（2012（平成24）年4月1日施行）。この改正の意味は、拡大する精神保健福祉士の活動領域への対応と、国民の精神保健福祉（メンタルヘルス・ケア）への責任ある支援が求められていることが大きい。この改正では、第2条の「定義」において「利用している者」の下に「の地域相談支援（障害者自立支援法第5条第17項に規定する地域相談支援をいう。）の利用に関する相談その他」を加えることになり、精神保健福祉士の業務として、精神障害者に対する地域移行支援が位置づけられた。これは、本来の精神保健福祉士の精神障害者の地域生活支援の活動が、法的にも業務として認められたことを示すものである。

　また、社会福祉士法の改正と同様、「誠実義務」と「資質向上の責務」が加えられた。「誠実義務」として「精神保健福祉士は、その担当する者が個人の尊厳を保持し、自立した生活を営むことができるよう、常にその者の立場に立って、誠実にその業務を行わなければならない」とし、「資質向上の責務」として、「精神保健福祉士は、精神保健及び精神障害者の福祉を取り巻く環境の変化による業務の内容の変化に適応するため、相談援助に関する知識及び技能の向上に努めなければならない」と規定した。また、「医師その他の医療関係者」との連携については、「その担当する者に対し、保健医療サービス、障害者自立支援法第5条第1項に規定する障害福祉サービス、地域相談支援に関するサービスその他のサービスが密接な連携の下で総合的かつ適切に提供されるよう、これらのサービスを提供する者その他の関係者等」に改められ、障害者総合支援法などの事業者との連携が加えられた。

❹養成カリキュラムの改正

　精神保健福祉士の養成カリキュラムは、社会福祉士の養成カリキュラムと同様に大幅な改正がなさ

れ、2012（平成24）年4月から新しいカリキュラムによって養成が進められている。社会福祉士のカリキュラム改正において、社会福祉の理念・思想・哲学を表現するはずであり、今日的な社会福祉の全体像を可能な限り体系的に理論化し、社会福祉学の歴史的な成立過程と根拠を学び、社会福祉のニーズを分析する学問としてのコアのカリキュラムである「社会福祉原論」が「現代社会と福祉」に置き換えられた。精神保健福祉士の養成カリキュラムにおいても、カリキュラムの中核にあった「精神保健福祉論」にある理念と価値が、制度とサービスに関する知識に変容し、知識と技術を持つことが資質の向上につながると解されている。そして、ソーシャルワークに関する科目に関しての文言がすべて社会福祉士の養成カリキュラムに合わせて「相談援助」となっている。精神保健福祉士が行うソーシャルワークの実践から考慮すると、ソーシャルワークの体系から考えても、相談援助はその一部にしか過ぎず、ソーシャルワークが狭義の「相談援助」という支援の方法になっている。

精神障害者に対するソーシャルワークの機能は、精神障害者の生活問題や様々な生活ニーズに対応することであり、社会的な視点をもって支援を展開する能力が必要とされる。精神保健福祉士は、精神障害者や家族などの抱えている問題現象の解決やニーズの充足を一連の生活や社会との文脈で考え、そして、支援を展開するには様々なモデルとともにソーシャルワーク理論が必要である。社会福祉の学問的な体系や制度の形成をあいまいにして、実務的なサービスの制度理解に特化した教育で専門職の専門性にかかわる応用力・総合力が備わるのであろうか。日本PSW協会の経験してきた「Y問題」から学び継承する「精神障害者の社会的復権と福祉のための専門的・社会的活動」を実践していく精神保健福祉士を養成していくためには、今の精神障害者が置かれている状況から支援の展開を考慮することが重要である。そして、ソーシャルワークの専門性として「クライエントの自己決定の尊重の原理」と、アセスメントの視点である「人と状況の全体性」と、「ワーカーとクライエントの関係性」による支援の展開を中核にして専門職倫理と価値を学んだうえに、知識や技術が伴っていくのである。

3 精神保健福祉士の国家資格化の意義

PSWの国家資格が「精神保健福祉士法」として制度化されたことは、法制度上において精神障害者の社会復帰を担い、地域生活の相談支援を行うこと、福祉と医療にまたがる資格であること、医師との関係が指示ではなく「指導」であること、日常生活訓練を行うこと、精神障害者を対象とする資格であると位置づけられたということである。

精神保健福祉士としての資格化によって、PSWとしての役割や業務のすべてが精神保健福祉士としての役割や業務に含まれたということではないが、精神障害者の社会参加の実現と、具体的に国民のメンタルヘルスに貢献する基盤ができたという意味において、その資格化の意義は大きい。日本PSW協会が、組織的に「Y問題」を経験して、精神障害者の社会的復権と福祉のための専門的・社会的活動を実践することが、組織的・実践的な中核としての役割であることが明確になり、国家資格化後においては、精神保健福祉士の活動の領域が広がり、国民のメンタルヘルス課題に対して支援活動を実践することも重要な役割となった。

精神保健福祉士の国家資格化の意義は次のことがあげられる。

精神保健福祉領域において、PSWが約60年のソーシャルワークの実践的経験を積み重ねてきたこ

とが社会的な認知を受けたと考えられる。そして、わが国のPSWは一貫して「当事者の主体性」を大切にした自己決定の尊重の原則に支援の視点を置いてきた。そして、これまでにもチーム医療の実践的経験をもって、その実践から自らの専門性を検証してきたが、資格化によって医療の領域で働くことの法的な根拠を得て、精神科医や看護師、臨床心理士、作業療法士とともにチーム医療に参画し、精神障害者の支援を行っていく可能性が広がったことが考えられる。そのためには、学問的基盤を社会福祉学に置きながら、精神医学、精神保健学、精神科リハビリテーション学などの医学的知識を習得することが必要である。

また、精神保健福祉士の国家資格化の経緯の中で、精神障害者団体、家族の全国組織の理解と積極的支援や、日本精神科病院協会の協力があったことと、日本社会福祉士会、日本医療社会事業協会、日本ソーシャルワーカー協会の社会福祉専門職団体の理解の上に資格化がなされたということに改めてふれておきたい。さらに、2013（平成25）年4月より日本PSW協会は公益社団法人化し、精神保健福祉領域におけるソーシャルワーカーの唯一の全国組織として、社会的発言力が増すとともに社会的責任が大きくなっている。

4 今後の課題

❶ソーシャルワーカー資格の方向性

1987（昭和62）年に社会福祉士が国家資格化された際に、日本PSW協会は他団体とともにソーシャルワーカーの資格の一本化について要望活動を行ってきた。しかし、福祉領域と医療領域におけるソーシャルワーカーの資格が別立てでつくられたことは周知の事実である。資格化された目的や社会的・政治的背景が異なるだけでなく、国家試験の合格基準などに大きな差異がある。しかし、現在の社会福祉士と精神保健福祉士の国家資格は、ソーシャルワーカーとして求められる理念と知識、技術は共通のものであり、その国家試験の受験科目は共通科目と各々の専門科目があり、横並びの資格として位置づけられている。

2011（平成23）年3月、日本社会福祉士会では専門社会福祉士認定制度準備委員会が「専門社会福祉士認定システム構築事業報告書」を作成、報告し、教育関係者や関係専門職団体の間で検討が始まっている。このことは2007（平成19）年の社会福祉士及び介護福祉士法の改正において、社会状況に対応できるソーシャルワーカーのあり方の検討が必要であるとされたこと、それに続いて2008（平成20）年に「提言　近未来の社会福祉教育のあり方について―ソーシャルワーク専門職資格の再編成に向けて―」が発表されたことが背景にある。報告書では、専門社会福祉士の認定制度を提案しており、専門社会福祉士について「認定社会福祉士」と「認定専門社会福祉士」を提案している。「認定社会福祉士」は、高齢、障害、児童・家庭、医療、地域・多文化の5つの分野に分けて、社会福祉士をジェネリックな基礎資格として、分野別のスペシフィックなソーシャルワーカーの認定資格の創設が、養成機関の認証という方向で検討されている。そして、また、専門社会福祉士の中のもう一つの「認定専門社会福祉士」は「社会福祉士及び介護福祉士法の定義に定める相談援助を行う者であって、福祉についての高度な知識と卓越した技術を用いて、倫理綱領に基づく高い倫理観をもって個別支援、連携・調整及び地域福祉の増進等に関して質の高い業務を実践するととも

に、人材育成において他の社会福祉士に対する指導的役割を果たし、かつ実践の科学化を行うことができる能力を有することを認められた者」であるとして、いわゆる上級と下級の2段階のソーシャルワーカーのあり方を提示している。

なるほど以上のことは、教育・養成機関にとっては現実的な課題であるかもしれないが、わが国の社会福祉の状況や、その社会福祉の現場で働いている社会福祉士や精神保健福祉士の実態に沿って、その声をいかした任用体制や業務内容の確立、待遇改善などの喫緊に解決すべき課題が山積していることを忘れてはならない。社会福祉現場と融合した専門職としての役割と課題を明確にし、まずは社会福祉士や精神保健福祉士が社会福祉専門職としての専門性をいかんなく発揮できる環境を整備していくことが求められる。[17]

❷専門性の継承と実践力の向上

今まで述べてきたようにPSWの専門職制は確立しているが、PSWの歴史的に蓄積してきた専門性をいかに継承していくのかということが実践的な課題である。

1975（昭和50）年の協会の機関誌『精神医学ソーシャル・ワーク』の10周年記念特集号では、「Y問題」を提起された結果として、自己決定の原則を主張しつつも、医療の概念の範囲の中で「チームワーク」や「協調」と「合理化」が進められ、当事者の要求とは乖離した「適応論」的な考え方になっていたことを厳しく反省している。また、協会の組織化直後の1965（昭和40）年の精神衛生法の改正時に、第42条に保健所に配置される精神衛生相談員の任用資格が、大学において社会福祉に関する科目を修めて卒業した者とされたことを積極的に評価したことは、地域管理が進められる当事者が置かれた状況の洞察と社会的・政治的状況に対する問題意識が欠落していたと指摘されている。これらの反省と指摘は、現在にも通じる内容であり、私たちPSWに、①当事者のニーズと当事者が置かれている状況から発想すること、②背景としての社会的・政治的状況の動向に対する冷静な批判的意識をもつこと、③精神科病院内における院内適応を求めていた支援から、具体的な地域生活を実現できる生活支援に転換することの重要性について示唆を与えている。

日本PSW協会は、生涯研修システムを整備し、これからの精神保健福祉士の質的な向上とともに、活動領域と社会的認知の拡大を考慮しなければならない。そして、今後の精神保健福祉士のソーシャルワーカーとしての本来の役割である社会的入院の解消と国民のメンタルヘルスの課題に対応できるための新しい視点やパラダイムを模索していく必要があるだろう。また、精神保健福祉士の養成のあり方と日本PSW協会が確立してきた生涯研修体系に基づく「認定精神保健福祉士」のあり方に関する検討を進めていくという課題もある。

（荒田　寛）

● 参考文献
日本精神保健福祉士協会事業部出版企画委員会編『日本精神保健福祉士協会40年史』日本精神保健福祉士協会，2004年

17）荒田寛「精神保健福祉士と社会福祉士」『新版精神保健福祉士養成セミナー3　精神保健福祉相談援助の基盤［基礎］［専門］』へるす出版，pp.11-15，2012年

第8節 専門職としての研鑽を支える
～生涯研修制度の創設、運営の軌跡と展望～

はじめに

2014（平成26）年4月現在約9,000名の精神保健福祉士で構成される公益社団法人日本精神保健福祉士協会（以下「本協会」とし、法人化以前の団体も含む）への、新規入会者の入会目的の一つに「研修を受けたいから」というものがある。一方、年間200～300名の退会者にその理由を尋ねると「思ったように研修を受けられない」という声が少なからず存在する。これは残念なことである。研修を受けたいがために入会したのに、その期待が叶えられなかったとすれば、企画運営側としては申し訳ない思いでいっぱいになる。どのような研修を受けたかったのか、受講できなかった理由は何か、受講したうえでの期待はずれだったのか……尋ねたいことは山ほどある。

ところで、本協会は多数回の研修を開催しているが、受講者数が定員をオーバーすることは多くない。定員オーバーにより受講を断らざるを得ない状況が常態化しているのは、精神保健福祉士実習指導者講習会（厚生労働省補助金事業／2010（平成22）年度より年間12回開催）くらいである。本講習会は、修了者のみが実習指導者になれるという一種の認定講習会であることから、いわゆる自己研鑽のみが目的ではない受講者も参集する種類のものである。

専門職として自己研鑽し続けるべき、という信念はどこから生まれ、何によって強化されるのであろうか。

周知のように、2012（平成24）年に改正された精神保健福祉士法では、その第41条の2において、資質向上の責務として「精神保健福祉士は、精神保健及び精神障害者の福祉を取り巻く環境の変化による業務の内容の変化に適応するため、相談援助に関する知識及び技能の向上に努めなければならない」と規定された。この改正により、我々は専門の知識及び技術を提供する職業人として、その力量を高めるための自己研鑽を行わなければならないこととなった。もちろん法改正以前から研鑽の必要性を自覚していた本協会では、国家資格法成立の以前より教育研究部を設置し、体系だった研修を企画実施していた。また、資格化以後はさらなる資質向上を必須事項と認識して生涯研修制度を創設し、2008（平成20）年度から同制度のもとに研修を実施しており、専門職団体として精神保健福祉士の研鑽を支援してきている。本稿では、この制度の実施準備及び実施運営に、担当理事・研修センター長として参画してきた立場から同制度の概要と構築の過程、現状と課題を述べ、改めて専門職としての研鑽の意味を考えたい。

1 生涯研修制度創設の経緯

❶ 国家資格法成立以前の本協会における研修

精神医学ソーシャルワーカー（PSW；国家資格法成立以前の名称）の養成教育については、1960年代からすでにその問題点が指摘されている[18]。これは日本社会事業学校連盟加盟校と本協会会員に対して当

---

18) 柏木昭・嶋田啓一郎・鈴木浩二ほか「パネルディスカッション 精神医学ソーシャルワーカーの教育における問題点」『精神医学ソーシャルワーク』第2巻第1号，pp.24-41，1966年

時実施された調査結果をもとに、PSW教育の現況の把握と問題点の発見、その解決方法の検討がなされたものである。ここでは、社会福祉学科の必修科目、単位、内容は大学間で類似しているが、PSWに直接役立つ講座が無いことや、学校と現場の連絡に不備があり、スーパーバイザー不在の中で実習内容、方法、組織にも不備があるという問題点が指摘されている。このように、当時すでに実習内容にまで言及していたものの、その後のPSW養成に関する議論は、同資格の社会的地位の確立という命題の強調に置き換えられていく過程で沈静化してしまった。

また、当時のPSWは、精神科医療機関や社会復帰関連施設等（法外施設も含む）を主な実践現場としていたが、これらへの就職を希望し、精神保健福祉領域を専攻する学生は、社会福祉系大学においても少数派であった。1987（昭和62）年の社会福祉士及び介護福祉士法制定後も、医療機関と並び、精神保健福祉領域は社会福祉士の実習機関や活動領域に位置づけられなかったため、社会福祉教育の場面においても教育体制の整備は遅延したといえる。

ところで、PSWは国家資格法に規定される以前から、すでに必要な人材として現場実践を重ねてきた長い歴史をもつ。そして、国家資格法の必要性にまつわる議論と対を成すようにして、卒後教育、研鑽の重要性も論じられてきた。例えば、見浦康文は、PSWの教育や養成の問題が協会発足当初からの重要課題の一つであることを、『PSW通信』の記載を引用して述べている。ここではスーパービジョンの定義に関する共通理解がなされていないが故の多様な見解を紹介しながら、学校教育と並行して現任者のための個人研修や集団研修指導は欠くことのできない課題であるとしている。[19]

1955（昭和30）年創設の日本社会事業学校連盟は、社会福祉専門職員制度の創設や社会福祉教育の水準向上を目指して活動してきた歴史を有する。この時点では精神保健福祉士の資格は存在しなかったことから、現任者は、あるいは自己流に築きあげた力量、あるいは職人的に「ART」として受け継がれた技量を個人の努力の成果として有していたのかもしれない。1964（昭和39）年に結成された本協会をはじめとする各種団体による研修等に参加し、研鑽に励んだ人も多いと推測できる。すなわち、自身の実践力を高めるための努力は、個人の置かれた職場環境や本人の力量に任されたが、それを補完的に支援する形で専門職団体の存在があったといえる。

本協会は、全国レベルで「PSW初任者研修会」と「PSW中堅者研修会」の2つの研修会を毎年実施していた。前者は、社会福祉系大卒以外の者の入会資格要件としても位置づけて1981（昭和56）年に開始し、定員50名に対して毎年70～100名程度の参加者があり、そのニーズの高さを示していた。これに対して後者は、1993（平成5）年より開催したものの、15名の定員を満たさない参加状況であり、潜在ニーズに応えきれていないという課題を有していた。

精神保健福祉士法制定後は、実習指導に関する研修の必要性の高まりを受けて、中堅者研修会を2000（平成12）年度から定員50名の「指導者研修会」に改め、さらに2002（平成14）年度より、「実習指導者養成コース」（定員50名）と「研鑽コース」（定員50名）に分類して開催してきた。しかし、これらの研修会は、開催地や頻度との兼ね合いで参加者数に限度があり、日常的な研鑽の場としての機能は果たせていなかった。受講者には一定の研修効果が実感されているが、「開催場所の分散」「日本精神保健福祉士協会の協力による各都道府県協会単位での開催」「研修受講の義務化」等の検討課題も浮上して[20]

---

19) 見浦康文「『PSW通信』からみた協会10年の歩み」『精神医学ソーシャルワーク』第9巻第15号，1975年

いた。

その他、日本精神科病院協会の「PSW部門研修会」、全国精神障害者社会復帰施設協会による「職員研修会」「施設長研修会」「生活支援センターサミット」等があったほか、公的機関においては、国立精神衛生研究所（現・国立精神・神経医療研究センター精神保健研究所）、各都道府県立精神保健福祉センター等、関連諸団体においても研修が実施されていた。しかし、これらは職種別・階層別研修が分野別、テーマ別の研修に比べ、総じて脆弱化している点が指摘されており、精神保健福祉専門職のあるべき姿がイメージされにくい状況も浮き彫りとなっていた。[21]

このように、公立や民間の関係団体等によるPSWの研修会は開催されていたが、いずれも開催回数・日数・定員や参加者数から見て、全国のPSW約2,000名[22]に対して十分な体制とはいえず、したがって、PSWの専門教育体制は、大学教育のみならず卒後教育においても、未整備で不十分であったと言わざるを得ない。

❷生涯研修制度創設の検討経緯

1998（平成10）年の精神保健福祉士法施行に伴い、多数の大学・短大や専門学校に養成学科、養成コースが設置され、ここに初めて専門職教育のために必要な科目が開講された。反面、国家資格法施行以後、精神保健福祉士の質の低下が始まったと指摘されるようになった。[23]これは試験対策中心の「養成」教育により、ソーシャルワーカーとして現場の実態に合わせて本来発揮すべき専門性とその実践力が育っていないことへの厳しい指摘であるといえる。

柏木昭は、精神保健福祉士法成立後に「精神保健福祉施設・機関に対するPSW養成訓練に係る厚生省の指導が望まれる。また同時に日本PSW協会に対しても実効性のある体系的研修制度を早急に整えることが期待される。具体的に言えば実習指導者の資質が必ずしも高いとはいえないことにかんがみ、指導者研修等が国やPSW協会あるいはその共催により実施されることが緊急に望まれる。[24]」と指摘している（当時の名称、原文のママ）。これは、カリキュラム改正の議論において大きな柱の一つとなった「現場実習」のあり方への提言でもあるが、それと連動して専門職団体が担うべき現任者への卒後教育に対する責任を、国と連携して始動すべきであるとの指摘であり、資格取得後の研鑽を重視する姿勢が法的にも位置づけられるべきことへの示唆を含んでいたのであろう。

またこの間に、日本はバブル崩壊と社会経済活動の低迷が続く中、衣食住を失い生存権そのものの危機に瀕する人が増加し、このような世情に呼応するかのようにして児童虐待、不登校や引きこもり、うつ病の増加や中高年の自殺、社会的入院、孤立死の問題等々、生きることに困難を抱え、支援を要する人が増加してきた。人がその人らしく幸福に生きる

20）荒田寛・平林恵美「精神保健福祉士の研修の効果とスーパービジョンのあり方の検討」『精神保健福祉』第33巻第4号，pp.340-347，2002年
21）石川到覚「精神障害者に係わる専門職員の養成研修」平成10年度厚生科学研究障害保健福祉総合研究事業
22）精神保健福祉士法の制定直前における日本精神医学ソーシャル・ワーカー協会の会員数
23）例えば、門屋充郎「組織の方向性」日本精神保健福祉士協会事業部出版企画委員会編『日本精神保健福祉士協会40年史』日本精神保健福祉士協会，p.105，2004年
24）柏木昭「精神保健福祉士のスーパービジョンおよび研修の体系化に関する研究——精神保健医療機関および社会復帰施設等における実習指導に関する調査」平成11年度厚生科学研究障害保健福祉総合研究事業

ことを支え、人が暮らす街をより豊かなものにしようとする社会福祉の担い手に対する需要は、このような時代社会状況下、国家資格法成立直後より一層拡大してきたといえる。

こうした周辺状況に加えて種々の現場に働く精神保健福祉士が年々増加したことにより、専門職団体としての研修制度体系に関する再検討が求められることとなり、本協会では2005（平成17）年度より生涯研修制度検討委員会を設置し、検討に２年、実施準備に１年をかけて2008（平成20）年度より本制度を実施するに至った。この検討委員会を率いた石川到覚は、本協会における生涯研修制度の実施に着手する意図を次のように述べた[25]。すなわち、生涯研修制度について、ヒューマンサービス領域における専門職団体が、社会的要請に応えるために整備すべきであるとしたうえで、一人ひとりの自己研鑽・学習の機会を組織的に支援することの重要性を述べており、本協会が体系的な研修プログラムとシステムを整備し、研鑽実績の証明や実績の社会的承認を得るための組織的取り組みを行うことの意義にも言及している。

こうした研修制度を支える基盤は、専門職有資格者個人の、研鑽の営みに対する自覚と努力の蓄積であり、かつ専門職団体が利用者を含む国民に対しても研修制度を確立し展開すべき責任があると捉えることにある。私見を述べれば、生涯研修制度は「研鑽せずとも実践家として現場に居続ける」ことを可能にする状況への警鐘であり、国家資格創設と合わせて、卒後教育の意義を体現したものであるといえる。

2 生涯研修制度の概要及び現状と課題

本協会の生涯研修制度の概要は、構成員には周知事項であるため体系図（図2-1）を掲載するに留め、本稿では現状と課題に関する考察を述べたい（基幹研修シラバス（第２版）についてはCD-ROM参照）。なお、制度の発足当初は基幹研修Ⅲ修了者に研修認定精神保健福祉士の名称を本協会が認定する仕組みであったが、その後検討を重ねた結果、更新研修の修了者を認定精神保健福祉士とすることを2011（平成23）年に決定し、2013（平成25）年度より認定証を発行していることを付記しておく。

❶研修実施実績及び受講者の現況

前述のように研修の種類を「基幹研修」「養成研修」「課題別研修」に大別し、課題別研修以外はシラバスに則りテキストを作成し、全国どこで受講しても共通の内容理解がなされることを目指している。課題別研修は、時宜に適したテーマで講師のオリジナリティも発揮される企画となる。また基幹研修Ⅰは制度発足当初より都道府県精神保健福祉士協会への委託による実施で、基幹研修Ⅱも2013（平成25）年度より委託実施を併用し始めている。

2008（平成20）年度～2013（平成25）年度の６年間での研修実施回数は425回、修了者のべ数は１万8,919人（非構成員含む）を数える（表2-8）。生涯研修制度創設及び研修センター設置の以前と比べると、この数字は飛躍的に伸びており、研修認定制度

---

[25]　石川到覚「精神保健福祉士の生涯研修体系のあり方」『精神保健福祉』第38巻第１号，pp.9-12，2007年

第Ⅱ章 日本精神保健福祉士協会の発展と歴史的課題

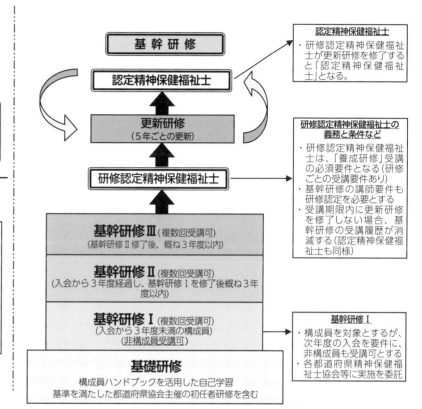

図2-1 日本精神保健福祉士協会 生涯研修制度体系図

の開始も手伝って「特定の人だけが受講する研修」から「自分も受けるべき研修」へと、本協会の研修運営に対する考え方及び構成員一人ひとりの受けとめ方は変化してきていると考えられる。ただし、実際に全構成員のうち認定精神保健福祉士・研修認定精神保健福祉士になるための研修を修了している者は2014（平成26）年4月現在で1,885人に留まって

おり、これは受講可能構成員5,278人の約35.7％に過ぎない。研修の受講動機の問題か、環境の問題（職場状況や交通アクセス等）なのかは検証が十分ではないが、本協会としては、できる限り後者に関してはより多くの構成員がこれを克服できるための工夫を講じるべきであると考える。

表2-8 年次別研修実施回数及び修了人数

実施年度		2008		2009		2010		2011		2012		2013		総計	
実施回数	修了人数	回数	人数	回数	人数	回数	人数	回数	人数	回数	人数	回数	人数	回数	人数
基幹研修（委託含む）		35	1490	38	1379	37	1143	49	1468	51	2065	45	1610	255	9155
養成研修	SVR	3	23	3	24	3	29	3	23	4	30	4	44	20	173
	後見人	2	69	3	46	2	63	3	64	3	93	4	131	17	466
課題別研修		11	957	19	1165	18	772	15	728	12	414	11	409	86	4445
実習指導者講習会		0	0	0	0	11	1135	12	1387	12	1156	12	1002	47	4680
合計		51	2539	63	2614	71	3142	82	3670	82	3758	76	3196	425	18919

※2008年度の実習指導者養成研修会は課題別にカウントし、日本社会福祉士会と共催のSSW研修を除き全ての研修を課題別に合算している。

表2-9 都道府県別 認定精神保健福祉士・研修認定精神保健福祉士数／構成員数 2014（平成26）年4月現在

都道府県	認定	研修認定	小計	都道府県	認定	研修認定	小計	都道府県	認定	研修認定	小計	都道府県	認定	研修認定	小計
北海道	76	19	95	東京都	94	55	149	滋賀県	7	2	9	香川県	12	3	15
青森県	20	6	26	神奈川県	70	36	106	京都府	21	8	29	愛媛県	56	15	71
岩手県	18	2	20	新潟県	10	5	15	大阪府	45	31	76	高知県	18	2	20
宮城県	22	6	28	山梨県	10	2	12	兵庫県	75	15	90	福岡県	62	22	84
秋田県	11	13	24	長野県	20	5	25	奈良県	4	3	7	佐賀県	8	8	16
山形県	18	8	26	富山県	43	3	46	和歌山県	10	9	19	長崎県	16	9	25
福島県	9	9	18	石川県	33	17	50	鳥取県	22	3	25	熊本県	57	13	70
茨城県	15	6	21	福井県	15	4	19	島根県	10	5	15	大分県	14	6	20
栃木県	14	6	20	岐阜県	14	12	26	岡山県	49	13	62	宮崎県	7	2	9
群馬県	18	3	21	静岡県	30	17	47	広島県	41	12	53	鹿児島県	37	4	41
埼玉県	47	9	56	愛知県	77	42	119	山口県	12	6	18	沖縄県	26	18	44
千葉県	36	16	52	三重県	20	12	32	徳島県	8	6	14	合計	1,357	528	1,885

❷研修内容の検証

　研修受講者にはアンケートへの回答を求めている。残念ながら統計的に処理するところまでのマンパワーを本協会は持ち合わせておらず、回収したアンケートは各講師及び研修企画運営委員が閲覧するに留まっている。ただし、生涯研修制度発足の翌年からは、研修企画運営委員によるモニタリング、講師へのアンケート等を活用し、各研修の企画・実施側としての検証作業の努力を継続しており、受講者アンケートの意義は大きい。

　以下、散文的になるが、受講者の声及び検証作業を通じた私自身の所感を述べておきたい（全アンケートを熟読しているものではないことを予めお断りする）。

①受講者の声より

　多少の高低はあるもののほとんどの研修で8～9割の受講者は、研修に「満足」と回答している。実践家にとって学ぶことは知識を獲得するだけでなく、実践を省察することにつながり、日ごろの疑問や苦い思いのカタルシス効果を体験しているためではないだろうか。私たちは、精神保健福祉士としての理想と現実の間にあるギャップ、業務と理念の間に求められる実践力への不安や、それを支える信念の揺らぎなどを日々経験している。そこで、現場から離れて基本に立ち返り、自らの実践を振り返ったり気づきを得たりして、今後への希望や意欲を見出すことのできる機会は一定の満足感を得られるものと考えられる。

　このことは、プログラムごとの満足度を見ると、講義科目よりも演習でその度合いが高くなる傾向からも推察できる。多くの受講者は、座学で講師の語る言葉を聞くだけよりも、自身の体験や考察を活用し、他者と協議や情報交換できる時間を必要としているのであろう。

　このため、アンケートにおいて少数ながら辛口のコメントに目立つのは「講義不要、演習中心」を求める声である。一面、理解できるコメントであると思う。しかし、演習だけで研鑽ニーズが満たされるのであれば何故職場の周辺で相互にできないのか、集合形式の研修の場を用いる意義は何かと改めて考える必要がある。

また、講義においても講師の実践を交えた話は概して好評である。これは抽象的で概念的な理論中心の講義のみの場合よりも現場の業務がイメージしやすく、自身の実践に結びつけて考えたり理解したりしやすいことの表れではないだろうか。少し厳しい目で見れば、概念や支援の哲学的な理論を理解し、各自が実践現場にそれを持ち帰って独自の努力で応用して実践する力を磨く必要性の示唆でもあるように思う。このことは後述する。

研修の参加形態については、研修テーマのみならず開催時期や曜日設定との兼ね合いで割合は異なるが、自費・休暇利用よりも出張扱いの参加者が多い傾向が見られる。ここから、受講者の所属先の仕組みや理解の有無が受講可否に影響していることがわかる。

②企画・実施側より

研修センター発足後は、本協会が実施する研修には基本的に研修企画運営委員及び事務局員を配置している。その他にも開催地精神保健福祉士協会の協力の下、運営スタッフや演習リーダーを配置する場合もあり、これらの方々と研修企画運営委員は、研修内容や資料がシラバスや開催趣旨に適ったものであるかどうかをモニタリングし、また演習時も含めて受講者の様子を観察して所定の書式に基づき研修センターに報告する役割をもつ。本項ではハード面（会場アクセスやアメニティ）については省略し、研修の内容に関するモニタリング結果を考察する。

基幹研修や養成研修では、共通テキストやシラバスに基づいているかどうかが評価ポイントの中心となる。多くの講師は実践体験や各自のオリジナリティを交えつつ、企画意図を汲んで講義演習を進行していると思われる。一方でごく少数であるが、テキストをほとんど用いない、独自の思いのみを展開するという事態もこれまでに見聞きされており、これらは改善への課題として研修センターに報告され、以後の研修企画に反映されている。

また、これまで基幹研修の実施を委託してきた都道府県精神保健福祉士協会との協議場面において、少なからず挙がった声として「基幹研修の内容の質的担保をすべき」「講師の力量によって内容に差が大きくなることを避けるべき」というものがあった。これらを受けて、2013（平成25）年度にはシラバスとテキストの改訂並びに講師講習会（後述）を行った。手応えは大きかったが、継続的に実施するためにはさらなる用意が必要である。

❸組織的運営の現状と課題

研修センター発足当時、組織体制を図2-2のようにイメージした。

研修センターは本協会内に設置され、実施要項に基づき理事会承認のもとに各種研修事業を展開する。事業の実務は事務局（主として研修班）及び研修企画運営委員会（委員は2年ごとに委嘱。全国各ブロックより選出する構成員からなる）にて担い、実施責任は研修センター長が負う。なお筆者は、生涯研修制度実施準備中及び開始後3年間（通算4年間；2007～2010年度）は事務局に勤務する特命理事として研修センター長の実務に専従した後、常任理事、副会長の兼任として現任に至る。

多くの研修を企画するためには、精神保健福祉士としての各種実践及び知見、研究の集積を活用できることが望ましいため、研修企画運営委員会の企画立案においては、シンクタンク機能として本協会内の各種活動等を位置づけ、活用を目指している。また、運営の実務を主として担う事務局及び研修企画運営委員会を補完する形で、研修開催地の精神保健福祉士協会に本協会構成員から研修実施協力者の紹介を求め、演習進行の協力や研修運営のサポートを得ている。これらの体制は一気に確立できたことで

図2-2　研修センター運営体制イメージ図

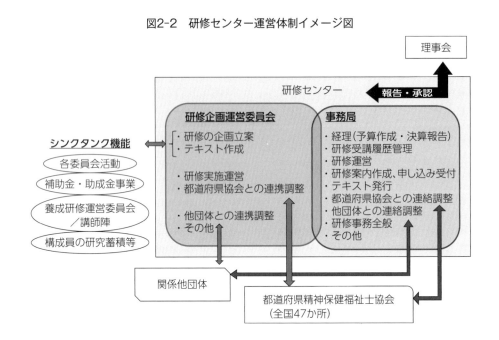

はなく、数年かけて築きつつあるもので、以下、組織づくりに関する歩みを振り返り、今後の課題をまとめる。

1）都道府県精神保健福祉士協会との協働、支部構成員の参画

①都道府県協会委託の目的と意義

基幹研修を都道府県協会に委託し実施する意図は3つある。①本協会の稼働力が十分ではない中で全国の構成員が身近な地域、すなわち自身の所属都道府県あるいはブロック内の隣県で受講できるようにするため、②都道府県協会には加入していても本協会には未加入の精神保健福祉士に、本協会の存在を周知する一つのきっかけとして基幹研修Ⅰの受講を未加入者にも呼びかけやすくするため、③研修会の実施運営を通じて、都道府県単位での人材育成の土壌を築くためである。さらに、委託実施の効果として、各ブロック内及び各都道府県協会と本協会との連携協働体制を強化し、組織的活動を展開しやすくすることが期待できる。

前述したように生涯研修制度の開始以後、本協会の研修実施回数は格段に増加したが、このうち都道府県協会への委託による基幹研修Ⅰの実施が毎年約30回、6年間で185回に上っている。特に新人や初任者を主たる受講対象とする基幹研修Ⅰでは、出張や有給休暇を取りにくい職位、また遠方へ出かけて研修を受講する勢いが持ちづらい年次に、身近なところで研鑽への導入の機会を提供できていることの意義は大きいといえる。

②都道府県協会委託の仕組みづくりと効果

この委託実施の実現には、本制度の実施準備段階で委託実施検討小委員会を全国8ブロックから選出した委員で構成し、丁寧な協議及び準備を行ってきたことが奏功した。またこの取り組みは、北海道から沖縄まで多様な職場環境や都道府県協会の風土がある中で、各地の実情を尋ね配慮しながらも全国統一の仕組みを構築するという、全国組織としての組織づくりそのものの活動でもあった。本協会が有する組織的課題については他項に詳しいのでここでは省略するが、都道府県協会によっては多種多様な研修を年間を通じて行っているところがある一方で、ほとんどそうした取り組みがないところまで存在し、また先輩が後輩を指導するのは当然の責務と捉えているところ、多方面から講師を招聘し高い受講

料の研修を用意できる力のあるところ、医療ソーシャルワーカー協会等との共催研修を継続しているところなど、全国津々浦々の研修事情もあり、本協会としてのスタンダードの提示を求められる一方、各地の独自性へのこだわりに配慮することも求められる中での委託事業の構築であった。

基幹研修Ⅰの委託実施については、奈良県を除けば概ね定着したといって良い状況に至ったため、これを基幹研修Ⅱまで拡充することが次なる課題である。また受講対象者が今後どのように推移するかによっては、全都道府県への委託が現実的かどうかの検証も必要な時期が来るかもしれない。

2）地域間格差の解消のために

①基幹研修講師講習会の実施

前述のように都道府県協会への委託は、全国各地で本協会の研修を展開するうえで有用である。しかし本協会としての認定機能を持つ養成研修や基幹研修Ⅲ、更新研修の委託は、現段階では行わない方針である。これは都道府県協会と本協会都道府県支部が一体ではないこと、内容の質的担保の方策が未整備であることが主な理由である。こうした状況下ではあるが、基幹研修のシラバスと共通テキストの改訂に伴い、各科目の要点を端的に紹介する目的で2013（平成25）年度に実施した基幹研修講師講習会は、各都道府県協会に持ち帰って実施する基幹研修Ⅰ・Ⅱの質の確保に役立っているのではないかと思われる。また、この講習会への参加を求めたところ全国41か所から積極的な姿勢での参加があったことは、全国展開する生涯研修制度の実施主体としては大変心強い思いであった。こうした企画自体、東京1か所の開催ではなく本協会の各ブロック単位等で実施する方策も考えたい。さらに、講師講習会を多様な研修において実施し、実際の研修開催は各都道府県支部単位で行えるような体制づくりも一つの道筋であると考える。

②都道府県協会との連携強化

他方、各種補助金事業や委員会活動の成果、その他にも研修企画運営委員会企画による課題別研修では、その都度企画開発したプログラムを展開しているが、多くの場合は首都圏・大都市等での開催に偏っている。以前から温めている私案であるが[26]、こうした研修プログラムやシラバス、テキスト等を都道府県協会に提供し、全く同じでなくともエッセンスを活用して各地での研修企画の一助としてもらう仕組みが構築できればと思う。

研修事業は各都道府県協会でも実施しており、多くの場合、担当役員や委員を配している。これらの方々と研修センターが有機的に連携できる体制を創設できれば、全国各地の精神保健福祉士の研鑽ニーズをきめ細かく蒐集することや、会場の確保、講師候補者の選定、そして各都道府県協会との連絡調整における効率化を図れるのではないかと考えている。

3 実践の理論化と理論を基盤にした実践のために

❶応用力の獲得のために

精神保健福祉士の支援を活用する人々の暮らしは多種多様である。当然ながら一人ひとりの願いや思

26）田村綾子「精神保健福祉士の生涯研修制度のねらいと課題」『精神保健福祉』第44巻第1号, pp.40-44, 2009年

いもそれぞれが固有のものである。また精神保健福祉士が実践現場とする領域も近年多岐に広がり、アイデンティティ拡散の危機をも招いている[27]。私たちが、精神保健福祉士であれば時代や社会状況にかかわらず共通して揺らがずに有する理念とは何かを常に確認し合い、そのことを時代や社会そして各自の所属する実践現場において、どのような仕方で応用して表現すれば良いかを検証する営みが欠かせない。私は精神保健福祉士の実践力とはこうした応用力であるとかねてより考えている[28]。理念の確認と、応用的実践の工夫及びその検証、そこから着想する支援哲学の言語化、これらのたゆまぬ循環の場に自らを置くことが、私たちが専門職としての責任を果たすことにつながるであろう。

私はスーパーバイザーとして、こうした循環を主体的に行おうとする仲間・後輩のサポートに尽力する体験を通じ、自らの省察もまた循環させることができていると感じる。スーパービジョンが現場に定着することを願う源流はここにある。現在、本協会が認定するスーパーバイザーは75人（2014年10月現在）であり、全精神保健福祉士の数に比してあまりに少ない。しかし、認定者でなくともスーパービジョンは実施できる。またスーパーバイザー不在であってもピアスーパービジョンという方法もあり、基幹研修Ⅲと更新研修ではその方法論も体験的に習得できるカリキュラムとしている。多様な形でのスーパービジョンの定着は、生涯研修制度を補完する最も有効で必要な手立てである。

❷精神保健福祉士としての開花のために

養成課程にある段階では、精神保健福祉の実践現場を経験していないため、精神保健福祉士としてのアイデンティティは土の中にあるようなものである。それを芽生えさせる最初のチャンスが現場実習であり、この体験を踏まえて茎や葉を育てるところまでは養成機関の役割といえよう。しかし、一精神保健福祉士としての自覚と責任をもって臨む実践現場における、利用者や関係者との協働や連携の中で、葛藤も抱えて歩む体験を経なければ、そしてそれらを基に実践を省察しなければ、専門職としての開花の時期は迎えられないと私は考えている。養成と実習教育の充実、卒後教育との連動の必要性が指摘される所以である。

ところで、本協会の生涯研修制度の維持運営は、現状では現場の実践家に依っているところが大きい。講師としてのスポット的な参画以外にも養成機関との共同体勢を思案する必要がある。

現行のカリキュラムにおいて養成課程で教えることができるのは、現場の個別の事情に即した実態よりも、原理原則であり法制度上の規定である。しかし、実践現場は多種多様な、原理原則からの「例外」に満ちており、そこでこそ改めて原理原則に忠実であらねばならないし、それに照らして一つずつの事象と実践を省察し直さなければならない。

一昨年、仙台において開催された社会福祉教育セミナーの分科会での議論を思い出す。そこでも養成と卒後教育の連動の意義が、私を含むシンポジスト及び参加者一同で確認された。この時にシンポジストであった同志社大学の小山隆先生の言葉が今になって響いてくる。「養成側はもっと現場のソーシャルワーカーのスーパービジョンにかかわるべきだ。養成機関は卒業後の教え子に責任をもつべきだ。卒

---

27) 柏木昭・佐々木敏明・荒田寛『ソーシャルワーク協働の思想――クリネーからトポスへ』へるす出版，2010年
28) 例えば、田村綾子「後進に託す"PSW魂"――実践力ある精神保健福祉士の養成にかける実習指導者の思い」『精神保健福祉』第42巻第4号，pp.262-265，2011年

後1年間位は大学に帰ってきて学ばせるシステムを養成側、職能団体、そして雇用主の三者で確立すべきだ」と発言された[29]。今このことを考えると、養成機関に本協会の基幹研修Ⅰを委託するという発想はどうであろうか。いかにも突飛である。しかし、養成機関が、卒業して現場に就いた者の研修を運営し参加を呼びかければ、本協会への加入の有無を問わず現任者となった者はすべからく研修に参加せざるを得なくなるのではないか、そして研鑽の意義と醍醐味を体験的に理解することが叶うのではないだろうか。その上で、本協会は多様な課題別研修を実施したり各都道府県における研修の講師養成を行ったりするほか、個別又はグループによるスーパービジョンを現任者が恒常的に活用できるようスーパーバイザーの養成や仕組みの構築に傾注してはどうか。そのような夢想を描きつつ、研修制度の実施運営を多数の頼もしい仲間・後進に託し本稿を閉じたい。

（田村綾子）

---

29) 2012年度社会福祉教育セミナー第4分科会「これからのメンタルヘルス・ソーシャルワークに求められる仕組み作り――養成教育から卒後研修へのスーパービジョン体制の構築に向けて」シンポジスト：小山隆・池谷進・田村綾子，コーディネーター：佐藤光正，於：東北福祉大学，2012年11月11日

第9節 精神保健福祉士と権利擁護

1 精神保健福祉領域における人権にかかわる状況の歴史的概観

❶精神科病院の歴史的動向とPSW

　日本の精神障害者が近世以降、差別や偏見に晒されてきたことは周知のとおりである。治療法のない時代には私宅監置という形での隔離が容認されており、治療の対象と認識された後には病院への収容が進められた。本協会が設立された1960年代はオリンピックの開催に象徴されるように高度成長まっただ中で、社会の変化に伴って様々な社会問題が噴出し、社会福祉も三法から六法へと対応に広がりをみせた時代である。この間に奇しくも精神病の青年によるライシャワー事件が発生し、国民の安全のために精神病者は精神科病院に隔離すべきという世論が高まった。国の補助金にも後押しされ、日本の精神科病院はこの時期、飛躍的に増加した。しかし、日本で隔離収容が進められていた時期、先進国ではアメリカの公民権運動、北欧から発信されたノーマライゼーションの潮流によってマイノリティの人権に注目が集まり、収容されていた障害者の地域生活への移行が進められたのである。向精神薬の開発により、精神病の治療についても展望が見出せるようになり、各国では大規模な精神科病院は解体に向かった。

　1950～60年代における初期の精神保健領域のソーシャルワーカーは、増加していく精神科病院での需要の高まりによって雇用が実現し、組織化に至った。1964（昭和39）年、日本精神医学ソーシャル・ワーカー協会（現・公益社団法人日本精神保健福祉士協会。以下、「PSW協会」とする）の設立にあたり「このような社会背景の中で、精神病院の増加と共に、病院に採用されはじめたPSWは、"自分たちの公的発言力を強めてゆけば、それが結果として対象者のニードに応えることにつながる"という定式のもとに専門職能団体としての地歩を固めることを急務と考え、そこから日本PSW協会の歩みが始まっています」と、『日本精神医学ソーシャル・ワーカー協会20年の歩み』[30]には記述されている。その背景について谷中は「PSWが病院で育てられ、特に民間病院で職を得ている立場で、精神病院の批判をすることは自己矛盾に落ちこむことを意味していた。（中略）もっぱら、自らの専門性の確保とその拠り所を力動精神医学に求めていた時期と言えよう」[31]と振り返っている。

❷PSWと人権

　自己矛盾を抱えたまま活動を展開していた1970年代のPSW協会内部では、初期の協会の心理学への傾倒とそれに対する批判として制度の拡充、ソーシャルアクションに注目する動きがあり、「適応論」と「制度論」という形で論議が闘わされていた。資格制度の議論も高まっていたその最中、『ルポ・精

---

30) 日本精神医学ソーシャル・ワーカー協会第20回全国大会運営委員会編『日本精神医学ソーシャル・ワーカー協会20年の歩み　1964～1983』1984年
31) 谷中輝雄「精神障害者福祉とソーシャルワーク——精神医学ソーシャルワーカーの活動の足跡」『ソーシャルワーク研究』第25巻第4号，pp.63-69，1999年

神病棟』による精神障害者に対する人権侵害の告発が行われた。1973（昭和48）年には当事者による権利侵害の訴えが協会の全国大会の場でなされた。「Y問題」と呼ばれたこの事件は協会活動を大きく揺さぶり、約10年間協会の活動は停滞したのである。

協会はY問題を教訓に、このような権利侵害を二度と繰り返さないということについて、事実を知るワーカーから若い世代へと語り継いできた。1991（平成3）年の『PSW通信No.76』には、高橋一氏が、「協会では歴史的にはY問題によるクライエントからの人権問題の突き付け、つまり『PSWが合法的に仕事をしている中にも人権侵害がある。』という問題をめぐる討論を契機に協会組織として、精神障害者の人権問題に取り組んできました。」と団体としての活動内容を総括している。Y問題の個別的な背景や事実関係に関しては様々に取り沙汰された経緯もあるが、重要なのは、精神保健福祉領域で働くソーシャルワーカーが常に強制入院に象徴されるような人権を制限する場面に立ち会う専門職であるという点である。PSWの業務の中には、合法的であったとしても、人権を侵害してしまう要素が内在しているのである。

1990年代後半から2000年代初頭にかけてハンセン病の人たちが長い闘争を経て、らい予防法の廃止、国家賠償を勝ち取った。同時期に精神保健福祉士法が成立し、精神障害者の社会復帰の促進を支援する国家資格が誕生した。長期に及ぶ精神科病院における隔離収容はハンセン病の人たちと同様に差別と偏見を助長し、入院している人たちの権利を侵害してきた。強制入院、強制的な治療という入口だけが問題なのではなく、入院を要する状態ではなくなっているにもかかわらず社会的な理由で入院が継続されてしまったというところに最も大きな権利侵害が存在してきたのである。

入院が長期化してしまった人たちの中には、医療機関が居住地になり、治療の場というよりも生活の場となってしまっている人たちがいる。彼らの中には長年社会から隔絶されていたことによる二次的な障害を負った人たちも多い。インスティテューショナリズム（施設症）や生活障害は、社会から隔絶された環境がもたらすものであり、社会で生きていれば当然経験することを奪われた状態が持続してしまったのである。さらに、2001（平成13）年に大阪教育大学附属池田小学校事件が起こり、事件の前後に相次いだ他害行為に関する報道等が精神障害者への差別や偏見に拍車をかけた。そうした背景から2005（平成17）年、医療観察法が施行され、精神保健福祉士は社会復帰調整官として、あるいは精神保健参与員としてこれまでとは異なる役割を担うこととなった。その役割は、協会が確認してきた「クライエントの立場に立つ」という姿勢と矛盾を生じかねず、合法的でも人権を侵害してしまう可能性を内在したものでもある。

2 権利擁護委員会の活動（2002（平成14）年〜）

❶PSWによる権利侵害と権利擁護委員会の創設

前述したように、長い経過の中で精神科病院に長期入院を余儀なくされてきた人たちがいる。それはもはや強制医療の範疇に留まらず日常的な生活上の権利の制限を含んでいる。病院が生活の場となってしまっている人たちの生活を支援する役割は、国家資格化以前から精神保健福祉士の業務とされてきた。PSWが入院している人たちの日常的な金銭や貴重品の管理代行に関与している実態があるが、な

かには入院と同時に管理システムに組み込む医療機関もある。精神科では、入院により通常の日常生活が制限されることが多すぎるため、それが財産の自由を侵害するものであるという認識に乏しい。さらに管理していた金銭に関して、過去4回の協会員による横領事件が発生している。そのうち3回の事件に関しては直接支援していた入院患者の財産侵害である。1995（平成7）年の『PSW通信 No.83』の事件に関する協会倫理委員会の見解には、「『個人の尊厳の擁護』、『自己決定の尊重』、『専門職自律の責務』、『批判に対する責務』、『社会に対する責務の原則』、その精神を踏みにじったもの」と記されているのである。それらの事件は、ワーカー・クライエント関係を利用し、信頼を裏切る行為を行ったとして、Y問題同様、人権侵害事件として現任PSWの戒めとなっている。人権を擁護する基本姿勢は、PSWの実践の根幹をなすものであり、Y問題の教訓は、職能団体である協会の倫理綱領をはじめ委員会活動などでも取り上げられ続けている。

そうした業務上の財産侵害はどうして生じてしまうのか、病院がすべてを抱え込んでしまっており、監視システムが働いていないということから、そこに第三者が介入できるという点で、1999（平成11）年に創設された地域福祉権利擁護事業（現・日常生活自立支援事業）と2000（平成12）年に施行された成年後見制度の活用が注目された。それが大きな契機となり、協会内部に権利擁護に関して具体的に検討する組織の設立が必要だという共通認識に至ったのである。

❷権利擁護委員会の活動Ⅰ（2002（平成14）年～2004（平成16）年）

2002（平成14）年、企画部内に権利擁護委員会が発足した。しかし、精神障害者の「権利擁護」とひとことで言っても、精神科医療の歴史や現状、精神障害者に対する差別や偏見の問題を含め、当事者の生活を支援していく実践の根底を支えるものであり、幅広い内容を含んでいる。委員会として最初に取り組んだのは、日本精神保健福祉士協会の権利擁護委員会としての課題の絞り込みであった。

医療や生活の場面での権利侵害、現状に対する苦情解決の仕組みが不十分であることなども検討されたが、関心の焦点は成年後見制度であった。介護保険の導入、成年後見制度の創設を契機に各団体が成年後見人として機能すべくシステム化に乗り出した。市区町村申し立ての制度化、支援費導入を目前にして、財産管理や福祉サービス契約にかかわる精神障害者の権利を誰が擁護するのかといった問題が最も緊急の課題という認識で委員間の一致をみた。しかしながら、当時の協会はまだ法人格をもたず、組織として事業を展開するには、何も担保できない状況であった。同時に基本的な知識や情報が不足しているのが実情で、まず成年後見制度等、権利擁護にかかわる意識啓発が必要といった意見が出され、一足飛びに成年後見事業を目指す方向は時期尚早という結論に至った。

具体的な委員会の活動として実施したのは、会員が権利に関してどのような認識をもっているか、どういうニーズがあるのかを把握し、今後の方向性を絞り込んでいくという作業であった。アンケートの主眼の一つには、金銭や貴重品の管理に機関やPSWがどの程度関与しているのか知ることにあった。2002（平成14）年に起きた北海道の公立病院PSWによる窃盗事件（入院患者の預かり金）からも、利害が相反する病院が金銭・財産管理を行っているというシステムの問題が浮かび上がってきた。同時に、閉塞的な病院で長期入院している人たちには、身近なところに真の代弁者がいないという現状が明らかになったのである。

また、もう一つには、成年後見制度、地域福祉権

利擁護事業の創設から約2年が経った時点で、成年後見などの制度について、現場のPSWがどの程度理解し、利用しているのかということも大きな関心事であった。創設された成年後見制度が従前と変わらず、まだまだ多額の財産を有する人を対象とする制度に留まっていること、地域福祉権利擁護事業もそのサービス対象・内容の狭さから、十分な利用に結びついていない現状などが取り沙汰されていたが、現状はどうなのか、今の制度で利用者が適正なサービスを受けることができるのかどうかを明らかにするということもアンケートの目的に含まれていた。

また事業創設当時、精神障害者が成年後見制度利用支援事業の対象に含まれていなかったことへの意見や、協会や委員会への要望を含めて、2003（平成15）年3月に会員に対する全数調査（金銭・貴重品管理と成年後見制度に関するアンケート調査）を実施したのである。委員会の議論では、精神保健福祉士自身の権利意識の問題が指摘されており、単に実態を調査するということに留まらず、私たちの日常業務が当事者の権利に具体的にかかわっているという現実に向き合う機会にしてもらいたいという啓発的な意味合いをもたせた調査でもあった。

調査は、当時の協会会員3,194人を対象に郵送で実施し、587人（回収率は18.4％）から回答を得た[32)33)]。権利の問題については98.3％が関心を寄せていた。金銭・貴重品管理の実態としては、医療機関が金銭や貴重品の管理を行っているのは全体の約7割で、それらの機関で働くPSWが金銭・貴重品の管理に直接かかわっているという回答もまた約7割であった。医療機関だけでなく、地域の施設でも管理が行われていることも明らかとなり、システムが整備されていない実態も確認できた。現実として、家族や利用者の高齢化、長期入院されている方のように長年医療機関が管理してきたものを今さら家族や利用者本人に管理を戻すことが難しい場合など、これまでのかかわりから継続せざるを得ない状況もある。あるいは他の支援スタッフがかかわるよりも家族や利用者本人に安心感を与えることができる、安価であるなどの理由でやむを得ず管理しているといった現状も明らかになった。PSWたちは「現状ではやむを得ない」という状況下で、業務として行っており、寄せられた意見の中には、成年後見制度や地域福祉権利擁護事業（現・日常生活自立支援事業）など、第三者機関によるサービスを活用することで権利侵害を防ぎ、さらには透明性を確保すべきである、という意見も多かった。権利の問題に関するPSWの現状と課題に関しては、多くのPSWが行政の制度・政策が不十分であること、PSW自身の知識や意識の乏しさを指摘する意見も多く、「今後の方向性、あるべき姿をどう考えるか」については、「PSW自らの研鑽」「他職種の理解やシステムの改善、制度や相談機関の充実」「第三者機関の介入」「家族や他領域との協力体制づくり」などへの期待等があげられた。

委員会としては、アンケート結果から、成年後見制度利用支援事業に関する要望書の提出と会員からの要望も多かった研修や事例集について検討し、理事会を通して協会に要望していくこととなった。

---

32) 岩崎香・伊東秀幸・上野容子ほか「日常的な金銭・財産管理および成年後見制度等に関するアンケート調査結果（前編）」『精神保健福祉』第35巻第1号，pp.73-76，2004年
33) 岩崎香・木村美奈子・澤恭弘ほか「日常的な金銭・財産管理および成年後見制度等に関するアンケート調査結果（後編）」『精神保健福祉』第35巻第2号，pp.179-183，2004年

❸権利擁護委員会の活動Ⅱ　（2005（平成17）年〜2011（平成23）年）

　アンケート調査から多くのPSWが金銭管理、貴重品管理に直接かかわっている現状が明らかになった。権利擁護委員会では、このようなアンケート結果を受け、地域福祉権利擁護事業の活用も進んでおらず、機関内外の監視機能が十分でないこと、そもそも、サービス提供者と利用者という図式の中で、利益相反の関係にある精神科病院や地域の福祉施設が金銭や貴重品を管理することの是非に関する議論がなされた。金銭管理に直接かかわりたくはないが、長い精神科病院の歴史の中でPSWが負わされてきた現状を踏まえ、かかわらざるを得ない状況の中で最善を尽くして欲しいという思いで2005（平成17）年度の活動として「金銭・貴重品管理に関するガイドライン」を作成し会員へ配付した。同年、権利擁護に関するシンポジウムを開催したが、以後シンポジウムは定期的に各地で開催している。

　さらに権利擁護委員会は発足当初から権利擁護が精神保健福祉士の中核を支える視点であり、実践であることを何らかの形で示すことができればと考えてきたが、2006（平成18）年、①当事者の権利が当たり前に保障される暮らしを支援していくために必要な情報や知識等をまとめ、実生活に役立ててもらうこと、②家族や当事者、支援者等の意識の啓発と同時に、広く市民に向けた精神保健福祉に関する啓発といった目的で、「精神障害者の自立生活を支えるための『権利マニュアル』」を刊行した（独立行政法人福祉医療機構高齢者・障害者福祉基金平成18年度助成事業）。

　その一方で、成年後見制度に関して、各団体が活発な動きを見せており、日本社会福祉士会等からは継続して精神障害者の後見人養成を行って欲しいという要望があり、会員からも本協会では養成に取り組まないのかといった問い合わせが舞い込むようになっていた。委員会の発足当初からの課題でもあり、シンポジウムも成年後見を課題として実施しており、2006（平成18）年4月、委員会として理事会に「成年後見制度に関する現状と今後取り組むべき課題について」と題する意見書を提出した。その結果、委員会内部に「事業化に向けたプロジェクトチーム」が立ち上がり、現在の成年後見人ネットワーク「クローバー」の設立につながっていった。

　この間、2006（平成18）年に「障害者の権利に関する条約」が採択され、日本でも障害者の人権尊重、差別や偏見の除去、社会参加の促進等に積極的に取り組む必要性が認識されつつあった。権利条約の中には合理的配慮が謳われており、精神障害者に関しても地域移行、地域定着支援を進めることがソーシャル・インクルージョンにつながるという図式が明示された。しかし、精神障害者への差別や偏見がなくなったわけではない。長い隔離収容の歴史によって、身近なところで接する機会も少なく、相次ぐ事件報道がイメージを歪めてきた。「見えない障害」である精神障害者への差別や偏見もまた潜在化している部分がある。身体障害者の人たちが主張する「こころのユニバーサルデザイン」は、市民が互いに助け合い、支え合う思いやりを指しており、形骸化したサービスやバリアフリーへの抗議を含んでいる。同様に、精神障害者に対する専門家や市民の対応も本当に病気や障害による生きづらさへの理解や共感に基づくものとして定着しているとは言い難い。そこで、2009（平成21）年度の委員会の活動として、精神障害者に対する理解が促進されるような啓発活動の一環として、「精神障害のある人への生活支援と『障害者の権利条約』——こころのユニバーサルデザインハンドブック」事業（社会福祉法人社会福祉事業研究開発基金助成金）に取り組んだ。

　2009（平成21）年12月に障がい者制度改革推進本部が立ち上がり、翌年1月から、障がい者制度改革推進会議において、今後の障害者施策の方向性が議論された。そこには、障害者権利条約の理念が反映

されており、本ハンドブックで紹介している現状や課題の多くについて議論が展開されたのである。翌2010（平成22）年には、これまで行ってきた啓発的な活動の集大成「精神障害者の生活支援と権利擁護に関する普及啓発事業」（福祉医療機構長寿社会福祉基金）による「みんなで考える精神障害と権利」ハンドブック作成に取り組んだ。精神障害者の人権に関する普及啓発を目的としており、当事者・家族や関係者、ボランティア、市民、その他、今回は教育現場の人などにも活用してもらえる内容とし、普及啓発の一貫として、権利擁護シンポジウムを札幌、東京、福岡で開催した。翌年は、前年の成果をより普及啓発に活用してもらうことを目的に、冊子「みんなで考える精神障害と権利」を作成しその内容を、機関内外における研修等に活用してもらうためのワークショップを企画し、広く意見を求めた。その結果を参考にしながら誰にでも研修等で活用してもらえるような精神障害者の人権に関する啓発ツールとして、小中学生、専門職、一般の市民向けに精神障害者への理解を促すスライドを作成した。また、障害者虐待防止法の制定を受け、虐待の実態を探る調査も実施した。

現在も権利擁護委員会は活動を継続しているが、筆者が委員長を務めた10年間の委員会活動を総括すると、「精神障害者の人権」と「生活支援」ということを身近な課題として感じてもらうという啓発活動にその中心が置かれていた。障害者自立支援法（現・障害者総合支援法）以降、3障害横並びとされることが多くなり、発達障害、高次脳機能障害や難病が制度の谷間にあるとして注目を集めているが、精神科病院における強制医療や社会的入院者の問題、残存する差別や偏見など、未だに解決し難い課題が残されている。この間、精神障害者の人権にかかわる課題に関して訴えることが求められてきたと感じると同時に、今後も方法は異なってくるであろうが、訴え続ける必要性はあるだろうと思う。「権利」を「擁護」するということは実はおこがましいことであり、そうした指摘も受けてきた。しかし、あえて、「尊重」や「保証」「保障」でもなく、「擁護」という言葉を使用してきた意味は、まだまだ普及啓発が十分に進んでいないということを象徴するところにあったと筆者は理解している。その一方で、ソーシャルアクションに関しては、理事会に求められ、他委員会と協働して政策として取り組むべき事項に関する意見提出を行った経緯はあるが、具体的な取り組みは十分ではなかった。個別の人権にかかわる課題は他の委員会が検討していたこともあるが、そこに積極的な連携を求める姿勢が必要だったのではないかと思う。

3 成年後見人養成について

❶ 成年後見人ネットワーク「クローバー」の創設

前述したように、2002（平成14）年に権利擁護委員会が開設された当初から成年後見制度にどう取り組むかということが重要な課題として掲げられていた。当初は時期尚早という理事会の意見もあり後見人養成にはつながらなかったが委員会での検討を継続してきた。そして、2006（平成18）年に企画部権利擁護委員会の中に、「成年後見制度の法定後見人研修事業に関するプロジェクト」が発足し、協会として成年後見制度にどうかかわるべきなのかといった基本的な議論から、法制度に関する知識の獲得、受任システムの構築、研修内容の検討、リスクマネジメントなど、具体的な検討が行われた。同年10月に

は東京家庭裁判所の調査官を招き、常任理事や他の委員会にも対象を拡大した勉強会を開催し、意見聴取を行った。第3回権利擁護シンポジウムではテーマとして成年後見を取り上げ、「成年後見制度にPSWはどうかかわるのか」（於：京都）を実施した。

2007（平成19）年度には社団法人成年後見リーガルサポート、特定非営利活動法人自律支援センターさぽーと、社団法人日本社会福祉士会、東京社会福祉士会ぱあとなあ東京、東京家庭裁判所権利擁護センター、東京精神医療人権センター等に対して聞き取り調査を実施した。その具体的な目的の一つは、協会として、成年後見人養成にかかわる事業に乗り出すにあたって、現行の成年後見制度への理解を深め、その可能性と限界を見極めるということであった。もう一つは、先駆的な取り組みを行っている専門職はもちろん、その当時、すでに社会福祉協議会や民間法人、行政による後見人養成も行われるようになっており、その中で、精神障害者への対応という部分で成年後見人として、あるいは団体の社会的な貢献という視点からPSWの果たすべき役割、貢献でき得る点について、検討を深める必要性があると考えたからである。精神障害のある人への対応の困難さは、支援する期間の長さ、疾患による波があることなどによる主訴のつかみづらさ、妄想などへの対応面での不安などであり、PSWとしての経験をもつ後見人の登場を期待する声は大きかった。PSWに期待されるのは財産管理よりも身上監護であり、多くの時間や労力を必要とするが、本人の資産が十分でない被後見人も増加していることも理解でき、制度としての課題も共有することができた。

2007（平成19）年12月にモデル研修が実施され、足掛け8年の準備・検討期間を経て、ようやく2009（平成21）年に認定成年後見人ネットワーク「クローバー」を発足させ、成年後見制度にかかる事業に本格的に取り組むこととなった。委員会名称もクローバー運営委員会となり、養成研修が毎年開催されるに至っている。これまでに成年後見人の研修を受け、クローバーに登録した人は90名、2014（平成26）年3月25日現在までの受任件数は40名である。委員会で検討された規約や細則、手続きのために必要な書式等はホームページを通じて公開されている[34]。また、2010（平成22）年、成年後見制度の課題整理を行った結果を、「成年後見制度に関する見解」として公表しており、同じ年には、「成年後見制度の見直しに関する要望」（法務省、厚生労働省宛）、「公職選挙法の見直しに関する要望」（総務省宛）を提出した。成年被後見人の選挙権・被選挙権に関しては2013（平成25）年に回復された。

❷PSWが成年後見人として活動する意義

成年後見制度には多くの課題がある。死後の対応、医療同意が現状では成年後見人の職務とはされていないが、具体的な対応策がないこと、申立・後見報酬を担保する成年後見制度利用支援事業が市町村の必須の事業とされているが、運用に地域格差があること、結果として財産のない人が利用することが難しいという実態があることである。また、成年後見人による横領が多発しており、家庭裁判所の後見監督機能が十分に発揮されていないこと、国民に対して成年後見制度の十分な普及が行われていない現状なども課題である。PSWが成年後見人としてかかわる際に最も議論になったのは、後見人の権限の大きさであり、代理行為をどう捉えるのかという点であった。成年後見制度は自己決定の尊重を理念とし

34）日本精神保健福祉士協会ホームページ「認定成年後見人ネットワーククローバー」（http://www.japsw.or.jp/ugoki/clover/）（最終アクセス2014年11月6日）

て掲げており、後見類型だからといって、即代理行為につながることばかりではない。また、成年後見人は、代理行為を推進しようとするものでもなく、判断能力が衰えてきたクライエントに対しても、「クライエントの利益を守るため最大限の努力」（倫理綱領）を払うことが求められる。

2010（平成22）年に横浜で開催された成年後見法世界会議における「成年後見制度に関する横浜宣言」の中に、以下のような「成年後見制度の基本原則」が盛り込まれている。[35]

(1) 人は能力を欠くと確定されない限り特定の意思決定を行う能力を有すると推定されなければならない。
(2) 本人の意思決定を支援するあらゆる実行可能な方法が功を奏さなかったのであれば、人は意思決定ができないとみなされてはならない。
(3) 意思能力とは「特定の事柄」「特定の時」の両方に関連するものであり、行おうとする意思決定の性質及び効果によって異なること、また同じ人でも一日の中で変動し得ることを立法にあたっては可能な限り認識すべきである。
(4) 保護の形態は、本人を守ろうとするあまり全面的に包み込み、結果としてあらゆる意思決定能力を奪うものであってはならず、かつ本人の意思決定能力への制約は本人または第三者の保護に必要とされる範囲に限定されるべきである。
(5) 保護の形態は適切な時期に独立した機関により定期的に見直されるべきである。

前記の「基本原則」が示しているのは、意思決定を行う能力がないという判断のためには「あらゆる実行可能な方法」が試されるべきであり、包括的に判断されるものではなく、必要に応じて行うもので、特定の事柄や時、内容やその効果などによって異なることを前提とすること、独立した機関によって見直しがなされるべきであること等である。「障害者の権利に関する条約」においても、第12条を中心に同様の内容が示されている。つまり、対象となった障害者の法的能力を否定する日本の成年後見制度（特に後見類型）そのものが、権利条約と真っ向から対立するものであり、「基本原則」では法的能力を有することを前提として、障害当事者自身が法的能力を行使するための支援を位置づけている。ドイツやイギリスの成年後見関連法も対象者の権利の制限は限定的であり、エンパワメントの視点、最善の利益が重視されている。

本協会が成年後見人養成の検討を始めてから実際に事業化するまで長い期間がかかったのは、前述したことと関連しており、大きな権限をもつ後見人としてPSWが働くことは、自己決定を尊重するという立ち位置から逸脱する可能性が懸念された。現状において、成年後見制度は万能なものではなく、依然、財産のある人のための制度という旧来の特徴を残しており、人権をまもるべき立場にある成年後見人が、その権限の強さゆえに人権を侵害してしまう可能性も否定できない。しかし、これまで、金銭・貴重品の管理代行など、利益相反を承知のうえでやむを得ず行ってきた部分に、第三者後見人としてPSWが介入できるという点、責任の重い仕事であるがゆえに他職種がかかわるよりも精神障害者をよく理解しているPSWがかかわるべきであるということ等により、後見人養成に協会として取り組むこととなった。自分たちの実践を通じ、成年後見制度がより柔軟に活用できる資源になるよう、本制度の活用に参画し実践を積み上げるところからその変革の必要性を訴えていくことも重要な課題なのである。

クローバー運営委員会の成果として、2011（平成23）年には養成研修を修了した構成員に活用してもらう「認定成年後見人ネットワーク『クローバー

---

35) 2010年成年後見法世界会議における「成年後見制度に関する横浜宣言」
　（http://www.jaga.gr.jp/pdf/yokohamasengen.pdf）（最終アクセス2014年11月6日）

ハンドブック」を作成しており、また、広く啓発を求めることと、その実務を詳解した『精神障害者の成年後見テキストブック』[36]を刊行している。2013（平成25）年には家庭裁判所の監督が行き届いていない身上監護面に対して、「倫理に関するセルフチェックシート」「身上監護セルフチェックシート」「課題抽出シート」を独自に開発し、PSWが行う成年後見人としての実践の質を担保しようと試みている。

4 PSWの権利擁護機能

　人権を擁護するということは、PSWの実践の中核をなすものとして認識されてきた。その根底には「生活」を支援する視点があり、人権にかかわる課題は日常の様々な場面に潜んでいる。そして、生活にかかわるあらゆる機会にクライエントが主体的に「参加」していくことを支援するという視点がある。
　精神障害者の場合、サービス提供機関や専門職との対等性、パートナーシップの獲得が困難な場合が多く、専門職と依存的な関係を築きやすい傾向にある。それは、コミュニケーションの障害といわれる障害特性だけではなく、長期入院や社会から孤立した生活を送ってきたために、経験することを奪われてきた人たちが多く存在するということでもある。社会の差別や偏見、自らが精神障害者である現実などに打ちのめされ、障害者として遇されることに慣れてしまった人たちの中には、否定的な自己イメージをもっている人も少なくない。そうした人たちの支援に、PSWのアドボカシー機能やスキルが活用される。それは人としてのセルフ・エスティーム（自己肯定感）を高め、こうありたい自分、自己イメージやアイデンティティの再構築といったプロセスを含むものである。情報提供や模擬的な体験などを通して、意思形成を促し（サービス情報などへのアクセス支援を含む）、次に、意思を伝えるコミュニケーション・スキルの獲得などを経て、意思決定に至る人もいる。権利を擁護する精神保健福祉士は、単に代行や代弁を行うだけでなく、クライエントが意思決定に至るそのプロセスを支援するのである。
　しかし、生活を支援する福祉職としてのPSWに対する認知は国家資格化後に高まってはきたが、専門職であり被雇用者であるという立場や、伝統的な医療体制のヒエラルキーそのものが、クライエントの権利を擁護するうえで葛藤を生まざるを得ない。所属機関との対立やシステムの不備、社会資源の不足、支援者の不在など、現実として限界性からくるクライエントとの対立は、権利を擁護しようとして実践してきたPSWの内面の葛藤を引き起こしてきたのである。さらに、医療観察法にかかわるPSWや成年後見人として活動するPSWは「クライエントの立場に立つ」ということを実践することの限界に常に向き合いながら実践しているのではないかと思う。「自己矛盾」は現在もPSWにとって、解消することが難しいジレンマとして存在している。しかし、様々な制約の中でも日々のソーシャルワーク実践の中に権利擁護という視点が織りこまれていることは事実である。そのことに気づきをもつことに、私たちの自律した専門職としてのアイデンティティが求められるであろうし、今後ますます、社会的な意義を意識した積極的な活動展開が待たれているであろう。

（岩崎　香）

36）日本精神保健福祉士協会監『精神障害者の成年後見テキストブック』中央法規出版，2011年

第Ⅲ章

精神保健福祉の動向・関連論考

第1節 精神保健福祉法改正

1 総論的な論考

❶わが国の精神保健医療の動向

　はじめに、わが国の精神保健医療の動向について確認しておきたい。2004（平成16）年9月、精神保健福祉対策本部中間報告に基づき設置された3検討会（精神障害者の地域生活支援の在り方に関する検討会、精神病床等に関する検討会、心の健康問題の正しい理解のための普及啓発検討会）の報告を受けて、「精神保健医療福祉の改革ビジョン」が提示された。「入院医療中心から地域生活中心へ」を基本に据えた改革のための今後10年間の方向性を打ち出したもので、受入条件が整えば退院可能な者（約7万人）については、10年後の解消を図ることが示された。2009（平成21）年9月にまとめられた「今後の精神保健医療福祉のあり方等に関する検討会」の報告書「精神保健医療福祉の更なる改革に向けて」では、7万床の病床削減をはじめとした数値目標が掲げられた。

　2010（平成22）年6月29日に閣議決定された「障害者制度改革の推進のための基本的な方向について」では、政府は、障がい者制度改革推進会議の「障害者制度改革の推進のための基本的な方向（第一次意見）」（同年6月7日）を最大限に尊重し、障害者の権利に関する条約の締結に必要な国内法の整備を始めとするわが国の障害者にかかる制度の集中的な改革の推進を図るものとして、精神保健医療福祉について、①精神障害者に対する強制入院、強制医療介入等について、いわゆる「保護者制度」の見直し等も含め、あり方を検討し、結論を得る、②「社会的入院」を解消するため、精神障害者に対する退院支援や地域生活における医療、生活面の支援にかかる体制の整備について、総合福祉部会における議論との整合性を図りつつ検討し、結論を得る、③精神科医療現場における医師や看護師等の人員体制の充実のための具体的方策について、総合福祉部会における議論との整合性を図りつつ検討し、結論を得ることとした。

　このうち①については、「新たな地域精神保健医療体制の構築に向けた検討チーム」で、保護者に課せられた責務規定は原則として存置しないこと、医療保護入院の見直しについては、「保護者による同意を必要としない入院手続きとする」「本人の同意によらない入院の期間をできる限り短くするため、入院当初から早期の退院を目指した手続きを導入する」「権利擁護のため、入院した人は、自分の気持ちを代弁する人を選べることとする」「早期の退院を促進するよう、入院に関する審査を見直す」等の論点整理を行った。③については、「精神科医療の機能分化と質の向上等に関する検討会」で、機能分化を着実に進めていくことにより、精神科医療の中心となる急性期では一般病床と同等の人員配置とし、早期退院を前提としたより身近で利用しやすい精神科医療とすることを目指すこととして、今後の方向性に関する意見の整理を行った。それぞれ、2012（平成24）年6月29日に「報告書」を公表している。

❷精神保健福祉法の主な改正点

　2013（平成25）年6月の第183回国会で「精神保健及び精神障害者福祉に関する法律の一部を改正する法律」が成立して、2014（平成26）年の4月1日に施行された。この法改正では、精神障害者の地域

生活への移行を促進するために、精神障害者の医療に関する指針（大臣告示）の策定、保護者制度の廃止、医療保護入院における入院手続等の見直し、精神医療審査会の見直し等を行っている。

　主な改正点を概説すると、精神保健福祉法第41条で、厚生労働大臣は、良質かつ適切な精神障害者に対する医療の提供を確保するための指針として、①精神病床の機能分化に関する事項、②精神障害者の居宅等における保健医療サービス及び福祉サービスの提供に関する事項、③精神障害者に対する医療の提供に当たっての医師、看護師その他の医療従事者と精神保健福祉士その他の精神障害者の保健及び福祉に関する専門的知識を有する者との連携に関する事項、④その他良質かつ適切な精神障害者に対する医療の提供の確保に関する重要事項を定めることとしている。これにより、2013（平成25）年7月から「精神障害者に対する医療の提供を確保するための指針等に関する検討会」が開催され、2014（平成26）年3月7日にこの指針が告示された。

　次に、主に家族がなる保護者は、精神障害者に治療を受けさせる義務等が課されているが、家族の高齢化等に伴って負担が大きくなっている等の理由から、保護者に関する規定を削除した。医療保護入院における入院等の見直し等については、法第33条で、医療保護入院における保護者の同意要件を外し、家族等（配偶者、親権者、扶養義務者、後見人又は保佐人）のうちのいずれかの者の同意を要件として、該当者がいない場合等は、市町村長が同意の判断を行うとしている。

　精神科病院の管理者には、法第33条の4で、医療保護入院者の退院後の生活環境に関する相談及び指導を行う者（退院後生活環境相談員）として精神保健福祉士等を選任すること、法第33条の5で、地域援助事業者（一般相談支援事業者、特定相談支援事業者、居宅介護支援事業者）を紹介するよう努めること、法第33条の6で、厚生労働省令で定めるところにより、必要に応じて地域援助事業者と連携を図りながら、医療保護入院者の退院による地域における生活への移行を促進するために必要な体制の整備その他の当該精神科病院における医療保護入院者の退院による地域における生活への移行を促進するための措置を講じることを義務づけている。具体的な措置は、「精神保健及び精神障害者福祉に関する法律施行規則」（昭和25年厚生省令第31号）で定めている。ここでは、医療保護入院者退院支援委員会の開催を義務づけている。退院支援委員会の審議事項は①「推定される入院期間」を超えて継続して入院する必要性の有無、②引き続き入院が必要な場合の「推定される入院期間」、③退院に向けた取り組みである。対象者は、①入院後1年を経過するまでの医療保護入院者であって、入院届に記載された「推定される入院期間」又は医療保護入院者退院支援委員会で設定された「推定される入院期間」を終える者、②入院後1年以上経過している医療保護入院者であって、病院の管理者が委員会での審議が必要と認める者である。開催時期は「推定される入院期間」を超える前又は超えた後速やか（＝概ね2週間以内）である。委員会への参加を必須とする者は、主治医、看護職員、退院後生活環境相談員、その他院内の当該医療保護入院者の診療にかかわる者であって病院の管理者が参加を必要と認める者としている。本人の希望等に応じ参加とする者は、医療保護入院者本人、医療保護入院者の家族等、地域援助事業者その他退院後の生活環境にかかわる者である。

　精神医療審査会に関する見直しについては、法第14条で、精神医療審査会の委員として、「精神障害者の保健又は福祉に関し学識経験を有する者」を規定し、法第38条の4で、精神医療審査会に対し、退院等の請求をできる者として、入院者本人とともに、その家族等を規定した。なお、政府は、施行後3年を目途として、施行の状況並びに精神保健及び精神障害者の福祉を取り巻く環境の変化を勘案し、医療保護入院における移送及び入院の手続きのあり方、医療保護入院者の退院を促進するための措置のあり

方、入院中の処遇、退院等に関する精神障害者の意思決定及び意思の表明の支援のあり方について検討を加え、必要があると認める時は、その結果に基づいて所要の措置を講ずるとしている。

❸精神保健福祉法の改正を踏まえて

1）良質な実践モデルと病床の適正化

今般の法改正は、新たな地域精神保健医療体制の構築に向けた検討チームの報告書にある「1900（明治33）年に制定された精神病者監護法以来110年にわたる精神保健医療制度の大きな転換を意味するものである」として期待していた内容には至っていない。保護者の責務が削除されたことは望ましいが、家族等の同意条項が残ってしまい、本人の意思決定支援者の導入も見送られている。

一方で、退院後生活環境相談員は精神保健福祉士でなくても選任できるという事態については、地域相談を業とする私たち精神保健福祉士は重く受けとめなければならないものの、退院後生活環境相談員、地域援助事業者との連携、医療保護入院者退院支援委員会において、精神保健福祉士の役割が期待されているのも事実である。これについては、従来、医療機関で行われてきた実践が法律上明記されたものであり、これを110年の改革、次の法改正の足掛かりとしたい。早急に良質な実践モデルとそのエビデンスを集積し、全国のスタンダードにするための必要な提言を行う必要があろう。

私たちは、近い将来の精神保健福祉法の抜本的改正を目指すべきである。そこでは、一般医療化を図るとともに、本人の同意による入院と非同意入院を基本として、非同意入院への裁判所等による法的な関与及び本人の意思決定支援の導入など人権に配慮した方向に進めていく必要がある。今般の精神保健福祉法改正、特に医療保護入院の保護者制度の議論に関与したものとしては、制度変更を行う際、精神科病院における入院者数が多いことは、その分財政上の負担が必要となることから政策を前進させることが極めて困難な状態となることを痛感している。さらに、病床が認知症患者で占められる事態となれば精神保健福祉法は形骸化することになりかねない。

良質な精神医療を目指すうえでは、病床の適正化は避けて通れない。精神保健医療福祉の改革ビジョンからも間もなく10年を迎える。年間2万人（入院1年以上は1万人）が死亡退院しているという現実から目を背けるわけにはいかない。1年未満で退院している人が多い都道府県では1年以上の退院が進んでいない。反対に1年未満の退院が少ない都道府県では1年以上の退院が進んでいる。これは、空床があれば入院する機会が増えることを意味していて、精神科病院への認知症患者の長期の入院が問題となっていることと同様の構造である。これは、精神科病院の問題というよりは、国民の要請にこたえてきた国家の課題である。

2）長期入院精神障害者の地域移行と病院の構造改革

改正精神保健福祉法に合わせて、2014（平成26）年3月に告示された「良質かつ適切な精神障害者に対する医療の提供を確保するための指針」は、入院医療中心の精神医療から精神障害者の地域生活を支えるための精神医療への改革の実現に向け、精神障害者に対する保健・医療・福祉に携わるすべての関係者が目指すべき方向性を定めたものである。

筆者は、個人の資格でこの指針を定めるための検討会「精神障害者に対する医療の提供を確保するための指針等に関する検討会」に参加していたのだが、前述したことを背景として以下の発言をした。「重度かつ慢性以外の入院期間が1年を超える長期在院者への支援については、長期在院者への地域生活の

移行支援に力を注ぎ、また、入院している人たちの意向を踏まえたうえで、病床転換型居住系施設、例えば、介護精神型施設、宿泊型自立訓練、グループホーム、アパート等への転換について、時限的であることも含めて早急に議論していくことが必要である。最善とは言えないまでも、病院で死ぬということと、病院内の敷地にある自分の部屋で死ぬことには大きな違いがある」と。ここで、誤解のないようにしておきたいことは、この発言はこのまま見て見ぬふりをして手をこまねいているよりも、議論をして少しでもより良い選択肢をつくることを求めたものである。

告示された精神障害者に対する医療の提供を確保するための指針では、「精神病床の機能分化は段階的に行い、精神医療に係る人材及び財源を効率的に配分するとともに、精神障害者の地域移行を更に進める。その結果として、精神病床は減少する。また、こうした方向性を更に進めるため、地域の受け皿づくりの在り方や病床を転換することの可否を含む具体的な方策の在り方について、精神障害者の意向を踏まえつつ、保健・医療・福祉に携わる様々な関係者で検討する」と盛り込まれている。これを受けて、「長期入院精神障害者の地域移行に向けた具体的方策に係る検討会」が、2014（平成26）年3月から7月まで開催された。

病床転換の可否については、「病院が患者を囲い込み、隔離・収容する実態は変わらない」と反対している人が多い。しかし、最終的に問われているのは、結局この10年間、何もしてこなかった私たちであり、職能団体であり、都道府県及び国である。精神病者監護法以来、国民としての罪を償うための最善の方法を考える時、猛省しないですむ人はこの国にはほとんどいない。自己批判がないなかで誰かが悪という構造には全くなじめない。多くの人たちの熱意と知恵を政策に生かさなければ、硬直した状況は動かない。

精神病床に1年以上入院している19万3000人のうち51.7％、9万9800人が65歳以上である。精神病床以外も含めた統計では、21.9％、4万5300人が認知症であって（以上、患者調査）、これらを踏まえると、介護保険制度の利用を推進する、あるいは利用を誘導するための政策が必要となる。同時に65歳以上で介護保険の対象とならない人への支援策も急務となる。2011（平成23）年の入院1年以上の退院者は4万9212人であるが、実際、1年以上の入院患者数は減少していない（精神・障害課調べ）。だからこそ、65歳以上の人たちへの新たな支援と病床削減を並行して考える必要がある。これが私の発言の核心である。

3）精神保健福祉士が叡智を結集させる時

この「長期入院精神障害者の地域移行に向けた具体的方策に係る検討会」の取りまとめは、「長期入院精神障害者の地域移行に向けた具体的方策の今後の方向性」として、2014（平成26）年7月に公表された。ここでは、退院に向けた支援の方向性として、「退院に向けた意欲の喚起」「本人の意向に沿った移行支援」「地域生活の支援」が示されるとともに、病院の構造改革の方向性として、その概念と「急性期等と比べ入院医療の必要性が低い精神障害者が利用する病床において地域移行支援機能を強化する方策」「精神障害者の地域生活支援や段階的な地域移行のための病院資源の活用」について示された。ここに至って、地域移行支援は、そのための重厚な手立てを徹底的に行うとともに病院の構造を変えるための手立て（病床削減）と並行して行うことが極めて重要であることが認識された結果である。実際、この取りまとめの退院に向けた支援の方向性は、これまでに私たちが実践してきたことであり、求めてきたことであって、おおむね網羅できた内容といえよう。

私たちは、精神障害者の社会的復権と福祉のための専門的・社会的活動を進める実践を基盤とした専門職集団である。国に対して、この方向性を予算化

し具体的な政策にするためのビジョンの策定を求めなければならない。良質な精神医療の構築、適正な病床数、診療報酬の一般化、社会的入院者の地域移行、地域の受け皿づくりについての議論を深めて、制度政策に反映させるための具体的提言を行っていかなければならない。今、まさに、私たち精神保健福祉士はここに叡智を結集させる時を迎えているのである。

(岩上洋一)

2 各論的な論考①——保護者制度の廃止と家族支援

❶ 保護者制度の廃止——保護者制度が家族にもたらしてきたことを中心に

1）沿革

保護者制度は、1900（明治33）年制定の精神病者監護法にその前身を見ることができる。それは、精神障害者の家族が、監護義務者として行政官庁に届け出て許可を受ければ、精神障害者を私宅監置できるというものであった。その後、1950（昭和25）年の精神衛生法の制定により、精神病者監護法は廃止された。だが、それに代わり、保護者制度（当初の名称は、保護義務者）が誕生した。保護者が精神障害者に対して、法律上課せられている義務は概ね、以下の6点となっていた。

①治療を受けさせる、②医師の診断に協力する、③医師の指示に従う、④財産上の利益を保護する、⑤措置入院患者が退院する場合に引き取る、⑥自傷他害の行為をしないように監督する、というものであった。ただし、⑥については、1999（平成11）年の精神保健福祉法改正において、削除されている。

そして、2013（平成25）年の精神保健福祉法改正において、保護者制度が廃止された。ただし、保護者制度が廃止されたとはいえ、医療保護入院では、保護者の同意要件から家族等の同意要件に代わっている。つまり、後述しているように、家族会が求めてきた、入院をめぐる精神障害者と家族との軋轢の根本的な解消には至らなかったのである。

2）保護者制度と家族

「全国精神障害者家族会連合会」（2007（平成19）年解散）や、その後に誕生した「全国精神保健福祉会連合会」（以下、「福祉会連合会」とする）をはじめ、多くの家族がこれまで、保護者制度の撤廃を求めてきた。そのことについて、福祉会連合会前事務局長の良田は、「それは、甥、姪の代にまで及ぶ精神障がい者の保護責任義務、家族に対して丸投げの精神保健医療の家族依存体質が、長年、家族を不安にさせ、苦しめてきた」と述べている[1]。また、福祉会連合会会長の川﨑は、「精神障がい者の家族は、扶養義務と保護義務という2重の責務を負っていることになります」と論じる[2]。

要するに、保護者制度は、本来社会的扶養として、支援システムの中で専門機関、あるいは専門職が精神障害者に関与すべき事柄に対して、精神障害者の家族に肩代わりを求めるものであったといえる。ただし、家族は決して、精神障害者へのかかわりを拒否しているわけではない。家族は、特段法律上の定めが無かったとしても、扶養義務者として、暮らしにまつわる多くの事柄に対して、精神障害者にかかわっているのである。ところが、前記のような義務規定によって、家族は、精神科病院への入院を拒否する精神障害者に対して、その意思の如何にかかわらず、入院させることができたのである。その結果、これまで、多くの家族関係に亀裂を生じさせてしまったことは否めない。一方で、他の診療科では、保護者制度が存在しない。そのようなことからも、保護者制度は、精神障害者への差別規定であるという捉え方もできる。よって、これまでの長年の総括

1）良田かおり「精神保健医療福祉制度改革への要望——保護者制度を中心に」『精神障害とリハビリテーション』第15巻第2号，pp.152-154，2011年
2）川﨑洋子「家族が必要とする地域生活支援ネットワーク」『臨床精神医学』第40巻第5号，pp.613-619，2011年

から、保護者制度は廃止に至ったといえよう。

❷家族の生活実態と思い

　福祉会連合会は、精神障害者と暮らす家族の生活状況についての大規模な調査を実施した[3]（有効回答数4,419）。それによると、「今後、予測される困難や不安はどのようなことか」という設問（複数回答）に対する回答は、多い順に、「家族の高齢化」84.1％、「家族の病気」56.5％、「収入の減少」52.3％となっている。また、「本人の病状が悪くなったときの苦労や心配」という設問（複数回答）に対する回答は、「本人がいつ問題を起こすかという恐怖心が強くなった」64.8％、「家族自身の精神状態・体調に不調が生じた」58.7％と続く。一方で、「信頼できる専門家に相談できるようになったのは、本人が病気になってからどれくらい経過してからか」という設問に対する回答は、「3年以上」31.4％、「出会っていない」18.9％となっている。つまり、半数以上の家族は、信頼できる専門家と未だに出会っていないか、あるいは、たとえ出会っていたとしても、3年以上の時間を要する等、不安な月日を長く過ごしていることがわかる。

　これらの調査を踏まえ、福祉会連合会は、「わたしたち家族の7つの提言」を示した。それは、①本人・家族のもとに届けられる訪問型の支援・治療サービスの実現、②24時間・365日の相談支援体制の実現、③本人の希望にそった個別支援体制の確立、④利用者中心の医療の実現、⑤家族に対して適切な情報提供がされること、⑥家族自身の身体的・精神的健康の保障、⑦家族自身の就労機会および経済的基盤の保障、というものである。

❸精神保健福祉士に求められる家族支援

　精神保健福祉士は、家族がもつ2つの側面を認めることから家族支援を始めなければならない。1つめは、家族を、専門職が持ち得ないほど、精神障害者の重責な情報を保有している社会資源として位置づけなければならない、ということである。2つめは、家族もまた精神障害者と同様に、障害を受け入れることに、かつて、あるいは現在も葛藤し続けている当事者としての側面を有する存在であると位置づけなければならない、ということである。

　これらのことを前提にしつつ、改めて精神保健福祉士に求められる家族支援とは何か。白石は、「家族の立場に立って、支援に力を貸すことができる専門家」としたうえで、「家族の心情に配慮し、決して十分とはいえない地域の社会資源をやりくりして利用すること」が大切だという[4]。また佐藤は、家族の多くが訪問による支援を求めていることに鑑み、イギリスのメリデン版訪問家族支援を推奨する[5]。それは、精神障害者と家族を切り離して支援をするのではなく、訪問によって、「家族全体を見渡して必要な支援をすること」が家族支援では重要だという

3）全国精神保健福祉会連合会『精神障害者の自立した地域生活を推進し家族が安心して生活できるようにするための効果的な家族支援等の在り方に関する調査研究報告書』2010年
4）白石弘巳「精神保健福祉における家族支援の方向性」『精神障害とリハビリテーション』第15巻第2号，pp.141-147，2011年
5）佐藤純「英国の精神保健福祉分野における介護者支援（ケアラー支援）の概要」『Work with Families――英国版訪問家族支援技術研修―抄録』全国精神保健福祉会連合会，2014年

ものである。

　以上の論考を踏まえ、精神保健福祉士に求められる家族支援とは、まず、目の前の家族を主人公として位置づけることであろう。バイステックの7原則で言えば、「非審判的態度」によって、家族の話に対して、ジャッジをするのではなく、受容的な姿勢で、家族の人生を慮ることにある。ただし、家族は時に、精神障害者に対する負の感情を表出するかもしれない。だが、そのことに対して、精神保健福祉士は諭すのではなく、家族の今の思いを受け止めたうえで、これほどまでに家族が背負ってきた荷物が大きかったことに対して、ねぎらうという支持的なかかわりが大切となる。人は、自身が受け入れられ、優しくされたと感じられたならば、その優しくされたバトンを、次の誰かに渡したくなるものである。その誰かとは、精神障害者であり、仲間である他の家族となろう。したがって、目の前の家族を支援するということは、精神障害者支援、さらには、他の家族の支援にも間違いなくつながるのである。精神保健福祉士は、家族が、精神障害者支援のチームを構成するメンバーとしての側面と、他方、支援対象者としての側面を有することを認識し、自らが信頼される支援者になりうるよう、常に家族から学ぶ姿勢をもたなければならない。

（青木聖久）

3 各論的な論考②——医療保護入院手続きの変更と精神科病院における早期退院支援

❶はじめに

2013（平成25）年の精神保健福祉法改正により、医療保護入院の要件が、保護者の同意から家族等の同意に変わり、精神科病院には早期退院を促進する体制の整備が義務づけられた。

精神科病院に所属する精神保健福祉士は、この改正の意味するところを理解して実践にあたるとともに、今後の法改正に向け現場の声を職能団体等に寄せていく必要がある。

❷医療保護入院の変遷

医療保護入院は、1950（昭和25）年制定の精神衛生法に規定された同意入院が、1987（昭和62）年の精神保健法への改正で名称変更されたものである。公的権限の行使によらずに一人の市民をその意思に反して入院させるものであり、その要件は、同意入院の時代には、診察によって精神障害者であり医療と保護のために入院が必要であると判断された者であって、保護義務者（後の保護者）の同意がある場合であった。以来、行われてきた改正は、この入院形態がもつ人権侵害的要素の緩和であるともいえる。

まず、同意入院から医療保護入院に移行したときには、精神保健指定医による診察が要件として加わり、告知義務、1年ごとの定期病状報告書の提出、都道府県による審査等が新たに規定された。1999（平成11）年の改正では、入院要件として、任意入院ができる状態にないことという規定が明記された。そして今回、退院後生活環境相談員を選任し早期に退院支援を開始し、地域援助事業者の紹介に努め、推定入院期間を満了する際は退院支援委員会を開催し、定期病状報告書には退院支援状況を記載することが義務づけられた。

一方、保護者による同意は、今回の改正で家族等による同意に形を変えて残り、医療保護入院の成立に「お墨付き」を与えるのが家族等であることは変わらなかった。紛れもなく一市民に対する強制入院でありながら、家族としての責任感や本人の早期回復を願う家族の心情に乗じた制度でもあり、ゆえに、入院させられた本人は、家族から裏切られたという気持ちになることがある。

つまり、医療保護入院は矛盾を内包した入院形態であり、未だ解決への過渡期にある。

❸医療保護入院手続きの変更

今回の改正で、医療保護入院に同意できるのは「家族等のうちいずれかの者」となった。ここでいう「家族等」とは、配偶者、親権者、扶養義務者、後見人又は保佐人をいう。誰が同意するかについて優先順位はなく、同意した家族等に対し入院後に継続して課せられる役割はない。誰の同意をもって医療保護入院を成立させるかは病院の裁量であり、病院には、同意した家族の本人確認と続柄確認を公的書類を用いて行うよう推奨されている。

また、市町村長による入院同意に関しては、以前

よりも対象が限定されることとなった。家族等が存在しているときは、心神喪失等で意思表示ができない場合を除き、市町村長による同意の対象にはならなくなった。

これらの変更が実際にどのような影響を及ぼすかについて、注意深く見極めていく必要がある。

❹医療保護入院者の早期退院を促す体制整備

医療保護入院は、本人にとって不当な入院である。ときにだまされたり、力ずくで連れて行かれたりして入院させられた経験は心の傷となり、入院に同意した家族や入院にかかわった人々、病院のスタッフへの怒りと不信を生じさせ、そのままでは信頼を回復又は構築することができない場合も少なくない。本人が、「こんな所に入院させやがって」と退院した後も家族や関係する人々を恨み、通院も服薬も中断してしまうのは、無理やり入院させられたことに加え、入院医療の内容が本人にとって屈辱だったからである。

だからこそ、入院当初から本人の思いに耳を傾け、その意向に可能な限り添い、行動制限を最小限にとどめ、疾病の性質や治療についてわかるように説明し、疾病や障害とうまくつきあいながら将来に向けて生活していく方法を一緒に考え、実現していく体制が重要になる。今回の法改正は、それを保証するための方策となり得る。

新設された退院後生活環境相談員が、早い時期に本人と会い、本人の気持ちを聴き、早期に退院できるよう支援することが伝えられることは、本人にとって不本意な入院であることは変わらなくても希望はもてるかもしれない。病状の安定を待たず、本人の意向に添って地域援助事業者と連絡がとれ、会いに来てもらえれば、味方ができたと感じられるかもしれない。入院診療計画書で本人に提示された推定入院期間が満了する時期に、指定医と退院後生活環境相談員をはじめとした院内多職種と本人が希望する参加者（家族や支援機関の職員）が集まり、退院可能性について退院支援委員会で審議され、仮に入院継続となった場合であっても、次回の開催時期とそれまでの目標や支援内容が決められるとなれば、決して期限も計画もなく収容され続けるのではないと感じとれるかもしれない。そうして人々が本人とかかわることを通して、信頼関係を築き、目標を共有し、退院して地域で暮らす準備を整えていくことが大事である。

ただ、実施が義務づけられているのは入院期間が１年に至るまでの医療保護入院者であり、他の入院形態となった者や在院期間が１年以上になった者に対しても継続するかどうかは病院に任されている。そのなかで、単に形式を整えるのではなく、退院に至るまで支援のプロセスをつないでいく鍵を握るのは、退院後生活環境相談員に他ならない。病院の精神保健福祉士には、その大きな役割がある。

❺すべての入院者の早期退院を促進する体制の模索

ところで、退院後生活環境相談員の業務と退院支援委員会の開催は、定められた手続きや義務づけられた期間を除けば、実態は精神保健福祉士が退院支援として行ってきたことと重なる。本人が参加する退院支援委員会は、ケア会議と同義であり、一定期間ごとに委員会を開催することによって、モニタリングとプランニングが繰り返され、退院準備が具体的に整っていく。つまり、退院後生活環境相談員の業務は、チームアプローチとネットワーキングを用いた退院支援を目的としたケースワーク業務であ

る。そう捉えると、病状にかかわらず入院当初から本人の意向に添い、その生活を取り巻く環境を視野に入れてかかわり、退院後の具体的な生活を見据えて多職種や地域の機関が協働する支援過程をマネジメントしていくというケースワーク機能が、精神科入院医療において効果を期待されたのだということができる。

この機能をすべての入院者に発揮することができれば、早期退院を促進する効果があることを、我々は経験的に知っている。しかし、現実には、焦点が当たることのないままに入院が長期化してしまう人々が後を絶たない。従って、今回を機に、院内多職種でつながり、相談支援事業所をはじめとした地域の支援機関とつながり、すべての入院者に対する退院支援のスタンダードとして定着するよう、今できることを模索することが望まれる。

❻おわりに

日本の精神科医療における、長期にわたる入院と閉鎖環境での処遇が問題になって久しい。容易には変わらないのは、決してこれで良いと考えてはいなくても、どこかで現状に妥協してしまう姿勢が、歴代携わってきた多くの人々によって受け継がれ、今このときも更新され続けているからである。

自分もまた、更新し続けている一人であることを自覚し、日々行っていることに疑問を持ち振り返り、些細なことであっても具体的に取り組める事柄に着手し続けることが、ソーシャルワーカーである精神保健福祉士としての責務であろう。

（川口真知子）

4 各論的な論考③——医療保護入院制度にかかわる行政責任

2013（平成25）年の精神保健福祉法の改正の大きな柱の一つが医療保護入院制度の見直しである。ここでは、入院手続きの変更と入院届を審査する精神医療審査会の役割について行政に籍を置く精神保健福祉士の立場から論じることとする。

❶保護者同意から家族同意へ

今回の見直しにおける最大のポイントは、医療保護入院における入院の際の保護者同意を外し、家族等（配偶者、親権者、扶養義務者、後見人又は保佐人をいう。以下同じ）のうちのいずれかの者の同意を要件としたことである。しかし、家族等の同意をもって入院が成立するという部分だけを見ればこれまでの保護者制度と大差がないように思える。むしろ、これまで保護者でなければ、成立しなかった医療保護入院が家族であれば誰でもさせることが出来るこの法制度は、精神障害者の地域で生活する権利という点において大きな後退といえるのではないだろうか。また、国が示す取り扱い[6]によると、家族等の間で入院について意見が異なる場合には、医療機関に家族等の意見の「調整」を求めていることや、後見人等の存在を把握した場合には、その意見は十分に「配慮」されるべきとし、親権者については、特段の事情があると認める場合を除き、その意見は「尊重」されるべきとしており、あまりにも抽象的なものとなっている。

❷市町村の役割

もう一つの大きな問題は、市町村長同意の要件である。今回の改正で市町村長が同意し入院できる対象は、家族等のいずれもがいないか、その家族等の全員がその意思を表示することができない場合に限られる。これまでは扶養義務者はあるが、入院を要する精神障害者に何らかの理由でかかわりを拒んだ場合などは、市町村長同意により入院が可能であった。しかし、改正法では不可能となり、真に入院が必要な障害者であっても入院ができない状態が起こりうるのである。診察場面、特に精神科救急の現場では混乱が生じるであろう。

また、市町村長同意については、これまでも「市町村長同意事務処理要領」において、入院の同意後、市町村の担当者は速やかに医療保護入院者に面会し、状態の把握と市町村長が保護者になっていること等を本人に伝えることが規定されていたが、果たしてこの行為をどのくらいの市町村の担当者が遂行していたであろうか。

今回の法改正に伴い、都道府県・指定都市（以下、「都道府県等」という）が毎年度すべての精神科病院に対して行っている「実地指導」についても指導項目の改正が行われた。前述のとおり医療保護入院における家族等の同意については、抽象的な部分もあり、適切に同意者となりうる者が同意手続きを

6）「医療保護入院における家族等の同意に関する運用について」（平成26年1月24日障精発0124第1号）

行っているかどうか、医療保護入院が非自発的入院であるということからも不適切な手段で入院していないかをしっかりと確認する必要がある。また、同意者となった市町村長においては、入院後面会して患者の病状を把握するとともに、患者に市町村の担当者の連絡先、連絡方法を伝えることとし、これを病院管理者が指導しているかどうかを都道府県等は確認することとしている。市町村に精神保健福祉士等の専門職種が十分に配置されていない現状では、都道府県等の精神保健福祉士が専門職の視点で市町村に対し、その必要性を説いていくことになるであろう。

❸精神医療審査会の役割

次に精神医療審査会の改正にふれる。今回の改正点は2点ある。1点目は、これまで退院請求ができる者は、入院者自身と保護者に限定されていたが、保護者同意がなくなったことにより、家族等であれば誰もが退院請求権をもつことになった。これにより、入院に同意した家族等とは別の者が退院請求することが可能となったのである。つまり家族等の間で入院に対し、意見が分かれていた場合、一旦一方の家族等の同意で入院したが、その後、反対していた家族等が退院請求を申し立てることが想定される。そのため、退院請求や処遇改善請求の件数が増加すると見込まれており、必要に応じ合議体数を見直すように都道府県等に求めている。また、審査する書類についても医療保護入院者の入院届と定期病状報告書に加え、それらに添付される入院診療計画書や退院支援委員会審議録にも目を通すことが必要となった。これらを踏まえ、国は精神医療審査会運営マニュアルの見直しを行い、精神医療審査会の審査の効率化を諮るうえで、予備委員の新設や退院請求等では一部、面接に代えて、書面により関係者の意見聴取を行うことを可能とした。しかし、効率化は必要なことではあるが、そればかりが優先され、本来の精神医療審査会の役割が損なわれないように精神医療審査会の事務局を担う精神保健福祉センターや自治体の担当者たる精神保健福祉士は肝に銘じなければならない。

改正点の2点目は、法第14条第2項において、合議体を構成する委員にこれまでの「その他の学識経験を有する者」に代えて、「精神障害者の保健又は福祉に関し学識経験を有する者」を盛り込んだことである。国はこの役割について、精神保健福祉士や保健師を想定していることを明確にしている。本協会は2004(平成16)年11月に国に対して行った「『精神保健及び精神障害者福祉に関する法律』改正に関する要望について」において、「精神医療審査会を独立した第三者機関とし、同委員の医療委員の比率を他委員と同等とし、新たに当事者及び精神保健福祉士を加えること」を求めた。10年以上の時を超え、ようやく現実のものとなったのである。しかし、同時にいくつかの問題が指摘される。一つは、筆者が所属する自治体では、これまでその他委員として、精神障害者や家族を審査会委員に加えていた。精神障害者や家族が委員に加わることで、精神医療審査会自体が当事者不在のものとはならない。例えば、退院請求や処遇改善請求の意見聴取においては、当事者として共感できたことは多く、より権利擁護を意識した意見が精神医療審査会に反映でき、常に専門職と当事者が協働した審査が行えているといえる。都道府県等によっては、人権擁護委員や社会福祉協議会職員などが参加することもあるようだが、今後これらが委員となることは困難となった。

もう一つは、私たち精神保健福祉士の力量である。折しも診療報酬改定において精神保健福祉士の配置が評価されたことや退院後生活環境相談員についてもその多くは、精神保健福祉士が担っている。精神医療審査会や精神科病院は医療従事者が多くを占め

る。精神保健福祉士はその中において唯一ともいえる福祉職である。福祉職たる視点と精神障害当事者の目線で彼らの代弁者たる役割を担う必要があり、前述のように当事者に代わり精神医療審査会委員を担う精神保健福祉士においては彼らの活動に対し、恥ずかしくない知識や技術や感覚で携わることが大切であろう。今後、その役割に応えうる精神保健福祉士の質の担保が本協会の責務となってこよう。

❹ おわりに

今後の精神医療審査会に求めることは、本協会が2004（平成16）年に求めたように真の「第三者機関」となることである。現在の精神医療審査会は、自治体の諮問機関ではあるが、その事務局は自治体職員が担っているのが実際である。1991年の国際人権B規約第9条第4項では、「逮捕又は抑留によって自由を奪われた者は、裁判所がその抑留が合法的であるかどうかを遅滞なく決定すること」を求めているが、この「裁判所（原文ではcourt)」は、国際法律家委員会第2次調査団の「結論及び勧告」では、「このような裁判所は通常の裁判所（ordinary courts）である必要はなく、精神医療審査会に匹敵する専門的なトライビューナルであってもよいし、より正式にとらわれぬ手続きで運営されてもよい」とされている。日本の制度では、入院届に対する精神医療審査会の審査で、同規約は満たされていると解されているようだが、とんでもないことである。わが国の精神医療審査会が、ここでいう「裁判所」として認められるに値する存在となるためには、少なくとも完全なる第三者機関として独立することが必要である。

（中川浩二）

第2節 障害者自立支援法の成立から障害者総合支援法まで

1 障害者権利条約の批准と制度改革の経緯

❶最初に地域進出ありき

　日本の精神障害者に関する広義の意味での社会福祉政策は、1990年代前半からのこの20年間でかなりの変化を遂げたといえよう。あえて「広義」と付したのは、障害観の見直しを含む社会福祉政策概念の発展や労働及び雇用分野、住宅分野などを含むという意味である。なお、ここでの「変化」についても断っておきたい。それが本質的なものかと問われれば、即座に「No」と言わざるを得ない。変化はまだまだ外見上もしくは表層の域を出るものではなく、政策の質と量の深まりという観点からすれば、本質には遠く及ばない。また精神医療が抱える深遠な問題性（政策面の遅滞、医療現場に残る前近代的な処遇など）や根深い医療中心主義的な精神障害者に対する処遇観などを併せ見れば、この国の精神障害者が置かれている全体的で客観的な状態は、その多くが「普通の市民」にはなり得ていないと言って過言ではない。

　ただし、現状にみる変化の方向性や政策上の根拠については誤っているとは思わない。大切なことは、萌芽のレベルにある変化の動きをいかにして力強く、かつ加速できるかである。萌芽の膨らみの先に見えてくるのが根を下ろした社会福祉政策の姿であり、なかんずく本物の地域生活ということになる。もちろん、凝り固まったまま好転の兆しが見えにくかった日本の精神障害分野であり、一朝一夕に事が運ばないことも確かであろう。また、「本物の地域生活」と言っても、現実には少なくない者が不安定さを抱えながらの暮らしぶりとなろう。それでも地域の表舞台に登場することの意味は少なくないように思う。筆者や同僚による40年近くに及ぶ共同作業所づくり（その後の居住の場づくりを含めて）の実践は、このことを如実に物語っている。すなわち、

障害当事者の地域への進出は、時に一部のネガティブな反応を招くこともあるが、それを凌駕して余りある成果を確認することができる。

　成果として真っ先にあげなければならないのが、精神障害者自身の人間らしい生き方の回復である。明らかに、自信を取り戻したり、発病前の暮らしぶりに近づいたりしている者が少なくない。地域の変化も大きい。障害のある人と地域住民との直接的もしくは間接的な接合部のひろがりは、自然な形で障害のある人を受け入れる雰囲気（許容力）を醸成させ、ボランティアなどでより踏み込んだ関係（支援力）に発展している事例も枚挙に暇がない。さらには精神医療にも変化が及ぶ。何かと受身がちな「患者」ではなく、生き抜こうとする「生活者」に対峙する時、おのずと治療の方針や方法にも変化が生じるに違いない。

　障害当事者の変化、地域の変化、精神医療の変化とあげてきたが、経験則からみてこの順序はそれなりの合理性があるような気がする。ただし、ある段階に入るとそうでもない。これらが相互に関連し、相互に刺激しながら、まるで化学変化のような一挙の変化をみることがある。大切なのは、繰り返しになるが、障害当事者の「最初に地域進出ありき」であり、それを後押しするための社会政策が決定的な意味をもつのだということを押さえるべきである。

　前置きが長くなったが、精神障害者の地域進出を考えていくうえで、現在の局面は非常に重要である。明らかに新たな潮流にあり、この機を追い風とすべきである。政策というのは、活用や育てのタイミングを失すると、たちどころに萎縮してしまう場合がある。この機が大切であることを、PSW諸氏はもちろんのこと精神障害分野に携わる者すべてが心し

てほしい。

❷ 2つの新たな潮流

　そこで、障害当事者の地域進出を後押しする新たな政策潮流をみていきたい。大きくみて2つで捉えることができる。1つは、障害者の権利に関する条約（以下、「権利条約」とする）であり、もう1つは一連の障害者制度改革ならびにこれに関連した動きである。これまでも精神障害者に関する福祉政策を転換する好機は幾度かあったが、これら2つの潮流はこれまでとは趣を異にするように思う。批准された権利条約との関係では国際公約の履行を迫られることとなり、制度改革との関係ではすべての障害者に対する共通政策に精神障害者が位置づけられていることとなる。すなわち、中途半端な対応は国際的な顰蹙を買い、国内の政策審議にあっても精神障害分野のみがお茶を濁すような結果に終わることは許されない。先行する他障害政策との「横並び戦略」を強く意識してきた精神障害分野からすれば、これらの潮流はまさに「わが意を得たり」と言ってよかろう。

　1つめの権利条約について、経緯を振り返ったうえで、内容の特徴を略述する。権利条約が障害者政策の近未来に影響することは必至であり、精神障害分野の関係者には条約本文はもとより関連文献の併読を勧めたい。

　権利条約の直接の端緒は、2001年11月のメキシコ大統領による国連総会（第56回）での提唱に遡る。これを受ける形で、国連に権利条約を集中かつ専門に審議するための特別委員会が設置され（第1回特別委員会は2002年7月に開会、1回当たりの会期は2週間〜3週間）、都合8回の特別委員会の審議を経て、2006年12月13日の総会（第61回）において採択をみたのである。21世紀に入って初の人権条約の誕生であり、障害分野からすれば障害者の権利宣言（1975年）や国際障害者年（1981年）、障害者の機会均等化に関する基準規則（1993年）などのうえにようやくにして花開いたものと言えよう。

　他方、日本における権利条約の関連動向については、いろいろと曲折があった。日本政府による条約への署名（批准するための前提手続き）は2007（平成19）年9月に行われているが、批准は大幅に遅れた。というよりは、障害関連の民間団体がこぞって批准には否定的だった。日本政府は2009（平成21）年3月の時点で批准承認案件を閣議にあげようとしたがこれを拒んだのは日本障害フォーラム（JDF）であった。その理由は明確で、形式的な批准ではなく、基幹政策の改革を伴っての批准とすべしとの立場をとったのである。結果的にみて、この時の対処の仕方が功を奏し、後述する制度改革の動きへとつながるのである。一定の制度改革を経て、今度はJDFの賛意を得ながら、2014（平成26）年1月20日に批准を迎え（批准書の国連事務総長への寄託日、批准の順番はEUを含めると141番目）、発効は同年2月19日となった。

　権利条約の内容の特徴について、2点を掲げておく。1点目は、自らに関係する事柄の決定過程への「当事者参加」「当事者主体」が改めて明文化されたことである。これは、国連での審議過程でNGO側から幾度となく繰り返された「Nothing About Us Without Us（私たち抜きに私たちのことを決めないで）」とも深く関係している。条文には「締約国は、この条約を実施するための法令及び政策の作成及び実施において、並びに障害者に関する問題についての他の意思決定過程において、障害者（障害のある児童を含む。）を代表する団体を通じ、障害者と緊密に協議し、及び障害者を積極的に関与させる。」（第4条第3項）という内容で盛り込まれている。

　2点目は、徹底して障害のない市民との平等性を

重視していることである。前文25項目ならびに本則50箇条を通して「他の者との平等を基礎として」のフレーズが（同趣旨のものを含めて）35回登場する。権利条約は、障害のある人に「新たな権利」「特別な権利」などは一言も触れていない。専ら繰り返しているのが他の市民との平等性であり、権利条約全体を貫く真柱になっているのである。

「Nothing About Us Without Us（私たち抜きに私たちのことを決めないで）」にしても、「他の者との平等を基礎として」にしても、これらは今後の精神障害関連政策を考えていくうえでの重要な視座となろう。

❸ 他の障害と一体となっての制度改革

精神障害者の地域進出を後押しするもう1つの政策潮流は、2009（平成21）年後半から始まった障害者制度改革の動きである。具体的には、内閣府に設置された「障がい者制度改革推進会議」（以下、「推進会議」とする。2009（平成21）年12月15日閣議決定）が中心となって展開をみることになる。推進会議がもたらした成果については後述するとし、最初に今般の制度改革の背景として2点をあげる。1点目は、いわゆる「障害者自立支援法違憲訴訟」の和解に伴う基本合意文書による影響である。利用者の原則1割負担を柱とする障害者自立支援法は2006（平成18）年度より施行されたが、この法律をめぐって集団訴訟が起こり、2010（平成22）年1月に国と原告・弁護団との間で基本合意文書締結の合意に達した。和解文（基本合意文書）には「国（厚生労働省）は、障害者自立支援法を、立法過程において十分な実態調査の実施や、障害者の意見を十分に踏まえることなく、拙速に制度を施行するとともに、応益負担（定率負担）の導入等を行ったことにより、障害者、家族、関係者に対する多大な混乱と生活への悪影響を招き、障害者の人間としての尊厳を深く傷つけたことに対し、原告らをはじめとする障害者及びその家族に心から反省の意を表明するとともに、この反省を踏まえ、今後の施策の立案・実施に当たる」（第2項の抜粋）とあり、そのうえで基本合意文書は、障害者自立支援法に代わる新法の制定を含む障害関連制度の抜本改革を求めたのである。

背景の2点目は、前述した権利条約の存在であった。批准を図るにはJDFからの注文である踏み込んだ制度改革が求められた。特に問われたのが、障害者基本法の主要部分と権利条約との整合性を図ることであり、差別禁止法制の新設であった。こうした背景を追い風に制度改革は急展開をみることになる。

推進会議は、本体と2つの専門部会（総合福祉部会、差別禁止部会）から成り、文字通り精力的な審議が繰り広げられた。審議がいかに実質的であったかは、審議が始まった2010（平成22）年からの2か年半で本体の推進会議が38回、総合福祉部会19回、差別禁止部会25回（障害者政策委員会に切り替わってからの4回を含む）という審議回数からもうかがえよう（1回当たりの審議時間は約4時間）。なお、本体の推進会議は26人（オブザーバー2人を含む）の構成員のうち過半数の14人までが家族を含む障害当事者で占め、またすべての審議を生中継するなどの面からも、審議のあり方に一石を投じるものとなった。

推進会議は、成果物として次の5種類の意見書を取りまとめた。

① 障害者制度改革の推進のための基本的な方向（第一次意見）　2010（平成22）年6月7日
② 障害者制度改革の推進のための第二次意見　2010（平成22）年12月17日
③ 障害者総合福祉法の骨格に関する総合福祉部会の提言―新法の制定を目指して―　2011（平成23）年8月30日
④ 「障害を理由とする差別の禁止に関する法制」についての差別禁止部会の意見　2012（平成24）年9月14日
⑤ 新「障害者基本計画」に関する障害者政策委員会の意見　2012（平成24）年12月17日

❹地域生活支援と関連法制の拡充

　以上、精神障害者が地域に進出することの意味とこれを後押しする法制上の整備について、主に2006（平成18）年（権利条約の採択年、障害者自立支援法の施行年）以降の流れについて記してきた。ここで、改めて「精神障害者の地域生活」に絞って関連法制がどのような書きぶりになったのか、これを集約する形でみていきたい。

　まず障害者基本法がどうなったかである。2011（平成23）年の改正においては、分野別条項に先立って3つの観点で「基本原則」条項が設けられた。そのうちの1つに「地域社会における共生等」（第3条）が掲げられている（ちなみにあとの2つの観点は、「差別の禁止」（第4条）、「国際的協調」（第5条）である）。第3条の冒頭で、「第1条に規定する社会の実現は、全ての障害者が、障害者でない者と等しく、基本的人権を享有する個人としてその尊厳が重んぜられ、その尊厳にふさわしい生活を保障される権利を有することを前提としつつ、次に掲げる事項を旨として図られなければならない」とし、同条第2号に「全て障害者は、可能な限り、どこで誰と生活するかについての選択の機会が確保され、地域社会において他の人々と共生することを妨げられないこと」と明記した。

　次に権利条約の関連条項をみてみよう。具体的には第19条（自立した生活及び地域社会への包容）で、ポイントになるのがa項とb項である。a項には「障害者が、他の者との平等を基礎として、居住地を選択し、及びどこで誰と生活するかを選択する機会を有すること並びに特定の生活施設で生活する義務を負わないこと」とあり、b項には「地域社会における生活及び地域社会への包容を支援し、並びに地域社会からの孤立及び隔離を防止するために必要な在宅サービス、居住サービスその他の地域社会支援サービス（個別の支援を含む。）を障害者が利用する機会を有すること」とある。

　改正障害者基本法ならびに権利条約を受ける形で、新「障害者基本計画」（内閣府所管、2013（平成25）年度〜2017（平成29）年度までの行政計画）が策定されたが、その中にも精神障害者の地域生活支援策が盛り込まれている。精神障害分野については随所で触れられているが、地域生活支援に関しては、「障害者が身近な地域において、保健・医療サービス、医学的リハビリテーション等を受けることができるよう、提供体制の充実を図る。特に、入院中の精神障害者の退院、地域移行を推進するため、精神障害者が地域で暮らせる環境の整備に取り組む」とある（Ⅲ　分野別施策の基本的方向　2．保健・医療【基本的考え方】）。

　なお、精神障害者の地域生活と関わってこの間の制度改革でもう1つ特筆すべきことが「障害を理由とする差別の解消の推進に関する法律」（障害者差別解消法）の制定である。2016（平成28）年度からの施行に向けて、目下、規定の詳細が検討されているが、地域生活の進展の追い風となることを期待し

第Ⅲ章　精神保健福祉の動向・関連論考

たい。また、障害者自立支援法に代わって2013（平成25）年度より施行されている「障害者の日常生活及び社会生活を総合的に支援するための法律」（障害者総合支援法）については、重要事項の多くが「今後の検討課題」とされ、現時点での評価は難しい。

最後に、改正障害者基本法に明記された「障害者政策委員会」（第32条）の機能について触れたい。特に目を引くのは「障害者基本計画の実施状況を監視し、必要があると認めるときは、内閣総理大臣又は内閣総理大臣を通じて関係各大臣に勧告すること」（第32条第2項第3号）である。国会での確認答弁や内閣府の見解を総合すると、ここでの監視機能は批准された権利条約の履行状況にも及ぶとしている（障害者政策委員会が、権利条約第33条にある監視機構を兼ねるとする解釈）。今後の障害関連政策の推進にあたり、内閣府に設置される障害者政策委員会が、非常に重要な存在となることを認識すべきである。

❺むすびにかえて

公益社団法人日本精神保健福祉士協会（前身は、日本精神医学ソーシャル・ワーカー協会）が設立されて50周年となる本年は、日本の精神障害分野にとっての節目とも符合する。「ライシャワー事件」から50年、「宇都宮病院事件」から30年にあたるのである。残念ながら、日本の精神障害分野の変化や改革の系譜は、いわゆる「事件」と足跡を一にしてきた。正確に言えば、「事件」が先行し、これが社会問題化もしくは国際問題化する中で、後追い的に政府や国会が対処するというものであった。こうした外圧型の解消法にはそろそろ終止符が求められる。問われるのは、医療分野も、福祉分野もこぞって精神障害者の実態とニーズに真摯に対峙することであり、内発型の解消力を増幅させることである。前述してきた新たな潮流は十分にその後ろ盾になりうる。後世からみて、「協会の50周年が、これまでとは趣を異にした内発型の改革の転機になった」、こう言われるようにしたいものである。

（藤井克徳）

2 精神障害にかかわる制度・政策（精神保健福祉法から障害者自立支援法、障害者総合支援法まで）

❶障害者居宅生活支援事業から障害者自立支援法による一元化に至る制度変遷の概要

わが国における精神障害にかかわる制度・政策は長らく保健医療の枠組みの中で行われてきた。1970（昭和45）年制定の心身障害者対策基本法においても、医療を必要とする精神障害者は心身障害者に含まれないという解釈がなされていた。

しかし時代とともに、精神障害者についても日常生活や社会生活上の支障を有する障害者であるという考え方が広がり、福祉施策の必要性が認識されるようになった。1984（昭和59）年の宇都宮病院事件も契機となり、1987（昭和62）年に精神衛生法から精神保健法に改正され、法の目的に初めて「社会復帰の促進」が明記されるとともに、精神障害者社会復帰施設（生活訓練施設・授産施設）が規定された。その後、1993（平成5）年にはグループホームが法定化され、わが国は保健医療の枠組みの中に徐々に福祉を含めてきた。

大きな転換点は1993（平成5）年の障害者基本法の成立である。精神障害者が福祉の対象として明確に法に位置づけられ、精神障害者もようやく法の下で他障害と平等になった。そして、2005（平成17）年に成立する障害者自立支援法（現・障害者総合支援法）において3障害一元化が実現した。

障害者基本法を踏まえて、1995（平成7）年に精神保健法から精神保健及び精神障害者福祉に関する法律（精神保健福祉法）に改正が行われ、法の目的においても「自立と社会参加の促進のための援助」という福祉の要素が位置づけられ、社会復帰施設に福祉ホーム・福祉工場が追加された。

このように、法の目的は「医療及び保護」（精神衛生法）から、「医療及び保護を行い、その社会復帰を促進」（精神保健法）、そして「医療及び保護を行い、その社会復帰の促進及びその自立と社会経済活動への参加の促進」（精神保健福祉法）へ変化し福祉政策の拡充が図られてきた（下線筆者）。

さらに、1999（平成11）年の精神保健福祉法の一部改正においては、社会復帰施設に精神障害者地域生活支援センターが追加され、また、精神障害者居宅介護等事業（ホームヘルプサービス）、精神障害者短期入所事業（ショートステイ）の福祉サービスを加えて、精神障害者居宅生活支援事業が法定化された。2002（平成14）年には、通院医療費公費負担事務・精神障害者保健福祉手帳の申請窓口、社会復帰施設の利用など福祉サービスの利用に関する相談、助言等が市町村に移管された。

2004（平成16）年9月には、精神保健福祉対策本部中間報告に基づき設置された3検討会（精神障害者の地域生活支援の在り方に関する検討会、精神病床等に関する検討会、心の健康問題の正しい理解のための普及啓発検討会）の報告を受けて、「入院医療中心から地域生活中心へ」という精神保健医療福祉の改革ビジョンが提示され、受入条件が整えば退院可能な者（約7万人）について、10年後の解消を図ることとされた。

2005（平成17）年10月、社会福祉基礎構造改革の流れの中で成立した障害者自立支援法では、身体・知的・精神の3障害一元化の観点から、精神保健福祉法において規定されていた精神障害者社会復帰施設や精神障害者居宅生活支援事業は、障害者自立支援法における障害福祉サービスに移行・再編されることとなり、施設などの社会資源や制度が新事業体

系へと移行された。それまで施設で一体的にサービス提供されていたものが、大きく日中活動の場と暮らしの場（居住支援）に分けられ、14事業に分類された。運営にかかる財源も補助金から給付費に変わったことで、安定した事業運営及びサービス提供体制がとれるのか現場は大きな不安に包まれた。また、利用料の負担も所得に応じて利用料を負担するそれまでの応能負担から、原則1割の応益負担になったことで経済的負担から利用を控える動きが出るなど社会的にも大きな問題として取り上げられた。併せて、精神障害者の通院医療費公費負担制度は自立支援医療に統合されて負担割合も5％から原則1割となった。

障害者の相談支援体制は相談支援事業が市町村の地域生活支援事業の必須事業に位置づけられ、精神障害者を含む障害者に対する一般的な相談支援事業は市町村に一元化された。また、市町村に（自立支援）協議会を設置運営することなども含められた。

障害者自立支援法は2010（平成22）年と2012（平成24）年に障害者の範囲が見直され、2012（平成24）年からは、サービス等利用計画の作成対象者の拡大が実施されるとともに、地域相談支援が個別給付化され、市町村に基幹相談支援センターを設置できることとなり、2013（平成25）年には障害者総合支援法に名称が変更されている。

以上のように、精神障害者の制度・政策を振り返る場合は心身障害者対策基本法及び精神衛生法に遡る必要がある。わが国の精神障害者施策が保健医療の枠組みの中に福祉を取り込む形でつくられてきたため、福祉の対象として位置づけるまでに時間がかかり、身体障害者や知的障害者の制度・政策に比べて大きく遅れをとってきた。さらには1993（平成5）年に見直された障害者基本法で福祉の対象として位置づけられた後も、2005（平成17）年に施行された障害者自立支援法において三障害が一元化されるまで、12年間という時間がかかり精神障害者自身に負担をかけてきた歴史を無視するわけにはいかない。

しかし、3障害が一元化された今でも精神保健福祉法は精神保健法に名称が戻っていない。障害者基本法の成立から約20年、障害者自立支援法から約10年がたった今、時代の転換点として一度しっかりと整理を行い、保健医療はより純粋に医療らしく、福祉は福祉らしくそれぞれが進化し、医療と福祉の連携により精神障害者の生活を支援していくことが求められていると感じる。

❷制度・政策の変化をどのように捉え、日々の実践活動を行っていくべきか

さて、制度・政策の変遷を精神保健法時代から遡ってきたが、精神保健福祉士もその時代背景にあわせて、その活動場所が精神科病院から地域に広がってきた。その出発点は1970（昭和45）年のやどかりの里（埼玉県）であろう。やどかりの里は「精神障害者を病者としてでなく、生活者として自己決定権を有する人とみなし、ごく当たり前の生活を地域で送ることができることへの社会福祉的援助活動」を主張し、医療とは別枠の福祉の位置づけを求めた。まだ、国家資格がない時代に立場も弱い中、自らの信念と情熱、そして具体的な行動で精神障害者の住まいと活動の場を確保し福祉サービスの必要性を訴えた。

そのような先駆的な活動を契機として、精神障害者社会復帰施設に精神科ソーシャルワーカーが配置されるようになった。のちに精神障害者地域生活支援センターにも配置され、地域で活動する者が増えていった。

1997（平成9）年に精神保健福祉士法が成立し、精神保健福祉士は医療と福祉のかけ橋として、精神障害者の人権を重視しながら、精神障害者の抱える生活課題に具体的な実践を展開することに法的な裏

づけが与えられた。しかし、2005（平成17）年に創設された障害者自立支援法では、施設における精神保健福祉士の配置は基準上なくなり、3障害が一元化された中で相談支援専門員やサービス管理責任者等の名称で活動することとなり、当時は大きな波紋を呼んだ。

だが、障害者自立支援法以後、繰り返される制度改正の中で我々は制度に振り回されるのではなく、制度を活用する視点に立つべきだと気づいた。例えば相談支援事業所で活動する相談支援専門員（精神保健福祉士等）は、2012（平成24）年にサービス等利用計画の対象者が大幅に拡大されたことに伴い、2015（平成27）年3月末までに障害福祉サービスを利用するすべての障害者のサービス等利用計画を作成しなければならなくなったが、これに真摯に取り組むことによって、これまで接点が少なかった障害者や家族が抱えていた課題に気づくことができるようになった。つまり、これまで見えなかった地域の課題がサービス等利用計画の作成を通じて目の前に浮きあがってきたのであった。

相談支援事業所に所属する相談支援専門員（精神保健福祉士等）は本人の想いを中心に客観的かつ包括的な視点でかかわり、サービス等をつなぐところに特徴があるが、一方で障害福祉サービス提供事業所に配属され、管理者やサービス管理責任者として勤務する精神保健福祉士は、本人に寄り添い、活動をきめ細かく把握することができる強みをいかして個別支援計画を立案し、本人の願いや希望を具現化する役割が求められている。両者がそれぞれの役割を理解し、車の両輪として機能することが共生社会の実現につながると考える。

しかしながら、その両輪だけでは解決できない課題は地域にたくさんある。精神保健福祉士はその専門性をいかし、（自立支援）協議会の機能を使って新たなサービスを創出したり、既存の資源を工夫したりするなどして、障害があっても暮らしやすい街づくりを行うことが求められている。ましてや、「個人と全体の状況性を考える視点」や「自己決定を促して尊重する視点」を大切にしてきた精神保健福祉士であるならば、一見、問題なくグループホームで暮らしたり、通所したりしている障害者にもしっかりと目を向ける必要がある。

一方で、2010（平成22）年の障害者自立支援法の改正により地域相談支援が個別給付化されたにもかかわらず、その支給決定件数が伸びていない。全国的にはサービス等利用計画の対象者拡大に伴い相談支援専門員（精神保健福祉士等）がサービス等利用計画の作成に追われてしまい、地域相談支援に手がつけられないという事態が発生している。

地域相談支援が個別給付化されるまでは都道府県の精神障害者地域移行・地域定着支援事業であったことから、事業の対象者を選抜してサービスを提供している地域もあったが、個別給付化された地域移行支援はその対象を「直近の入院期間が1年以上の者が対象（原則）。ただし、直近の入院期間が1年未満であっても、措置入院者や医療保護入院者で住居の確保などの支援を必要とする者や、地域移行支援を行わなければ入院の長期化が見込まれる者も対象となる」としており、原則1年以上の入院患者は本人が希望すれば地域相談支援の申請ができることになっている。個別給付化によって、入院患者が地域相談を利用する権利が与えられたことになるが、その権利を行使するためには一人ひとりに確実に情報が届かなければならない。精神保健福祉士としてこれらの情報を入院患者に届けているであろうか。もしも、届けていないならばそれは精神障害者の権利を擁護（支援）すべき我々が権利を侵害しているということになる。

よって、自分の周りにまだ情報を届けていない者がいたら、いち早く、そしてわかりやすく地域相談の情報を届けることが精神保健福祉士の最低限の責務であろう。

❸どのような相談支援体制をつくり上げていくべきか

　病院に所属する精神保健福祉士も積極的に（自立支援）協議会に参画し、（自立支援）協議会の場を活用するべきであると考える。特に精神障害者の地域移行支援・地域定着支援については、病院独自の取り組みに加えて地域の力を活用することが望まれる。特に退院に向けて、住まい、日中活動や余暇支援、緊急時の対応などに課題がある場合は、個別給付化された地域相談支援を活用して退院を目指すことが有効であり、退院後の支え手となる相談支援事業所と関係をつくり、地域相談支援を通じて相談支援の力を高めてもらうことは地域の相談支援体制の強化につながる。このように病院の精神保健福祉士と相談支援事業所との連携が上手くいくと、病院の精神保健福祉士はこれまで手をつけられなかった入院患者に退院の働きかけができるようになる。

　退院したい気持ちを表に出さない社会的入院者への働きかけはどこの地域でも大きな課題となっており、多面的に取り組む必要がある。ここでいう多面的とは、都道府県レベルでの取り組み、保健福祉圏域レベルでの取り組み、市町村レベルでの取り組みであり、それらが重層的に行われ、かつ官民多職種協働で取り組まなければ解決の道筋は見えにくい。

　従来、退院支援は精神保健福祉士の役割とされてきたが、医師、看護師、作業療法士、薬剤師、管理栄養士、臨床心理技術者等の院内の力を活用することが必要であり、地域も保健所、市町村役場、相談支援事業所、障害福祉サービス事業所等が一体となって（自立支援）協議会に病院スタッフも含めた地域移行部会（ワーキングチーム）をつくり、社会的入院者の地域移行を病院だけの課題とせず、地域全体で検討していく必要性がある。そういったことを仕掛け、地域移行支援・地域定着支援の仕組みをつくるのが精神保健福祉士の活動であろう。

　前述の地域相談の情報を入院患者へ確実に届けることができているかという課題についても、（自立支援）協議会等を通じて、全県レベルや障害福祉圏域レベルでポスターを作成して周知したり、保健所やピアサポーター、相談支援専門員がチームをつくって病院を訪問し患者やスタッフに対して地域相談の説明会や茶話会に取り組んでいる活動が参考となる。

　また、（自立支援）協議会の活動が充実することは確実に地域の支援者の力を高めることにつながる。（自立支援）協議会の目的は地域の相談支援体制の整備を目的としているが、個別の支援を通じて明らかになった課題は運営会議等に集約され、必要に応じて専門部会（ワーキングチーム）で協議され、課題解決のための手立てが検討される。施策化に結びつくものもあれば、既存の資源を有効活用することで解決する課題もある。そのようなプロセスを通じて、（自立支援）協議会に参画したメンバーは新たな気づきを得ることができ、活用できる資源が増えていく。相談支援が起点となり、発信された課題から解決の手立てが地域に蓄積されていくことで同じ課題を抱える障害者の生活が改善され、豊かになっていく。そのような取り組みを重ねることにより、暮らしやすい街がつくられていくのである。これは、障害者にとっても障害者支援に携わる者にとっても喜びであり、この活動を広げていくことで支援に厚みが増すことは確実である。つまり、（自立支援）協議会が機能するということはイコール人材育成が充実していくということである。

❹おわりに

　先人たちは制度が不十分の中で、自らの信念に基づき情熱をもち、そして具体的なソーシャルアクションを行ってきた。それに比較すると今の時代に生きる我々は大変恵まれた環境にあるといえよう。

　先人たちの取り組みにより、精神障害者が地域で暮らす仕組みは整ってきた。この仕組みを現代の我々精神保健福祉士は制度に振り回されるのではなく、制度を活用してソーシャルアクションを起こさなくてはいけない。

　そのためには、まだいばらの道が待っているであろう。しかし、そこから逃げることなく、精神障害者の社会的復権と福祉のための専門的・社会的活動を推進し、精神障害者が暮らしやすい地域をつくっていかねばならない。

　2014（平成26）年は精神保健医療福祉の改革ビジョンにより示された10年目にあたる。「受入条件が整えば退院可能な者（約7万人）」の解消が図られたのであろうか。その検証も必要である。

　一方、絶対的にマンパワーが不足している。今後、段階的に地域で活動する精神保健福祉士が増えていくと想定されるが、マンパワーが充足するのを待つのではなく、2013（平成25）年の「精神保健福祉法の改正」を追い風に、今あるマンパワーを効率よく活用していくことが必要である。キーワードは医療と福祉の更なる連携である。

　「精神保健福祉法の改正」における退院後生活環境相談員と地域援助事業者が本人中心の支援をスタンダードにしていくこと、その技術をひろめていくことが精神保健福祉士に求められている。

（岡部正文）

● 参考文献
1）日本精神保健福祉士協会事業部出版企画委員会編『日本精神保健福祉士協会40年史』日本精神保健福祉士協会，pp.138-146，2004年
2）岩上洋一・石川到覚「相談支援事業所と地域活動支援センターの役割」『臨床精神医学』第40巻第5号，pp.593-600，2011年

コラム　障害者自立支援法の成立から障害者総合支援法

　私はいわゆる現任講習による経過措置最終年に資格を得た。その程度の経験しか積んでいない。そして、ここ数年はやたらめったら刀を振り回して息を切らすような実践の日々である。それでも、資格取得からの年月は、かまた生活支援センターという機関の年月とほぼ重なっていることにも気づく。かまた生活支援センターも、他のかつての「精神障害者地域生活支援センター」の多くと同様に、制度施策に翻弄されてきた10年だったのではないかと思う。速く激しい変化の潮流の中で小舟のように右往左往し、いまだ混乱している状況にある。その中で、見失ったもの、そして見失わないように大事にしようとしてきたものが何だったのか。

　2006（平成18）年10月障害者自立支援法の完全施行に伴い、かまた生活支援センターは開設してわずか4年足らずで、根拠事業が消滅し、新事業に移行する事態となった。自治体との関係は大きく変化し、地域格差も一気に加速する。地域の実情に合わせた市区町村の裁量なるものは、社会的弱者にとっての厳しい状況を生み出していることのほうが多いのではないかと感じざるを得ない。かつて教科書で習った「この国に生まれたる不幸」は、「東京都に暮らす不幸」「大田区に暮らす不幸」となっているのではないだろうか。だからこそ、鮮度の良い生きたネットワークは、支援を営んでいくうえで欠かせない"命綱"であることは、ずっと変わらず、むしろより一層明らかになったともいえる。日本、東京都、大田区という各々の範囲で見えてくる地域という視点で、自分や機関の実践の立ち位置や意味を常に確認していく必要がある。

　また、退院促進支援事業の本格実施に伴い、私自身も2008（平成20）年度から退院促進支援事業（現・大田区地域生活安定化支援事業）専任となった。「出向く」ことを主とした個別での相談支援、生活支援が主業務になり、支援センターにほとんど居ることがなく、携帯電話無しには仕事は成り立たなくなった。奇しくも、現在のかまた生活支援センターが計画相談という個別支援の限定的な業務に追われ、収斂されてしまいそうになっている姿と重なるものがあるかもしれない。しかし、どのような支援場面になろうと、あらゆる場面で自分が専門職として、必要なことを必要な時に実践できるかどうか、という気づきの重要性は変わらないのではないだろうか。まだ出会わぬ人たちがいること、その方たちへ思いや想像を馳せることが必要なことはこれまでも、これからも変わらないはずである。

　地域移行支援・地域定着支援も、大海の水を貝でくみ上げていくような、「終わらない」「まだまだ」感がこれまでも今も変わらずある。生活拠点と入院拠点の距離が遠く離れていることが多い大田区においては、主体的な医療継続の困難性は、退院促進支援事業以前も、個別給付以後も、常に同じ地域課題であることに変わりない。以前、精神科病院で働いていた時、数十年入院されていた方が、退院し鍵を失くして夜中部屋に入れなかった体験を話して下さったことがある。「あきらめて、とりあえずコーラを買ってドアの前で飲んだんです。上を見上げたら星がキレイでねえ。ああ、夜中に外でコーラが飲める自由っていいなって思ったんです」と。自分の選んだ街で暮らし続けていく、という当たり前のことは、ささやかだけれど素敵なことなのだと思ったと同時に、"当たり前"を"奪われてきた"人生を目の当たりにし、「自分に今できることは何だろう。でも最善を尽くしたい」と強く思ったことは、忘れられない。法や制度はこれからも変わり続けていくだろうが、この時の思いだけは忘れないでいたいと思うのである。

（今村まゆら）

第3節　東日本大震災と協会活動

1　日本精神保健福祉士協会による被災地支援

❶はじめに

　あの日あの時から、3年と3か月余。東日本大震災に見舞われた被災地に、未だ復興への確かな槌音は見出せない。月日の経過する中、生活課題は一層困難を極めている。耐え忍びながらも微かな希望へと一歩を踏み出した人たちがいる一方、あらわになる暮らしの格差に立ち竦み、悲嘆に暮れる人たちも少なくない。原発事故によって故郷を奪われ見知らぬ地への避難を余儀なくされた人たちは、先行きの見えない不安の只中にある。こうした人たちの生活再建・復興のためになされる様々な支援活動は、およそ半世紀を要する覚悟を固めて臨むことが求められている。

　本協会50年史を編む機会に、東日本大震災からの復興のために公益社団法人日本精神保健福祉士協会（以下、「本協会」とする）が取り組んでいる支援活動の概括を踏まえ、被災地で暮らす、あるいは全国各地から赴いた精神保健福祉士がソーシャルワーカーとして担ってきた実践を語り継ぎ、課題を整理し、更なる展開へとつながる次代に託したい。

❷「備え」としての災害支援ガイドラインの作成

　本協会（前身である日本精神医学ソーシャル・ワーカー協会を含む）が組織的に取り組んだ最初の災害支援活動は、1995（平成7）年1月17日未明に発生した阪神・淡路大震災であった。全力をあげて取り組むことを組織決定し、厚生労働省精神保健課（当時）と連携を図り、視察のため理事が現地入りした。また、被災地に隣接する府県の会員が自発的に徒歩で現地に入り、次々に現地の被災状況を本協会に伝えてきた。これらを受けた本協会は、現地ボランティアセンターを設置し、全国の会員が被災地支援活動に参加した。

　その後も国内のそこかしこで多くの災害が発生する中、専門職能団体としての本協会の活動のあり方を検討する必要性に迫られていた。

❸2011（平成23）年3月12日から2012（平成24）年3月31日までの本協会の取り組み

　2007（平成19）年10月に設置された災害支援検討委員会を中心に、これまでの経験を踏まえて支援活動及び支援体制のあり方について検討を重ね、2010（平成22）年3月には「社団法人日本精神保健福祉士協会災害支援ガイドライン」を作成した。このガイドラインに基づいた研修を、2011（平成23）年2月から全国展開していたさなかの3月11日、日本観測史上最大の東北地方太平洋沖地震とそれに伴って発生した津波、さらには原発事故、及びその後の余震により引き起こされた大規模地震災害である東日本大震災は起きた。

1）東日本大震災対策本部の設置

　大震災発生の翌日、3月12日に本協会内に「東日本大震災対策本部」（以下、「対策本部」とする）を設置した。会長を本部長として、理事や災害支援体

制整備委員長、事務局長らの8名で構成（以下、「本部員」とする）されたが、当時、第一副会長であった筆者も副本部長として参画することとなった。

2）構成員の安否確認等

大震災発生の翌週には、被災地の支部と調整のうえで、本部員が中心となり、全国の理事や近隣支部等の協力を得て、被災地構成員への安否確認に着手した。すでに不通となっていた地域もあったため電話に加えて、電子メール等も駆使した。4月14日には、被災地に暮らす構成員の自宅や職場の被害状況等の把握のため、東北被災三県各支部の構成員（284名）を対象とした被害状況調査を実施した。刻々と寄せられる情報に、深刻な被害状況が浮かび上がってきた。

3）東日本大震災の被災地支援活動等にかかる募金用口座の開設

2011（平成23）年3月14日から、被災地の支部活動や構成員を支えるとともに、全国から駆けつけて支援活動に従事する際の活動費用にあてることを目的とした「東日本大震災の被災地支援活動等に係る募金」を全国の構成員に呼びかけた。

4）被災地における精神保健福祉に関する情報収集及び構成員等への情報提供

被災地支部から刻々と届く現地情報を集約し、22のメーリングリスト（理事会、委員会、支部長らが参加するメーリングリスト等）やウェブサイトを活用し「災害対策本部情報」として発信した。そうすることで被災地と全国の支部及び構成員との情報共有に努めた。

5）被災地支援活動の実際

① 現地視察を踏まえての現地関係機関との調整、支援活動に従事する構成員の募集

被災地の構成員から直接、被害状況を聴取し、今後の支援者派遣の見通しを立てるため、本部員が緊急車両にて現地に入った。3月23日からは福島県（いわき市、郡山市）、宮城県（仙台市）、岩手県（一関市、陸前高田市）を訪ね、4月18日からは宮城県（気仙沼市）、岩手県（陸前高田市、盛岡市）、福島県（南相馬市）において現地ニーズの把握に努めた。

一方、3月29日の厚生労働省社会・援護局精神・障害保健課との情報交換の際には、宮城県と福島県における心のケアチーム等のコーディネーターとして派遣要請が出ていることを確認。すみやかに現地での人選及び推薦等に着手した。

こうした現地視察や関係機関との調整等を踏まえ、本協会としての組織的な支援活動に取り組むことの意義を確認したため、被災地支援活動に参加可能な構成員の登録を全国に呼びかけ、その受付を開始した。

② 福島県いわき市における心のケアチームのコーディネーター派遣

心のケアチーム及び市保健所との具体的な支援調整等を担うコーディネーターが求められた。4月6日より、日本医師会災害医療チーム（JMAT）との連携のもと、保健師からの依頼を受けての精神科医療機関への受診・受療にかかわる支援、避難所訪問によるケースのモニタリング等を担った。

③ 宮城県石巻市における心のケアチームへの要員派遣

東北大学病院を中心とした心のケアチームには、現地の県協会の会員が交替で参加していたが、被災当事者でもあることから、その心身の疲労は極限に達していた。3月中旬頃には、隣県に住む筆者も駆けつけ参画した。さらに本協会への正式な派遣要請を受けて全国の構成員に協力を呼びかけた。仙台市内のマンスリーマンションに活動に従事する構成員のための前線基地を確保し、心のケアチームの要員として、避難所巡回や在宅訪問等の活動に従事した。

④ 福島県南相馬市への支援者派遣

原発事故の風評被害にさらされていた南相馬市

は、陸の孤島と化していた。暮らしに必要な日常生活用品の物流すらも途絶え、支援活動のために他都道府県から現地入りする専門職チームは少なかった。こうした状況の中、支援ニーズの高まりを把握した第2回対策本部会議において、南相馬市への支援を決定した。

　①精神保健福祉士2名を1組として、1週間交替で支援活動
　②本協会が宿泊先、自動車、専用の携帯電話、パソコン等を確保する自己完結型の支援
　③保健所や市保健センター等の情報をもとに避難所を巡回相談、在宅精神障害者の状況把握。精神科医療ケアが必要と思われる人への受診受療援助
　④住民や市役所職員に対するメンタルヘルスに関する啓発・相談活動

等を主たる任務として位置づけて、支援活動スキームは、現地情報をもとに柔軟に改変していくこととした。実際の場面では、必要や求めに応じて保健師活動の雑用・周辺業務等のサポートも行った。この支援活動は10月28日まで続けられ、計68名の構成員が参画し、延べ活動日数は386日となった。

⑤　宮城県東松島市への支援者派遣

　4月15日、宮城県支部の構成員より東松島市からの派遣要請が出ているとの情報が寄せられるとともに、宮城県と東松島市からの公式な依頼を確認した。本部会議での協議・決定を踏まえて、4月25日から活動を開始した。

現地からは「従来から保健師のマンパワー不足だったところに東日本大震災被災。この後の中長期的な対応が困難」「ようやく在宅者への訪問による健康調査に着手したが、メンタルヘルスに関する二次的スクリーニングを保健師だけで担うのは難しい状況にある」といった諸点が説明された。そのうえで、本協会から派遣される構成員には、以下の業務が要請された。

　①保健師の依頼に基づく訪問（在宅者、避難所等）による、精神科への受診・受療を要すると思われるケースへの支援
　②精神科治療までは要さないと判断したケースへの相談支援
　③避難所生活に不適応状態となっている精神障害者への相談支援

当初は1名の派遣体制であったが、5月14日からは2名体制で支援者を派遣することとなった。1週間交替の丁寧な引き継ぎをすること、本部及び理事がサポート体制を執ること等を堅持した。この支援活動は、12月28日まで続けられ、計71名の構成員が参加し、延べ活動日数は401日となった。

　石巻市、南相馬市、東松島市のいずれの市でも、大震災直後から、自身も被災し家族を津波で奪われながらも、着の身着のままで庁舎に寝泊まりし、地域住民のためにひたすら実践を続ける保健師らの姿を目の当たりにした。避難所や仮設住宅等への訪問での道すがら、聞かせていただく語りに、ただただ言葉を無くす日々でもあった。

❹2012（平成24）年4月1日から現在に至る本協会の取り組み

1）東日本大震災復興支援本部の設置

　2012（平成24）年3月31日、緊急時における一定の役割を果たし終えたという認識のもと、対策本部を閉じたものの、復興に向けた本協会としての組織的取り組みの継続が重要であるとの認識から、「支援者を支援する」ことに軸足を置く「東日本大震災復興支援本部」（以下、「復興支援本部」とする）の設置が同年3月の第2回通常理事会で承認された。こうして、年度替わりにあっても取り組みを継続し今日に至る。

　本協会の組織をあげた取り組みの姿勢を内外に示

すため会長を本部長とし、さらに、より被災地の心情を共有し復興支援最前線に相応しい取り組みとするため、東北で暮らす理事でもある筆者が本部長代行を担い、東北6県の支部長、これまでの災害支援活動経験者を核とする構成とした。

2）復興支援人材バンクによる「みやぎ心のケアセンター」への支援活動参画

みやぎ心のケアセンターからの要請を受け、その一員として支援活動に参画するための復興支援人材バンクを設け、WEBサイト及び通信誌やチラシ等による周知と登録受付を開始した。

2012（平成24）年6月の一次募集及び同年8月17日の二次募集を通じて、常勤雇用2名、臨時雇用10名、短期ボランティア25名の応募があった。

7月2日より、仙台市の基幹相談支援センターを拠点として、名取市、岩沼市、松島町、東松島市、塩竈市、大和町、女川町などに移動して活動を行った。さらに9月18日以降は、石巻市を拠点とし、東松島市や女川町に派遣されているセンタースタッフの補佐として活動を行った。計28名による延べ150日の活動であった。

復興支援本部は、支援活動に従事する構成員のために、移動に要するレンタカーの確保、活動中には専用携帯電話やメールの活用によるサポート体制を敷いた。

3）継続した募金及び活用としての復興支援活動助成金

2012（平成24）年3月末までの対策本部による募金を引き継ぐとともに、「支援者支援」の観点から、最前線にあって被災当事者でありながらも支援活動に励む現地支部構成員の実践を支援するとともに、全国の構成員と被災地の構成員との交流や、県外に避難した人たちを支援する構成員の取り組みを応援するための「東日本大震災～支えるひとを支える募金」を開設した。ウェブサイトでの呼びかけとともに、本協会が主催する研修会や都道府県支部で行われる諸行事等の場面でも、募金を呼びかけている。寄せられた募金の一部を助成金として活用し実施された活動の報告をウェブサイト等に掲載し、構成員相互の実践と情報の分かち合いを継続している。

4）支援者支援の視点に基づく、被災地構成員と全国の構成員との相互交流

① 定期的刊行物「東北復興PSWにゅうす」

本部員である東北の支部長等から「被災地の精神保健福祉士の孤立化を危惧」といった意見が出されたことから、被災地の構成員による実践と情報を全国の構成員に向けて発信するとともに、全国の構成員から被災地構成員へ寄せるメッセージを伝える等の相互交流を図るため、2012（平成24）年9月より「東北復興PSWにゅうす」を作成し発行している。

被災地にあっては、東北6県の県協会等の協力を得て、構成員に限らず広く関係者にも配布している。4か月に1度のペースで版を重ね、2014（平成26）年3月15日には第10号を発行している。

② 被災地支援ホットライン「ほっとPhone」

被災地の構成員自身が、被災当事者であることを語り、日常の支援の取り組みニーズ等についての意見を、復興支援本部に直接伝えるための「ほっとPhone」窓口を設置し、本部長代行である筆者が、24時間体制で電話を受けつけることとしている。

③ 被災地構成員との交流会「ほっとミーティング」

本部員が市街地から遠く離れた東北太平洋沿岸部の構成員たちを現地に訪ね、その「被災当事者としての体験」に耳を傾ける「ほっとミーティング」を、岩手・宮城・福島の各地で開催している。セルフヘルプグループのような雰囲気の中で語り合い、分かち合い、ねぎらい合い、酒を酌み交わしながらのひとときを重ねている。

④ 本協会全国大会における「被災地の障害者作業所等の製品販売」

被災によって様々な困難を強いられている岩手・

宮城・福島の障害者作業所等への復興支援の一助として、本協会の全国大会の会場でその製品の販売を行っている。財政的な支援活動であるとともに、店頭に立つ被災地の構成員や支援活動経験のある構成員と大会参加者との交流の場ともなっている。

⑤　東北復興PSW支「縁」ツアー

東日本大震災から3年が経過するも、25万8千人余りの人々が避難生活を余儀なくされており、未だ復興の途上にある。

次第に被災地に対しての世間の関心が失われ、現地を訪ねる人たちも減り、情報の発信も減っている状況がある。その一方で、深刻化した問題に対して、先駆的な取り組みもまた新しく生まれているという希望もある。

本ツアーは、「今」の東北の地で同じものを見、「これから」をともに語り合えるような場とし、そして、改めて被災地支援をともに考える機会として企画された。

東北に「縁（ゆかり）」を感じてもらい、全国各地から参集した構成員と現地の構成員とが「PSWとしての私と3.11」を共有する場面で出会い、今後末永く続く「縁」へとつながればという願いを込め、「支援」ではなく「支縁」としている。全国各地の何処にあっても被災地で暮らす人々の暮らしに関心を寄せ続けるソーシャルワーカーが結集する職能団体として、加えて、対策本部及び復興支援本部が牽引してきた「支援者支援」の取り組みを引き継ぐ取り組みとして2014（平成26）年から、具体的に実施されている。

❺おわりに

東日本大震災直後の3月下旬、寒さ厳しい石巻に入った。立ち込める粉塵や腐敗臭の中、堆い瓦礫の間をぬって避難所をめぐった風景は、住民の語る一言一言とともに、鮮明に記憶している。5か月後の夏、色づく桃がたわわに実る飯舘の桃畑からは人の息づかいは消えていた。陸前高田、大船渡には、2年を経過した後も津波に洗い流された荒野が広がっていた。閉ざされた駅から続く小高の街並みには雑草が生い茂り、松川浦に続く田畑には、家屋の残骸をそのままに「透明な残酷」が3年の時の流れを止めさせていた。

2011（平成23）年3月11日、筆者は、東北・山形の市街地にある精神科診療所の相談室にいた。傍らには、本協会の会議出席のためその夜上京する旅支度のボストンバッグがあった。クライエントとの面談の最中に突然の停電が起きた。かつて経験したことのない大きな揺れに遭遇した。翌日からの対策本部、引き続き復興支援本部に参画してきた筆者は、一貫して、被災地で暮らしを営みつつ支援活動に従事する構成員に想いを寄せるとともに、精神保健福祉にかかわる唯一の専門職能団体である本協会なればこそ担いうる役割を模索し続けてきた。

しかしながら、それはまたソーシャルワーカーとして、そして「同じ東北人だから」という想いを胸にしてもなお、かつてない惨禍にあって命そのものと対峙しながらも生きることに懸命の方々との間には、雲泥万里の隔たりがあることを思い知らされる日々でもあった。

とはいえ、対策本部及び復興支援本部からの呼びかけに、自らの現場を同僚に託して全国各地から被災地へと馳せ参じていただいた構成員の姿に心揺さぶられ、折に触れての募金や有形無形に届けられる温かなメッセージは、心に深く刻まれた。そして、肩組み合う本部員との強く共感する取り組みは、筆者の生涯にわたって記憶されるものとなろう。

筆者たちは、精神医学ソーシャルワーカーと称した時代から、国策として蔑まれ疎まれ忘れられた人たちの人権擁護のために、身を挺して支援してきた

50有余年の歴史をもつ。この矜持に拠って立つとするならば、断じて今のこの事態を見過ごしにはできない。

歴史的に本協会が積み上げて来ている実践を礎に、復興の希望への架け橋が確かなるものとなる日まで、筆者たちだからこそ担いうる普遍的な「支援者支援」の知恵を焙り出していくことが求められている。

東北は雪解けとともに、梅も桜も水仙も沈丁花も……一斉に花咲き誇る春が訪れる。あの日以来、4年目に入った東北の春待つ思いは未だ遠のいたままにある。

（小関清之）

コラム 東日本大震災被災地支援活動を事務局員として携わって

　筆者が東日本大震災の際に主に担った業務は、すでに災害支援体制整備委員長・常務理事が筋道をつけた事柄を継続させることであり、具体的には①支援員の確保・調整、②支援員のための環境整備であった。

【①支援員の確保・調整】

　石巻1名、東松島2名、南相馬2名（うち、1名は養和会の皆さんがつないで下さった）の支援員を途切れなく派遣することが第一使命であった。3班とも条件や環境が異なるため、個別調整も必要であった。一番の苦労は、引き継ぎを行うために東松島・南相馬班のペアの参加開始・終了が重ならないよう調整することであった。その点では、シフト枠をつくり、希望日程枠に活動可能者を当て込んでいけば先々の予定も立てられるとのご意見も多数受けた。しかし現実は、活動可能日数は様々であり、それらを機械的に当て込むのは困難で、参加可能日を考慮しつつペアの出入りをずらすことはパズルのピースをはめ込むような作業であった。人材が潤沢に確保されていれば苦も無いのだが、現実は、100名を超える派遣登録を頂いていても、実際に連絡をとると「すでに他団体の活動に参加をした」「他の被災地に行きたい」「連休中なら行けた」「月単位の予定でないと調整不可」等々、実際の派遣に至らないことは多々あった。その調整業務の折に、多数の構成員の方々とお話しさせて頂く機会があったが、厳しいご意見を頂くことも多々あった。「支援に参加したくとも参加できない者の気持ちも汲んで欲しい」「なぜ日本精神保健福祉士協会の構成員でなければ参加できないのか」「活動内容を詳しく知らされていないのに行けない」「事前研修を行わないのか」「移動の手配をしてくれないのは無責任ではないか」等々。

　この業務を通し、被災地に赴いても日頃の実践が同様に行えるよう、精神保健福祉士個々の質の向上が必要であり、それを担保すべく、継続した研修が必要であると実感した。

【②支援員のための環境整備】

　石巻班は早期に賃貸マンションを確保していたのが功を奏した。東松島班は当初、クリニックを宿泊場所としてご提供頂いていたが、途中で宿を確保する必要が生じ、これが非常に苦労した。数少ない営業可能の宿はどこも常に満室であった。ましてやインターネットが利用でき、個別に2部屋同時に確保することは至難の業であった。南相馬班は1つのホテルを継続的に利用でき、レンタカーを手配できていたため、手続きの煩雑さはあったものの、確保に悩まされることはなかった。自己完結型の支援に徹することを目標としていたため、最低限の宿や車輌調達の努力はしたが支援員からの「支援地から近隣」「禁煙室希望」等細かい要望に応えることはできなかった。

　本業務に携わるに際し、4月にJDFみやぎ支援センターへ派遣して頂いたことが大きく役立った。活動は各避難所へ巡回調査・支援調整であり、被災者や地元の支援者の方々の声を直接聴くことができた。また、障害者は避難所生活が困難であり、支援が届けられていないことが顕在化していないことや、地元の支援者は皆疲弊し、その要因は外部からの支援者（と名乗る人たち）への対応であることを肌で感じた。それによって、本協会が掲げた「自己完結型の支援者支援」を実現すべく、支援員の方々の負担をできる限り軽減することを目標にできた。

　何かできることがあるということは、有難いことであり何かしたいという思いがありつつそこに至らない人は沢山いる。私は活動に携わることができたが、それができたのも、表に現れない業務を同僚が担い、また構成員の方々からご意見・ご協力を頂くことができたからである。そのことに感謝しつつ、本協会活動が今後も継続されていくことを期待する。

（梶田紀子）

2 日本精神保健福祉士協会による災害支援体制整備の継続的な取り組み

❶災害支援ガイドライン策定の背景

　1995（平成7）年に起きた阪神・淡路大震災において、本協会（当時、日本精神医学ソーシャル・ワーカー協会）は、初めての組織的な災害支援活動を行った。全国の構成員から精神保健ボランティアを募り、事務局で登録し、派遣調整を行った。100人を超える構成員が阪神地域に派遣された。しかし、その後の震災においては派遣による支援活動は行われず、また協会としての組織的な体制整備は、資格化や法人化など様々な懸案事項が優先される中で、しばらく行われなかった。

　筆者の所属していた東京精神保健福祉士協会は、阪神・淡路大震災の翌年から、災害支援について検討する委員会を設立させ、以後、現在に至るまで災害時に向けた体制検討や災害支援に関する研修を継続的に行っている。この活動は、首都圏広域ネットワーク化に向けて埼玉県、千葉県などと協同研修を企画するなどの動きを見せている。

　さて本協会における災害支援体制の整備は、2007（平成19）年10月に災害支援検討委員会が設置され始まった。阪神・淡路大震災後12年の間に、北海道有珠山噴火、鳥取県西部地震、新潟県中越地震、福岡県西方沖地震、石川県能登半島地震、JR福知山線脱線事故などの災害で、精神保健福祉士が支援活動に携わっている。これらの災害を経て、災害時及び平常時の、全国組織としての災害支援体制検討の必要性が高まり、それらの活動にかかわった協会構成員などを中心に構成された委員会において、災害時に精神保健福祉士がどのような活動を行うのか、災害が発生した際、協会は組織的にどのように動くのかまた平常時からどのような体制を整えておくのかなどについて検討を進めた。2年半かけて2010（平成22）年3月に出来上がったのが、「災害支援ガイドライン」である。

　災害支援ガイドラインには、平常時と災害時における本協会及び都道府県支部の役割が示されており、各都道府県に災害対策委員を配置し、災害発生時には本協会に対し情報発信するなどのパイプ役を担う人材として期待されている。東日本大震災の際は、災害支援ガイドラインに従って初動から活動を行ったが、災害支援ガイドラインが全国に浸透するよう研修を行っている最中の発災であった。

　災害支援ガイドラインには、災害支援活動のあり方（活動例）や支部が策定する災害対策計画モデルも掲載されている。その後、災害支援検討委員会は災害支援体制整備検討委員会、災害支援体制整備委員会と名称を変え、全国での災害支援研修の開催やガイドラインの改訂作業を現在も継続している。

❷災害支援研修の実施

　2010（平成22）年3月、災害支援ガイドラインが完成し、その概要を都道府県支部や構成員に伝達することや災害支援の実際についての体験を伝えることを目的に2010（平成22）年度から災害支援研修を実施した。2010（平成22）年度は、6か所での実施を計画していたが、第1回（福岡）、第2回（北海道）、第3回（神戸）、第4回（岡山）が終わり、第5回（東京）を迎える直前に東日本大震災が発災したため、

第5回を中止し、第6回（石川）を実施した。第4回までの参加者は神戸を除き、少数であったが、第6回は会場から溢れるくらいの参加者が詰めかけた。すでに他団体等からの派遣で東日本大震災の被災地支援を経験した構成員の参加もあった。

翌2011（平成23）年度は、研修内容について再検討し、それまで使っていた中越地震の映像から東日本大震災の映像に変更、本協会災害対策本部の動きなども報告し、被災地支援活動の支援者登録の呼びかけも行った。開催地は、福島、岩手、東京と被災された地域での開催とした。各会場には多くの参加者があり、参加アンケートからも関心の高さがうかがえた。

2012（平成24）年度は、佐賀、愛知、北海道、和歌山、高知と5回の研修を実施。東日本大震災から2年経ち、社会的に関心が薄れていくのと同調するように研修への参加者数は減少していった。委員会では、研修参加者アンケートによる要望から、アドバンスコースの研修企画検討を開始した。

2013（平成25）年度は、助成金の活用ができず、全国での研修実施を断念し、東京開催のソーシャルワーク研修において、基礎編とアドバンス編を1日ずつの開催とした。初めて実施したアドバンス編では、より実践を意識した内容とし、避難所設営をシミュレーションしたロールプレイなどを行った。今後は、基礎編及びアドバンス編ともに内容を再構成し、基礎編は各支部やブロック単位で実施し、アドバンス編を年1回開催する方向で検討している。

❸災害支援ガイドライン改訂作業

2012（平成24）から2013（平成25）年にかけての災害支援体制整備委員会においては、通常10名体制である委員会を東北被災3県から1名ずつの参加によって14名体制とし、研修検討班7名と組織体制検討班7名に分かれて検討を行った。組織体制検討班では、災害支援ガイドラインの改訂作業に着手し、災害発生時に本協会が行う活動内容や派遣調整における課題などの検討を行った。支援活動に参加した構成員向けアンケートも実施し、協会活動への意見聴取も行った。また東日本大震災では、事務局員が一時避難したり、停電によって事務局業務に支障が出たりするなどの事態が起きたが、不測の事態が起きた際の事務局機能の移転やデータの保管方法なども大きな検討課題の一つである。初版で課題として残されていた事項の検討や東日本大震災を経て改訂箇所が大幅に増えたため、年度内に改訂作業が終わらず、2014（平成26）年度にずれ込むこととなった。

❹災害支援体制整備の意義と課題

1）体制整備の必要性

災害支援体制整備はなぜ必要なのか。災害はいつどこで、どのように起こるかわからない。支援の必要のない小さな災害もあるが、規模が大きすぎてどう支援してよいかわからない場合もあるかもしれない。実際に災害が起きた時、何から手をつけていけばよいか、どのような物資や人材がどの程度必要なのかなど、ある程度起こりうる事態を想定して、準備できることは準備しておく。これが災害支援体制整備の目的であろう。では、体制を整備することはどのような意義を持つのだろうか。体制整備のあり方について検討されていることなどから、その意義について考察したい。

2）災害支援ガイドラインの目的

　災害支援体制整備委員会では、災害支援ガイドラインにおいて示しているように、平常時の本協会が備えるべきこと、支部が備えるべきこと、そして災害時に本協会が行う活動、支部が行う活動について時系列でまとめている。当然、ガイドラインであるので、必ずしもそれに従わなければならないわけではないが、前述した「まず何から手をつけていけばよいか」そして、「その次には……」という組織的な活動における最低限行うべきことが今までの支援経験などを参考に記載されている。災害が起きてからスタートするのでは初動が遅れたり、必要な支援が行えなかったりすることが想定される。そのような事態に陥らないために、一定の条件設定のもとで組織としての活動のあり方を示すことがガイドラインの目的である。そして、その結果として、被災した構成員やその構成員が支援している人にとって、一助となる活動が行われなければならない。

3）平常時の備え

　まず平常時には、災害発生を想定して、必要と思われることを準備しておく。「必要と思われること」は多岐にわたる。他団体等との連携についても、どこと、どのように連携するのか、協会の誰がどこを担うのか、平常時にはどの程度の連携を行うのかなどを考えなければならない。事務局が機能不全に陥ったらどうするのか、構成員データや事務局機能はどうなるのか、それについてどう備えるのか、また全国の支部とどう連携し、どのような人材を確保し、どのような研修を行い、どの程度の体制が必要なのかを考えなければならない。もちろん、すべて考えるだけでなく実行しなければ意味がない。同様に、災害発生時には、どのような初動活動を行い、誰がどのような判断をするのか、事務局はどのような役割を果たすのか……、枚挙に暇がなく、考えれば考えるほど必要と思われることが出てくる。災害は規模も違えば、性質も違い、地理的な面など、様々な状況がすべて異なるため、以前行った支援と同じでよいというわけにはいかないことも多い。状況判断で、柔軟性をもって行う部分も当然必要となる。その際、平常時にできるだけのことを備えておくと、災害時において、実際使うかどうかわからないが、使う可能性のある資源が増えることは確かである。この資源とは、簡単に言うと、ヒト・モノ・カネであるが、それらの資源があることは、より有効な活動を可能にし、被災地での役割を担う大きなアドバンテージになるはずである。

　本協会がこのような体制整備を推進していくことは、全体からみると一握の砂に過ぎないかもしれない。しかし、その一握の砂があることで、今後の災害において被災地の「人、暮らし、こころを支える活動」が少しでも過去より効果的なものになるならば、自然災害の多いわが国にとって大きな意義がある。また、全国のどこで災害が起きても、本協会構成員が支部単位または広域で支援活動を行うことのできる体制づくりは、公益法人としての社会に対する責任という観点からも取り組む意義を感じている。

　災害はいつ起こるかわからない。いつ起こるかわからないことについて、平常時にどこまで「時間とお金」をかけられるか、そしてどこまで備災意識を持ち続けることができるかが、組織及び個人に問われてくる。大きな災害が起きても、次第に関心は薄れてくる。本協会及び構成員一人ひとりは、今後この課題にどう取り組むのか、専門職能団体の全国組織として、またソーシャルワーカーとして考えなければならない、構成員一人ひとりの課題として、平常時から災害支援をどう位置づけるかが今後取り組まなければならない大きなテーマと考える。

（廣江　仁）

第4節　精神保健福祉士の資格の発展

1 資格制度のあり方

❶精神保健福祉士制度の動向

　社会福祉専門職の資格制度のあり方は、本協会が設立当初から専門性ないし専門職性の確立を目指して検討を重ねてきた課題である。周知のように社会福祉専門職の制度化は、社会保障政策の動向と不可分の関係にあり、第二次世界大戦後から任用資格に位置づけた社会福祉主事制度とは別建てとなり、1987（昭和62）年に成立した「社会福祉士及び介護福祉士法」による社会福祉士と介護福祉士の国家資格化によって始まった。その制度化から20年余を経た制度改正の動きでは、2006（平成18）年に社会保障審議会福祉部会の「介護福祉士制度及び社会福祉士制度の在り方に関する意見」を踏まえ、両福祉士に対してより高い専門性を求めた「社会福祉士及び介護福祉士法等の一部を改正する法律」（平成19年法律第125号）が成立した。

　この間、1997（平成9）年に精神科ソーシャルワーカーを国家資格に規定した精神保健福祉士法（平成9年法律第131号）が成立し、その後の社会福祉士制度の改正による影響を受けるという関係（本書の第Ⅱ章の精神保健福祉士法の成立に向けた動きを参照）が続いた。わが国のソーシャルワーカーである社会福祉士と精神保健福祉士の社会的な位置づけや専門性の議論を包含しつつ、精神保健福祉士の任務と役割の明確化と養成システムの改編及び国家試験等の見直しも進められた。

　その後の精神保健福祉士法は、障害者自立支援法の改正に伴い、大幅な法改正（平成22年法律第71号）となった。その法改正の第1点は、第2条の「定義」に行うべき援助として「地域相談支援」が加わったことであり、第2点は、第38条の2に「誠実義務」として「精神保健福祉士は、その担当する者が個人の尊厳を保持し、自立した生活を営むことができるよう、常にその者の立場に立って、誠実にその業務を行わなければならない」と規定したことである。第3点は、「連携等」として第41条で「精神保健福祉士は、その業務を行うに当たっては、その担当する者に対し、保健医療サービス、障害者の日常生活及び社会生活を総合的に支援するための法律第5条第1項に規定する障害福祉サービス、地域相談支援に関するサービスその他のサービスが密接な連携の下で総合的かつ適切に提供されるよう、これらのサービスを提供する者その他の関係者等との連携を保たなければならない」と規定したことである。

　重視すべき第4点は、「資質向上の責務」として第41条の2で「精神保健福祉士は、精神保健及び精神障害者の福祉を取り巻く環境の変化による業務の内容の変化に適応するため、相談援助に関する知識及び技能の向上に努めなければならない」としたように、国民のメンタルヘルスの課題に応えられる専門性を有した精神保健福祉士として社会的な評価が得られるような資質向上を責務として課した点である。

❷精神保健福祉士の生涯研修制度化への歩み

　本協会の生涯研修制度については、機関誌である『精神保健福祉』（第38巻第1号，2007年）において「精神保健福祉士の研修制度のあり方」が特集されている。その刊行の主旨を「専門職能団体として構成員の力量を担保する研修制度問題への対応が求められる」とし、「構成員自らの専門性を堅持しながら、

さらに高めていくための研修の方向性を示すことは、本協会に向けられた社会的な要請としても大きい」としている。その前年の2006（平成18）年1月に発行された『PSW通信No.140』において「生涯研修制度検討委員会の取り組み」と題したコメントも載せている。

本協会が2005（平成17）年9月より生涯研修制度検討委員会を立ち上げ、その任務を「会員（構成員）が生涯にわたって、精神保健福祉領域の専門的なソーシャルワーカー職としての力量を高めるとともに、その専門職性を保持できるための研修体系の制度化を図ることである」としている。この委員会に託された課題は、教育研修プロジェクト委員会が検討を重ねてきた生涯研修制度基本要綱及び研修事業運営細則の2つの本協会規定（案）を会員総会に諮れるよう検討することにあった。この委員会の目的は、生涯研修体系の構造について基幹研修と養成研修の二本立てとした体系図を示しつつ、研修システムの全体像を会員（構成員）と共有することでもあった。

そこでの大きな論点は、いわゆる認定制と更新制の位置づけが焦点であり、すでに実施している精神保健福祉関連の専門職能団体の生涯研修制度や認定システム等も検証し、都道府県協会の協力のもとでは「基幹研修Ⅰ～Ⅲ」と「養成研修」及び「課題別研修」を構造化した生涯研修制度体系の提示である。そして、2009（平成21）年には、研修内容の統一を図るための共通シラバスとともに、生涯研修用テキスト（3分冊）を刊行し、「研修認定精神保健福祉士」の登録システムを管理・運営する研修センターの創設に至った。

つまり、ソーシャルワーク専門職能団体である本協会は、国家資格の取得後においても常に求められている専門性を永続的に保持・向上させ、また、精神に障害のある人びとや家族のみならず、国民の誰からも信頼されるよう、専門職能団体の責務となる生涯研修制度を確固たるものにする更新制の導入についていち早く実施に踏み切ったわけである。本協会では、生涯研修体系を、保有すべき専門性の積み上げ方式により展開することになり、その方式に加えて、社会的な要請に応える課題別研修も組み入れることとなった。それは新たな福祉問題や精神保健福祉課題の対応に迫られる状況下にあるからこそ、それらの諸課題に対して的確に即応できるスペシャリスト養成が問われているからでもあった。

❸資格取得後における研修制度の意義と展開

ヒューマンサービス領域における多くの専門職能団体では、その会員（構成員）が堅持すべき職責を担えるよう、また社会的な要請に応えるために、会員の自助努力による自己研鑽・自己学習の機会を組織的で体系的なプログラムを有している。各会員に対しては、生涯にわたる研修の体系化とシステム化によって、組織的に支援する体制を整えている。そして、研修に参加した会員には、その研修受講の研鑽実績についてポイント制等を活用する認証や認定だけでなく、そこでの実績を社会的に承認されるよう、専門職として国民から活用されることを想定し、その情報を開示する取り組みを展開している。

これまで本協会も同様の取り組みとして、機関誌や通信をもって精神保健福祉士の専門性の向上を目指した研修制度のあり方について繰り返し広報・普及に努めてきた。それらを通じて送り出されたメッセージの内容は、常に精神保健福祉士の実践力を高めるために研鑽を積んでいくことに深くかかわるものとなっている。そして、会員自らの研鑽を積み上げるために、生涯にわたる研修体系のあり方を求めてきた。そこでは、本協会が制度化への取り組みを会員のみに伝えるだけではなく、社会に対しても公

表することによって、専門職能団体としての社会的な責務についても情報を開示してきた。

前項で概要を示したように精神保健福祉士の生涯研修体系は、大きく分けて二系列で組み立てた「キャリア形成の可視化」を目指している。一つは「階層別研修」で初心者から指導者までの階層ごとに展開されるものであり、もう一つは「資格取得研修」「専門分野研修」などを配置している。その二系列で組み立てられた研修体系は、ともに専門性をいかすための自己活用や自己啓発などを促す構成となっている。

本協会の研修システムは、まずは新入会員に対する自己学習を中心にした基礎研修を土台にした「基幹研修」と「養成研修」「課題別研修」で構成されている。階層別研修ともいえる基幹研修では、入会後の実践経験の年数ごとに基幹研修Ⅰから基幹研修Ⅲへと3つの段階でステップアップしていく、いわゆる積み上げ方式を採用している。また、その実施にあたっては、都道府県の協会や支部及びブロック域においても標準化した研修が実施できるよう統一的な研修目標や科目シラバス及び実施マニュアルなどを提示している。その研修システムにおいて特筆すべき点は、更新制を導入したことである。つまり、ヒューマンサービス領域の資格制度には、資格取得後の更新制がないため、他の社会福祉系専門職能団体に先駆け、本協会が独自に認定する研修を受講した精神保健福祉士に対し、5年ごとに更新研修の受講を義務づける方式を採用したことは大きな意味を持っている。この更新制は、組織的な認定方式の導入によって、会員の専門性の保持を担保し、会員一人ひとりの自律性を高めているという証そのものを、社会に対して発信するという画期的な制度でもある。

一方、本協会が認定する養成研修では、スーパーバイザー養成研修、実習指導者研修に加え、成年後見人養成研修を配している。また、社会的な要請の高い課題別研修では、政策課題別研修を実施するとともに、それらの課題別研修が3年間継続した場合には、その研修内容を基幹研修に組み入れる方式をとっている。養成研修は、専門分野別の高度な知識と技能を必要とする研修であり、協会が認定する資格として位置づけられるよう、受講条件(基幹研修Ⅲを受講)を明示している。さらに認定スーパーバイザー養成研修では、実践経験年数が10年(5年ごとの更新研修2回分)以上となるスーパーバイザーに対して更新研修の受講を課している。

❹今後の認証・認定制度化への課題

生涯研修制度による本協会の最大の任務は、揺るぎない専門職倫理(価値観も含む)と高度な知識・技能を有した専門職性を、統一した研修システムによって保障することである。その研修システムは、社会的な要請に応えられるよう自律的な認定の制度化を図り、新たな知識と技能の導入を明示することが大切である。よって今後の課題は、本協会・支部や都道府県協会が実施してきた研修システムを大幅に改編し、生涯研修制度の再構築と拡充に向け、検討することである。それら検討課題のうち、次の2点に集約して私見を述べてみる。

1)キャリアパスの可視化への課題

第一の課題は、精神保健福祉士の養成教育から現任研修へと連結する「キャリア形成プロセス(キャリアパス)」を可視化させることである。近年のソーシャルワーカーのグローバル化に準拠するという国際的な潮流に対し、わが国の特性をいかしながら、如何にして精神保健福祉士の社会的な認知度を高められるかにかかっている。例えば、EU29か国の高等教育担当大臣が調印したボローニャ宣言(1999年)においてヨーロッパ単位互換制度(European

Credit Transfer System) で示されたソーシャルワーカーの学習課程と育成システムのように、わが国でも精神保健福祉士の学習と育成を「見える」ないし「わかる」という可視化への努力を重ねるべきだろう。

周知のように日本社会福祉士会が2008（平成20）年度から開始された「専門社会福祉士認定システム構築にむけた基礎研究事業」に本協会も参加していた。しかし、2011（平成23）年に設立された「認定社会福祉士認証・認定機構」が社会福祉士のみの認定システム（Certification）と研修認証システム（Accreditation）を求めたことから、その創設には加盟せず、2012（平成24）年には「精神保健福祉士の認証制度の在り方検討委員会」を設置して検討してきた。そこでは、本協会の認証・認定システムを評価する第三者性の担保ないし、生涯研修制度との整合性を図るなどの課題もある。

そこで本協会が認定・認証制度を構築するためには、研修センター機能の強化が必須条件となる。また、精神保健福祉士を配置する機関や施設及び団体等から確かな認知と承認を得るとともに、他職種から「連携力」を期待される一人ひとりの精神保健福祉士を支援する体制づくりが課題となる。その際、教育機関における養成教育と実践現場での実習教育や研修が連続的な一貫性を保ち、包括的で総合的な育成・研鑽のシステム化を図らなければならない。専門性のある精神保健福祉士の養成は、教育システムと研修システムが連結され、実習教育で常に強調されるような教育機関と実践現場との連携・協働なくして成立しない。ましてや新人育成に向けた各実践現場でのOJT体制づくりとともに、それらを支援する本協会・支部の研修支援態勢の強化が課題となってくる。

さらに認定・認証の制度化については、「認定社会福祉士認証・認定機構」が示すように、精神保健福祉士の実践モデルとなるスーパーバイザーを身近に数多く配置すべきという課題がある。そうした

スーパービジョン体制の確立なくしては、精神保健福祉士の資質向上のためのキャリアパスを提示し得ない。その核となるスーパーバイザーには、ワーカー・クライエント関係から始まるミクロレベルからメゾ・マクロレベルまでを見通したスーパービジョンやコンサルテーションを遂行できる力量が求められる。

2）組織強化の推進への課題

第二の課題は、本協会の組織強化に向けた推進策である。本協会の構成員数は、資格取得の現業者数の比率からして加入率が低い。社会福祉振興・試験センターが4年ごとに実施する、いわゆる三福祉士を対象にした「就労状況調査結果」から推計してみると、すでに現業に就いている精神保健福祉士は約4万人という試算となる。これまで本協会が半世紀にわたって自律性を求めて獲得したともいえる国家資格者を、その構成員とする本協会・支部と都道府県協会とが「併存」から「統合」へ向けて取り組み、それらの諸課題を俯瞰した視座から乗り越えていくべき時代を迎えている。

こうした現況を踏まえ、本協会・支部と都道府県協会への入会システムとの整合性とともに、各職域で働く精神保健福祉士が公益社団法人の本協会に守られ、生涯研修制度で専門性を担保されるといった認知を得るためには、未加入者への入会勧奨が最も大きな課題となってくる。そして、本協会に加入することの意義を明確に打ち出し、精神保健福祉士として活躍を希望する人への情報提供、その養成課程で学び資格を取得した後、本協会の構成員としての研鑽を積み上げ、より高度な専門性に裏打ちされた指導者を送り出すことにある。さらには、本協会・支部が都道府県及び市町村の実践圏域で働く新人の育成から指導者の養成までを担い、本協会が想定する認定精神保健福祉士ないし認定専門精神保健福祉士を、実践現場や支部圏域の社会的要請に対して送り出せるよう、本協会の支部組織の強化策が課題と

なる。

　最後に、今後求められる次世代の取り組みとしては、義務教育課程から専門職の養成教育課程に至るまで、そして高度な専門職の育成へと連なる、まさに生涯の学習の体系化への確立を果たすことであろう。さらに新たな精神保健福祉課題に即応できる望ましい精神保健福祉士になることこそが、本協会の会員一人ひとりの将来的な課題ではなかろうか。

（石川到覚）

●参考文献
1）石川到覚「生涯研修制度検討委員会の取り組み」『PSW 通信 No.140』日本精神保健福祉士協会，2006年
2）石川到覚「精神保健福祉士の研修制度のあり方」『精神保健福祉』第38巻第1号，2007年
3）石川到覚「始まる！ 認定社会福祉士制度——これからの社会福祉士が目指すべきもの」『鴨台社会福祉学論集』第22号，2013年
4）厚生労働科学研究「精神保健福祉士の活動評価及び介入方法の開発と普及に関する研究」研究代表石川到覚，平成24年度～26年度の各年度報告書

2 職域拡大と社会的認知の向上

精神保健福祉士資格制度の創設の背景や資格法制定後の動向、変遷を概観してきたが、本項では精神保健福祉士が従事する機関や職域の変化について概観する。

❶ 精神保健福祉士の就労実態について

1997（平成9）年に資格法が制定され、第1回国家試験が1999（平成11）年に実施されて以降16回の国家試験を重ね、2014（平成26）年7月現在の精神保健福祉士資格登録者数は6万4,931名となっている。平均して毎年7,000名近くが受験し、4,000名前後輩出される合格者の中から登録者を得て現在に至っている。

精神保健福祉士は業務独占資格ではないこともあり、毎年現況届を要する仕組みとはなっていないため、約7万人近い資格者の就労状況について正確に把握するすべは残念ながら現状ではない。しかし、全国的調査でもあり参考になる資料として、2012（平成24）年に厚生労働省社会・援護局福祉基盤課が公益財団法人社会福祉振興・試験センターに委託実施した「平成24年度社会福祉士・介護福祉士・精神保健福祉士就労状況調査結果」がある。精神保健福祉士の調査協力同意者など有効調査対象者数は4万2,226人、有効回答数は1万1,201人で回収率は26.5％となっており残念ながら回収率は決して高くない。2008（平成20）年にも同様に実施された「介護福祉士等現況把握調査」では、精神保健福祉士の有効調査対象数は1万5,721人、有効回答数は7,191人、回収率45.7％となっている。年次推移を踏まえ2012年調査の母数は多くなっているとはいえ、回収率の低下は課題認識すべきことであろう。2012年調査結果によると、無回答を除く就労率は86.7％、非就労者の割合は11.9％、また、資格を活かした仕事への就労率が66.4％、活かしていないという回答は33.1％となっている。資格を活かした就労者の従事所属機関分野をみると、医療関係が35.0％、障害者福祉関係が30.2％、行政関係が13.4％と続く。

同時期の2012（平成24）年4月付け本協会構成員8,264人の所属機関別データを参照してみると、医療関係が45.6％、障害者福祉関係が22％、行政関係（比較のために司法を除く）が6.5％と、割合はやや異なるが、順位は同様であった。

翻って資格化直後の状況について再確認したく、古い資料を繰るうちに『こころの科学』の特別企画「精神保健福祉士」（日本評論社 1999年11月発行）の記事中（p.32、門屋充郎氏）に以下の記述を見つけた。

「日本PSW協会の会員は1999年8月時点で2,000名を超えた。会員の所属をみるとおおむね8割が精神科医療機関に所属している。最近、地域で活動するPSWの入会が増えており、今後もこの傾向は続くと考えられる。（中略）全国的にみてPSWが地域でどのくらい活動しているかについては、詳しい調査がないので予測する以外にないが、平成9年10月1日時点で、全国的に設置されていたPSWを採用することが義務付けられている社会復帰施設は通所授産施設112か所、入所授産施設15か所、生活訓練施設（援護寮）128か所、福祉工場7か所、地域生活支援事業51か所であり、1施設1名の配置とすると313名が活動していることになる。この他に地域で働いているPSWは、精神保健福祉センターと政令指定都市における保健所等で、精神保健相談員として発令された者のうち、保健婦を除いた一握りの人たちである。（中略）法外施設と呼ばれる作業

所にも、都道府県の補助金額によってはPSWが採用されるようになってきており、千数百施設にPSWが少なからず採用され地域マンパワーとして活動している。」

また、精神保健相談員については、別記事に以下のような記述が見つけられた（p.57、小出保廣氏）。

「全国的にみれば、843保健所のうち精神保健専従配置保健所は366保健所で、精神保健専従者は520名。そのうち福祉出身の専従者は270名である。（平成7年1月1日現在、全国精神保健福祉相談委員会と全国精神保健福祉センター長会で行った調査）。」

国家資格化後、初の資格登録者誕生の同時期に、2,000名を超えた本協会の構成員の所属内訳は、医療機関が8割と圧倒的に多くを占めたこと、医療機関以外の所属は、ある意味行政も含め、医療機関に対するように「地域」所属とくくられるような状況であったこと、その割合は根拠法ができても未だ少なかったことがわかる。

❷ 精神保健福祉士の職域の変化

職域実態やその拡大については、精神保健福祉士の専門性つまり当該専門職の必要性に関する認識、すなわち社会的認知度と、配置を促進もしくは推進するための財源、さらに当該施策推進のための根拠法のあり方が影響を及ぼす。

社会福祉基礎構造改革を経て2000（平成12）年に制定された社会福祉法、同年施行の介護保険制度や成年後見制度、2003（平成15）年の障害者支援費制度などにより、措置から契約へ社会福祉のあり方が変化したことも背景に、本人主体の支援や権利擁護を担う福祉や介護に携わるマンパワーの整備が図られることとなった。精神保健分野では、社会復帰の促進と権利擁護が謳われた精神保健法の制定（1987（昭和62）年）に遡ると、未だ精神保健福祉士資格法制定には及ばずとも精神科ソーシャルワーカーや社会復帰施設の従事者の配置促進が緒につき始めていた。1993（平成5）年の障害者基本法制定や1995（平成7）年の障害者プラン及び精神保健福祉法制定により、精神障害者はようやく福祉の対象として位置づけられ、精神障害者に対する専門的支援人材として精神保健福祉士資格は1997（平成9）年に誕生した。その後、1999（平成11）年の精神保健福祉法改正により保健所機能の市町村への一部移行や精神保健福祉施策の市町村レベルでの展開推進、2004（平成16）年の精神保健医療福祉の改革ビジョンによる早期退院・社会復帰実現の推進などの役割期待を受けて、精神保健福祉士の配置が増えていった。また、障害者自立支援法により、障害種別を問わないサービス提供体制整備の方向において、精神障害の特性に応じた支援に携わる精神保健福祉士の存在価値は一層問われることとなった。

先に見たように、協会構成員が2,000名を超えた時点での内訳は医療機関が8割であったが、医療機関所属割合が5割を割り出したのは2006（平成18）年5月であり、障害福祉サービス事業所や市町村行政における配置などをはじめ医療機関以外の割合が増加したのは明らかに障害者自立支援法制定が背景として大きい。また、2005（平成17）年施行となった医療観察法により新設された社会復帰調整官は、法制定時には各保護観察所にほぼ1人の配置だったが、法施行後対象者の増加に伴い徐々に複数配置となり、今では精神保健福祉士にとって揺るぎない職域の一つとなっている。

近年はさらに多様な領域に分かれて職域が拡大されてきた。2007（平成19）年から2010（平成22）年にかけて厚生労働省社会・援護局障害保健福祉部内で実施された精神保健福祉士法改正に向けた内部勉強会や、その後の「精神保健福祉士の養成の在り方等に関する検討会」においても職域拡大傾向と実績が確認され、精神保健福祉士法の改正内容に他職種

や他分野との連携強化も盛り込まれた次第である。

❸職域拡大の背景にある政策動向と協会としての各種要望及び取り組み

　診療報酬改定要望など年次で重ねている要望は割愛し、新たな領域対応要望を中心に配置促進等を目的とした取り組みをウェブサイトに掲載があるこの10年強について確認してみる。

　2002（平成14）年度には、当時、精神保健福祉施策に関する3つの検討会への協会からの参画もあり要望することにつながった「精神保健医療福祉施策の推進に関する要望」をはじめ、「国立精神科医療機関における精神保健福祉士の配置促進に関する要望」「精神障害者の保健・医療・福祉総合計画に関する要望」がある。2004（平成16）年度は、厚生労働省から示された改革ビジョンやグランドデザイン案の分析やそれに対する見解づくりが中心となり、直接的要望は少なかった。

　2005（平成17）年度は障害者自立支援法制定を受け、「障害者自立支援法施行に伴う市町村への精神保健福祉士配置に関する緊急要望について（お願い）」を各都道府県協会長と支部長及び本協会長の連名で行い、障害程度区分認定などに関する精神保健福祉士任用に功を奏した。

　2006（平成18）年度は、「精神保健福祉士のあり方に関する検討について（お願い）」「障害者自立支援法の運用上の改善を求める要望について（お願い）」「市区町村、精神保健福祉センター及び保健所等への精神保健福祉士の配置に係る要望について」（厚生労働大臣宛と、都道府県・市区町村所管課宛）「『障害者自立支援法に係る省令・告示で定める事項等』に関する意見」「生活保護行政における自立支援プログラムの実施における精神保健福祉士の活用について（ご提案）」「障害者自立支援法施行に伴う緊急集会7.5要望書」など、障害者自立支援法に関しての要望が多くなっており、市町村など地域への配置も徐々に増え始めた。

　2007（平成19）年度には、翌年度から始まるスクールソーシャルワーカー活用事業に向けて「『スクールソーシャルワーカー活用事業』における精神保健福祉士の積極的活用に関する要望について（お願い）」（文部科学省主管課及び各都道府県等の教育委員会宛）をはじめ、福祉人材確保指針への対応として「福祉人材としての精神保健福祉士の任用に関する要望書」を出した。また、「精神保健福祉士制度の見直しについて（要望）」「後期高齢者医療の診療報酬体系に関する要望について（お願い）」など、当該年度の政策関連要望が連なる。この年から文科省交渉を開始し、活用事業開始後は社会福祉専門職や養成団体と連名要望等を継続中である。

　2008（平成20）年度は障害者自立支援法の見直しについて関連要望を複数回行い、それ以外に関連法改正を受けた「刑務所および更生保護施設への精神保健福祉士の配置について（お願い）」や「『心神喪失等の状態で重大な他害行為を行った者の医療及び観察等に関する法律』における社会復帰調整官の増員について（お願い）」「地域包括支援センターにおける職員配置に関する要望書」を提出した。

　2009（平成21）年度は、発達障害分野を視野に「平成22年度厚生労働省関係予算要望事項及び文部科学省関係予算要望事項」など、新たな領域に対応する要望を行っている。

　2010（平成22）年度には児童福祉法の改正動向を睨みながら「児童養護施設等の配置基準に関する要望書」を、また、「介護保険制度の見直しに係る要望書」を提出した。職域拡大を踏まえ、「精神保健福祉士法関連法令の改正について」では、実習機関の範囲拡大を要望した。

　2011（平成23）年度は、「チーム医療推進にむけた各医療関係職種の役割や業務拡大等に係る要望に

ついて」や、厚生労働省パブリックコメント「相談支援体制の充実・障害児支援の強化等（基本的枠組み）について」への意見を、また、「ハンセン病療養所退所者等の地域生活支援のための専門的相談機関を国のモデル事業として整備し、ソーシャルワーカーを活用することについての要望」や「東日本大震災の被災した児童・生徒に係わるスクールソーシャルワーカーの派遣について（ご協力の申し入れ）」「東日本大震災被災地の精神保健福祉対策に係る救援活動及び復興支援に係る要望について」などを提出した。

2012（平成24）年度は、新たな地域精神保健医療体制の構築に向けた検討チームにおける「保護者制度・入院制度」に関するヒアリングや精神科医療の機能分化と質の向上等に関する検討会ヒアリングなどで配置促進や専門性発揮のための環境などについて意見を表明している。

2013（平成25）年度は、「介護保険制度の見直しに係る要望書」「改正精神保健福祉法の施行事項に関する意見・要望」「『精神障害者雇用トータルサポーター』に係るお願い」などを行った。

❹国民のメンタルヘルス課題の多様化と多様な職域拡大

資格制度見直しの最中から直後にかけて、「職域を拡大することに傾注しているが、それは質を低めることにつながるのではないか」「長期入院者の退院支援等、中心的領域において未だ解決していない課題が多い中、優先順位が異なるのではないか」などの批判や疑問が寄せられた。資格法成立から10年が経過し、資格に関する社会的認知が徐々に高まり、各種法制度改正や成立の際に精神保健福祉士が規定される機会も増えてきていた。当初と比較すると、協会の構成員の所属機関や新入会構成員の所属機関に、介護保険分野や株式会社、法務省管轄などが少しずつ増えるなど、精神保健福祉士の勤務先の変化は顕著であった。

その推移は、精神障害者に関する法制度や施策の変遷による影響と、精神保健福祉士の援助や支援における専門性発揮の結果、従来は見えていなかった領域における精神疾患や精神障害を有する人の存在や潜在的ニーズが把握され、専門性を求められる領域や機会が増え、それに応えてきたことがある。同時に、先達や仲間が領域を開拓してきたことの証左でもあった。医療観察法の施行やスクールソーシャルワーク活用事業など厚生労働省以外の省庁所管分野におけるニーズに対応し仲間が拓いた道を、後進が続くための環境整備が求められた。新たな分野や領域はとかくポストも配置人数もわずかで、非常勤雇用などから始まることが多く、後進が続くためには専門性発揮に対する要請が社会的に存在することを示し、待遇改善や社会的認知の向上を図ることが欠かせない。そのための取り組みに力を注ぐ必要が生じた時期である。

中心的領域である精神科医療については、2002（平成14）年度から診療報酬要望に携わる委員会を設置して毎回の報酬改定に向けた要望活動に取り組んでいる。2004（平成16）年の「精神保健医療福祉の改革ビジョン」や2006（平成18）年度以降の退院促進支援や地域移行支援事業等の推進を背景に、精神保健福祉士の配置促進につながる診療報酬改定も見られるようになった。資格法改正後からはエビデンスデータを伴った要望資料作成が可能な体制を協会として徐々に強化してきている。

一方で、医療の中でも例えば児童思春期やアルコール依存症、救命救急、認知症などの対象の細分化された領域、また、大きな括りでの医療以外ではDVや犯罪被害者支援、自殺予防対策や自死遺族支援、発達障害児者領域、生活保護や生活困窮者支援、産業保健領域、スクールソーシャルワークなどの教

育領域、犯罪の加害者の更生や矯正領域など、現在ひろがりつつある領域には未だ精神保健福祉士の従事者数は少ない。

　ひろがりをみせる周辺領域には、いずれもすでに実践を担う精神保健福祉士がいて、政策的基盤づくりが後追い状況となっている。そこに協会として要望することや公的な発言機会を得るなど、又は研究事業や研修企画などへの参画機会を得て、取り組みを果たしてきている段階である。当然、要望書提出以外に、機を捉えながら関係省庁や関係団体との日常的渉外活動を各種展開してきたことは言うまでもない。一方で、本協会は、専門性を発揮するための環境整備や配置要望などに関し、例えば議員に対する定期的な陳情行動や協議の機会を設定する働きかけ等の取り組みを行う政治的交渉を、積極的には選択してこなかった側面があるのも事実である。

　組織率や組織連携の課題とも相まって、地道な交渉は、特に全国の実践からデータを集約したエビデンス作成の弱さも課題にあり、政策交渉力の限界が課題として認識される。そのため、精神保健福祉士の専門性が発揮されるべき領域であっても、制度政策的な位置づけが脆弱なまま、個々の現場や個人の努力奮闘に委ねられている実態があり、今後の組織課題と考えられる。一方、政策や制度策定過程に参画された精神保健福祉士個人が、組織的展開が必要であるとして協会と連携を図った例も少なくない。犯罪被害者支援対策に精神保健福祉士が入ったのも、まさにその一例である。救命救急に関するソーシャルワークの必要性に関しては自殺予防の観点で救命医からワーカー必置論が出て国の研究事業として展開され、精神保健福祉士も専門性を主張することができている。

　また、2011（平成23）年度からは、本協会が加盟するソーシャルケアサービス従事者研究協議会が衆参厚生労働委員会の国会議員と年4回程度「社会福祉に関する政策研究会」を、テーマを決めて開催している。こうした取り組みによって政策に反映したり、資格の社会的認知が向上することにつながっていくことが望まれる。

　今後も個々の構成員や精神保健福祉士の実践が礎となり、支援ニーズに対して求められる専門性に応えて職域拡大につながっていく構図であることは間違いない。

（大塚淳子）

●参考文献
日本精神保健福祉士協会事業部出版企画委員会編『日本精神保健福祉士協会40年史』日本精神保健福祉士協会，2004年

3 厚生労働省認定精神保健福祉士実習指導者講習会の継続実施

❶カリキュラム見直しによる養成教育における実習教育の意義・位置づけ

　2012（平成24）年度に導入された精神保健福祉士養成にかかる新カリキュラムでは精神保健福祉援助実習時間が、これまでの180時間以上から、医療機関における実習が90時間以上、地域の障害福祉サービス事業を行う施設等での実習が120時間以上となり、合計210時間以上の実習が必要となった。

　新カリキュラムにおける実習の特徴として、①実習時間の増加、②医療機関実習の必須化、③実習指定施設・機関の種別の拡大、④実践力ある精神保健福祉士の養成、さらに⑤実習指導者の資格要件の見直しがあげられる。

　医療機関実習の必須化の背景には、精神障害者の地域生活を支援する施設・事業所等への新卒者の就職が増加しており、精神科医療機関を全く知らずに精神障害者の支援に携わる精神保健福祉士が多くなっていることがある。かつて精神医学ソーシャルワーカーは精神科病院の医療チームの一員として採用され「医学モデル」の世界に身を置きながら「生活者の視点」を醸成し、存在意義を確立するための模索を続けると同時に専門性を高めてきた。精神障害者はその障害の特徴から医療機関との連携は不可欠であり、精神科医療の必要性をアセスメントし過不足なく活用することや、医療機関と連携し、地域生活支援を堅実に担うために精神科医療現場で学ぶ機会は大きな意味をもつであろう。

　実習指定施設・機関の種別の拡大は、精神保健福祉士に求められる支援が従来の精神障害者支援から国民のメンタルヘルス課題全般に変化していることを表している。一方で施設・機関の種別が増えることは、機関の特性に合わせた実習内容を検討する必要性が生まれてくる。つまり、実習指導者は施設・機関の特性を踏まえたプログラムを用いながら、精神保健福祉士の専門性の共通基盤に立った指導が求められることとなった。

　新カリキュラムでは精神保健福祉士養成において、知識、価値（倫理）、技術を有した実践力ある専門職を養成することが求められている。それは単なる有資格者を生み出す作業ではない。精神保健福祉士がこれまで培ってきた「かかわり」を前提とした寄り添った支援であり、決して箱物施設や、定型のアセスメントツールに利用者を当てはめ、自動的にパッケージするシステマチックな精神保健福祉士養成であってはならない。

　現任精神保健福祉士の実践現場が多様化する中、より広義の精神保健福祉課題を抱える者の支援に必要な知識・技術を醸成するため、カリキュラム改正にあたり、実習指定施設・機関の種別の拡大と実習指導者の資格要件が強化されることは、専門職団体としても大いに注目し、本協会では厚生労働省の平成21年度障害者保健福祉推進事業により「精神保健福祉士養成カリキュラム改正に伴う実習指導者及び実習担当教員養成研修のプログラム開発事業」を実施することとした。

❷ 精神保健福祉士実習指導者講習会プログラム開発

1）精神保健福祉士教育養成課程における実習の指標に関する調査結果

これまでも本協会は実習指導者に対する研修の必要性から、精神保健福祉士国家資格化以降、計7回の実習指導者研修会を実施した。また、2004（平成16）年には構成員を対象に「精神保健福祉士教育養成課程における実習の指標に関する調査研究」を実施し、全国の精神保健福祉援助実習に関する調査報告を行った。そこからは、統一した指針が明確でなく、また指導者は自己流での指導であり、オリジナリティには富んでいるが、標準的な実習にはなりえていない現状とともに、これでは国家資格取得の必修課程の一端を担うには不十分であることが明らかとなった。

これらの蓄積された経験をもとに、カリキュラム改正に向け、厚生労働省「精神保健福祉士養成カリキュラム改正に伴う実習指導者及び実習担当教員養成研修のプログラム開発事業」では、①実習指導者研修と指導の実態に関する調査・分析、②モデル研修シラバス作成と実施、③モデル研修プログラムのモニタリング、④研修プログラム開発という4段階からなる実習指導者研修会プログラム開発のための事業を展開した。

実習指導者研修と指導の実態に関する調査・分析では、研修プログラムの基礎調査として、現行の精神保健福祉援助実習指導の実態を把握することを目的とした「精神保健福祉援助実習における実習指導者の指導内容に関する現況調査」、実習体験がその後の業務にどのように反映されているかを検証する「精神保健福祉援助実習指導の効果及びその後の実践における実効性に関する調査」の2つの調査を実施した。これらの調査結果から、現場実習では「利用者とのコミュニケーション」や「施設機能の説明」「個別面接への同席」などが多く、体験を重視するプログラム構成となっていることがわかった。一方、ソーシャルワーク理論と実践の検証や技術の習得を目的としたプログラムの提供は割合として低いことがわかった。その背景には実習指導者の有する自己の指導力への不安感やスーパービジョン体験の乏しさなどがあることがわかった。また研修に対するニーズは高く、実習指導者養成研修が必須化されることは、より実践力のある精神保健福祉士を養成するうえで意義があることが考えられた。

これらの調査結果を踏まえ、実習指導者が有するべき知識等を網羅した研修シラバスを検討するにあたり、特に着目した点は以下のとおりであった。

① 実習生と利用者との直接関与が不可欠である
② 現場実習における理論と実践の統合化を重視する
③ 精神保健福祉援助技術の獲得よりも価値・倫理に基づく実践を重視する
④ 実習生が自己覚知や自己内省することを重視する
⑤ 実習生の人権感覚の醸成を重視する
⑥ 養成校と連携する必要がある
⑦ 評価において「利用者理解」や「実習生の意欲、取り組みの変容」を重視する
⑧ 実習プログラム作成には苦慮している
⑨ 実習スーパービジョンの重要性を認識しているが指導に自信がもてていない
⑩ 実習スーパービジョンでは「利用者理解」と「利用者との関係形成」に焦点化している
⑪ 実習指導者には実習マネジメントの重要性の認識に格差があり、その機能が発揮されているとは言いにくい
⑫ 実習生の「個別ケースの担当」への認識に格差がある
⑬ 実習スーパービジョンにおける学生の理解度合に格差がある

このような点を整理し、モデル研修プログラムの講義科目を、精神保健福祉援助実習指導概論、実習

スーパービジョン論、実習指導方法論、実習マネジメント論、演習とし、2010（平成22）年に関東地区と関西地区の2会場で認定実習指導者養成モデル研修を実施した。さらに受講者からモデル研修修了時に受講アンケート、研修効果測定を実施し、加えて受講者から5名～8名の協力を仰ぎ、グループインタビューを、さらに講師、スタッフからのアンケートを実施し、モデル研修のモニタリング調査を実施した。これらの経緯を踏まえ、2010（平成22）年3月に実習指導者講習会プログラム案の開発に至った。

2）実習指導者講習会プログラムの内容と特徴

実習指導者講習会プログラムの目的として、現状や課題に対応しながら、より多くの精神保健福祉士が実習指導者になるために必要な知識を習得することとし、①精神保健福祉士の養成課程における現場実習の位置づけを理解し、教育機関との連携を密に行うことの意義と方法を理解するなど、現場実習を教育の一環と捉えられることを目指す、②実習指導に対する自信のなさは、スーパービジョンの知識や技術の有無に起因する面もあると考え、実習指導者はスーパービジョンを担うものであるとの位置づけを理解するとともに、ソーシャルワークのスーパービジョンの理論と具体的方法を理解することを目指す、③実習生は教育機関に所属しながら、現場を借りて専門職の学びの一部を行うため、機関同士の契約成立が不可欠であり、実習生の受け入れには、受け入れ前からの体制整備や業務の調整、実習プログラムの円滑な展開のためのコーディネートや進行管理などのマネジメントを必要とすることの意義や方法を理解することを目指す、④実習プログラムを用意するには、実習指導者が実習生の目標や課題を理解し、指導計画を作成しなければならず、こうした指導計画に基づくプログラムを作成することを理解したうえで実際的に実習指導計画の立案とプログラムの作成方法を習得することを目指すこととした。さらに講習会の修了後は指導者としての実践が控えていることから、学んだことを即実践できるようにするため、講義と演習を組み合わせて「聞く」「考える」「言語化する」「さらに考察する」ことを反復するプログラム構成を用いた。

実習指導者講習会プログラムは以下の表3-1のとおりである。

表3-1 実習指導者講習会プログラム

実習指導者講習会プログラム
1）精神保健福祉援助実習指導概論
演習1
2）実習スーパービジョン論
演習2
3）現場実習マネジメント論
演習3
4）実習指導方法論——総論
演習4
5）実習指導方法論——各論
演習5

❸ 講習会実施の概要

2009（平成21）年度に行った前記の事業が布石となり、本協会は2010（平成22）年度以降、4年度にわたり厚生労働省の委託を受け、厚生労働省補助金事業として精神保健福祉士実習指導者講習会を実施している。開催会場は、受講者の受講のしやすさを念頭に置き、全国を7つのブロックに分け、ブロックで必ず1か所は開催することとした。また、受講者の多い関東ブロックでは2会場で開催することとし、過去4年間で、概ね11～12会場で実施してきた。また、2010（平成22）年度、開催予定であった宮城会場は、東日本大震災のため開催を断念し、翌年度より、東北ブロックの会員が受講しやすいように、

表3-2　実習指導者講習会実施状況

開催年度	開催会場	受講者数	構成員	非構成員
2010年度（平成22）	北海道、宮城（震災のため中止）、東京、神奈川、愛知、大阪、京都、広島、高知、福岡、沖縄	1135	762	373
2011年度（平成23）	青森、山形、埼玉、東京、神奈川、愛知、石川、大阪、兵庫、岡山、愛媛、佐賀	1387	784	603
2012年度（平成24）	北海道、宮城、福島、東京、新潟、静岡、京都、奈良、鳥取、香川、佐賀、鹿児島	1156	614	542
2013年度（平成25）	岩手、東京（2回）、神奈川、愛知、滋賀、大阪、兵庫、山口、愛媛、長崎、熊本	1002	413	589
合計		4680	2573	2107

2012（平成24）年度までは東北ブロックで2会場の開催を行ってきた。各会場とも定員を大きく上回る申し込みがあり、2010（平成22）年度から2012（平成24）年度の開催については、実習指導者の確保を最優先に考え、同一機関・施設から複数の受講申し込みがある場合は、1名のみとするなど受講者選定の条件を設けたが、2013（平成25）年度の講習会からは受講者選定条件をなくし、申し込み順と改めた。受講者は毎年医療機関に勤める精神保健福祉士が最も多く全体の5割から6割を占め、次いで精神障害者を対象としている障害福祉サービス事業所に勤める精神保健福祉士となっている。また講習会初年度は10年以上の経験をもつ精神保健福祉士の受講が多くみられたが、回数を重ねるにしたがって、徐々に経験年数の少ない受講者や、実習指導の経験がない受講者が増加してきている。2013（平成25）年度の修了時点での受講者数は延べ4,500名を超えた。各年度に実施された講習会の実施状況は表3-2のとおりである。

❹今後の課題

この講習会の受講者からは「自らの実践の検証と理念を言語化するための考察に時間が費やされ有意義だった」「これらを実習生指導に反映させる方法論が具体的に学べた」といった感想を受講者アンケートからみることができた。実習指導者の要件を得ることがこの講習会の一次的な目的ではあるが、人を育てようとして自らを省み、人に教えることで自らも育てられる。このような循環を繰り広げながら、専門職として成長していくという二次的な目的もこの講習会には存在していると感じられる。

実習指導者講習会が開始され4年が経過したが、その効果と課題もみえてきた。実習指導者講習会の効果としてスーパービジョンに対する理解の浸透があげられる。これまで実習スーパービジョンでは実習生が語ることを目的とし、実習指導者が質問の投げかけに終始し、ともに学び成長を深めていく意識が薄いといったケースがみられたが、講習会修了後、日々の実習スーパービジョンの中でともに考え、悩み、成長のプロセスをともに歩む意識が芽生えた実習指導者も見受けられる。このことにより、実習が途中中断に至るケースが減少したといった実習機関も少数であるがみられる。また、実習プログラムについても、利用者のプログラムを提示する施設が多くみられたが、実習生が何を学ぶのかに焦点を当てたプログラムを作成している実習機関もみられるようになった。これらのことは実習指導者講習会においてスーパービジョンを一つの柱として実施した効果であり、プログラム作成については多くの実習指

導者が悩んでいた内容について整理が行われた結果であると考えられる。

一方、課題も散見する。一つは実習の連携と評価であり、二つめは実習指導者講習会受講者のフォローアップ研修について、さらに三つめとして組織率の向上である。

実習の連携と評価について、新カリキュラムでは実習機関が2か所となり、その2か所の実習を通して精神保健福祉士としての成長を促す仕組みとなっている。前後の実習機関での連携がなければ、実習生の成長は連続性に欠けるものとなる。また実習の評価については医療機関とその他の機関について実習評価項目が同じものでよいのか、また実習の1か所めと2か所めで実習の評価項目が同じものでよいのかといった課題がある。

二つめのフォローアップ研修については、実際に実習指導を継続的に行っていくには、実習後のフォローアップ研修が必要であることは言うまでもない。研修の修了がすべてではなく、常に実習指導はどうあるべきか、また実習スーパービジョンはうまく機能していたかを振り返る作業が必要となる。こうしたフォローアップ研修をできるだけ身近な地域の協会が行うことができれば、より有効であり、そうした体制整備が、より質の高い実習指導に結びつき、結果として実践力ある精神保健福祉士の養成につながっていくのではないかと考えている。

三つめの組織率については、講習会の参加者は年々、非構成員の割合が高くなり、2013（平成25）年度では全受講者の5割以上を非構成員が占めるほどになっている。精神保健福祉士の価値、倫理を基においた実習指導を進めるうえで、こうした非構成員の協会への加入促進を図ることは、実習指導の質を高めるうえでも重要であり、喫緊の課題であると言えよう。

このように実習指導者講習会が体系化されたことによりその効果もみられるが、一方でいくつかの課題が存在していることも事実である。今後の協会活動の中でこうした課題の整理を進めていくことも重要な役割となっている。

（齊藤晋治）

● 参考文献

1）田村綾子「平成21年度障害者保健福祉推進事業（障害者自立支援調査研究プロジェクト）精神保健福祉士養成カリキュラム改正に伴う実習指導者及び実習担当教員養成研修のプログラム開発事業報告書の概要——実習指導者の実態調査及び研修プログラムの概要を中心に」『精神保健福祉』第41巻第4号，2010年
2）田村綾子「後進に託す"PSW魂"——実践力ある精神保健福祉士の養成にかける実習指導者の思い」『精神保健福祉』第42巻第4号，2011年
3）「平成21年度障害者保健福祉推進事業（障害者自立支援調査研究プロジェクト）精神保健福祉士養成カリキュラム改正に伴う実習指導者及び実習担当教員養成研修のプログラム開発事業報告書」日本精神保健福祉士協会，2010年

第5節　関係団体との協同

1　精神保健従事者団体懇談会

　精神保健従事者団体懇談会は、その創設期から本協会が深くかかわりをもって今日に至っている。本稿では、懇談会の歴史を本協会のかかわりを織り交ぜながら振り返ってみたい。

❶創設前夜

　精神保健従事者団体懇談会の前身をたどれば、1980（昭和55）年10月25日に結成された「保安処分に反対する精神医療従事者協議会」にその端緒を見ることができる。同年8月19日の新宿西口バス放火事件を受けて、8月26日に時の法務大臣による閣議での保安処分推進発言により、保安処分議論が再燃した。日本精神医学ソーシャル・ワーカー協会は、同年9月6日の第16回総会において「刑法改『正』、保安処分の制定の動きに対する反対決議」を決議し、法務省のほか関係団体に決議文を送付した。折しも協会の組織正常化の取り組みに着手するための「提案委員会」の設置が決議された総会であった。その後、日本精神神経学会から呼びかけがあり、日本精神神経学会、精神科作業療法協会、東京都地域精神医療業務研究会、日本精神科看護技術協会、日本臨床心理学会、病院精神医学会、日本児童青年精神医学会、そして本協会の8団体で「保安処分に反対する精神医療従事者協議会」が結成されたのである。
　1984（昭和59）年3月には宇都宮病院事件が発覚した。その後、厚生省が精神衛生法の改正作業に入る中、保安処分に反対する精神医療従事者協議会は、1986（昭和61）年11月1日に「精神衛生法改正にからめて保安処分制度新設に反対する」との声明を出した。それと前後して、同年9月27日に日本精神神経学会の呼びかけで「精神衛生法をめぐる精神医療従事者団体懇談会」（以下、「精従懇」とする）が開催されることとなった。第1回に参加した団体は、全国自治体病院協議会精神病院特別部会、全国精神衛生センター長会、日本精神科看護技術協会、病院・地域精神医学会、日本集団精神療法学会、日本臨床心理学会、日本てんかん協会、全国救護施設協議会、日本医療社会事業協会、全日本自治体労働組合、日本精神神経学会、そして本協会の12団体であった。「懇談会」の名が示すとおり、当時の精神医療現場に従事する関係者による精神医療をよくするための懇談の場としてスタートしたのである。このときの懇談会の議長は当時の日本精神神経学会理事の加藤伸勝氏と本協会事務局長の高橋一氏であった。

❷精神保健フォーラムの開催

　精従懇は、1987（昭和62）年2月14日の第3回懇談会で「確認（案）」を作成し、(1)入院患者の人権保障、精神障害者の生存権保障のために精神保健をめぐる法ならびに諸施策の抜本的転換と財源保障が必要なこと、(2)「精神衛生法改正国際フォーラム」（1987（昭和62）年1月30日）で決議された5原則を最低限必要なものとして確認すること、(3)改正にあたって、①入院患者の通信・面会の自由の保障、②「精神障害者」の訴える権利を保障した公正な第三者機関の設置、③「精神障害者」の適正医療を受ける権利保障、④「精神障害者」が地域社会で生きていくための体制拡充、が欠かせないこと、(4)精神保健医療に従事する諸団体は、「精神障害者」の利益を中心課題として、充分に協議・協力していくこ

と、の4点を提示した。その後参加団体が持ち帰って確認文書を承認している。

また、精従懇は1988（昭和63）年2月に「精神医療の抜本改革に向けて」と題する「国内フォーラム」を開催した（代表世話人の1人に当時の会長の柏木昭氏、代理として高橋一氏）。フォーラムでは、精神保健法の成立を受けて代表世話人が当面の4点課題（①自発的入院・開放化、地域での医療・援助の促進、②病院における職員配置基準の一般病院との同等化、精神保健・医療・福祉に対する財政保障、③精神障害者に対する差別条項の撤廃、④地域・都道府県における精神保健・医療・福祉の改善プログラムの検討とその実現）を「国内フォーラム確認」として取り交わし、その後各団体の承認手続きを経て連名による確認文書となった。わが国において精神医療に関係する団体が一堂に会してこのようなフォーラムが開催されたのはおそらく初めてのことであり、大変意義深いことであった。

その後精従懇は、法律改正の節目などに精神保健フォーラムを現在までに7回開催している（第2回：1991（平成3）年11月、第3回：1998（平成10）年6月、第4回：2002（平成14）年8月、第5回：2004（平成16）年7月、第6回：2009（平成21）年7月、第7回：2013（平成25）年11月）。

❸精従懇の歴史

精従懇は、1988（昭和63）年7月1日の精神保健法施行を受けて、同年9月の第13回から名称を「精神医療従事者懇談会」に変更した。翌年からは懇談会の開催がほぼ2か月に一度に定例化され、折々の精神医療、精神保健の課題に関する意見交換を深める場となっていった。その後、1991（平成3）年11月の第29回懇談会において現在の「精神保健従事者団体懇談会」に改称することが確認されている。

1993（平成5）年には、精従懇の維持強化のため、参加構成団体の再確認（当時18団体）と参加団体による分担金納入を制度化するとともに、代表幹事と幹事体制を採用することとなった。このときの代表幹事の一人は高橋一氏であり、以後2005（平成17）年5月までの長きにわたりその任を担うこととなった。

また、1997（平成9）年の通常国会への精神保健福祉士法案の上程を受けて、精従懇に加盟する全国自治体病院協議会、全国精神保健福祉センター長会、日本精神神経学会、日本総合病院精神医学会、日本病院・地域精神医学会などが精神保健福祉士法の早期制定の要望書を提出し、本協会の国家資格化運動を力強く後押ししてくれたことも忘れてはならない。

精従懇の事務局は創設以来ずっと日本精神神経学会が担ってきたが、1999（平成11）年度からは主要加盟団体が輪番で担当することとなり、本協会も2005（平成17）年度から2007（平成19）年度までの3年間事務局を担当している。

❹おわりに

1986（昭和61）年の精神保健法制定前夜に歩みを始めた精従懇は28年間継続され現在に至っている。これまでに定例会は実に159回を数えることとなった（2014（平成26）年3月現在）。この間筆者が2008（平成20）年7月から代表幹事を務めてきたように、参加者の世代交代が進みながらも、これほどまでに長期間継続していることは、精神保健医療福祉に関係する団体相互が、精従懇という場では職種、団体の性格や規模に関係なく、フラットな関係を維持してきたことが何よりも大きいと感じている。

また、本協会としても、創設当初からソーシャルワーカーの立場で折々の精神医療における課題を議論する場として精従懇に参画し、その中で一定の役割を担ってきた。今日の精神保健医療福祉において精神保健福祉士がもはや欠かせない専門職として位置づけられたことに、精従懇への参画が少なからぬ影響を与えたとも考えている。

情報は求めればいつでも手に入れられる環境となった今だからこそ、隔月に集まりフェイスツーフェイスで情報を確認し意見交換をする場が必要であり、精従懇の存在意義もそこにある。

(木太直人)

［精従懇構成団体］（2014（平成26）年3月末現在、法人格省略）
国立精神医療施設長協議会、全国自治体病院協議会精神科特別部会、全国精神医療労働組合協議会、全国精神障害者地域生活支援協議会、全国精神保健福祉センター長会、全国精神保健福祉相談員、全国保健・医療・福祉心理職能協会、全日本自治団体労働組合衛生医療評議会、日本作業療法士協会、日本児童青年精神医学会、日本集団精神療法学会、日本精神保健福祉士協会、日本精神科看護技術協会、日本精神神経学会、日本精神保健看護学会、日本総合病院精神医学会、日本病院・地域精神医学会、日本臨床心理学会

● 参考文献
1) 中島直「精神障害者と触法行為をめぐる日本精神神経学会の議論」日本精神神経学会百年史編集委員会編『日本精神神経学会百年史』日本精神神経学会、2003年
2) 「PSW通信」(No.47 (1980年)、No.48・49合併号 (1981年)、No.50・51合併号 (1982年)、No.63 (1986年)、No.64、No.65 (1987年)、No.67、No.68 (1988年)、No.71 (1989年)、No.80 (1992年)、No.86 (1994年)、No.97 (1997年))
3) 長谷川利夫・岡崎伸郎責任編集『第7回精神保健フォーラム 変われるのか？病院、地域――精神保健福祉法改正を受けて』(『精神医療』第4次別冊)、批評社、2014年

2 社会福祉専門職団体協議会

　社会福祉専門職団体協議会（社専協）は、1928年にパリで設立された国際ソーシャルワーカー常任事務局を前身に1956年に設立された国際ソーシャルワーカー連盟（IFSW：International Federation of Social Workers）の、日本側窓口となる国内調整団体（The Japanese Coordinating Body for IFSW-membership）である。IFSWの加盟は1国1組織との定めがあり、国内のソーシャルワーク専門職能団体である4団体（日本ソーシャルワーカー協会、日本医療社会福祉協会、日本社会福祉士会、日本精神保健福祉士協会）が協議し社専協を設立した。世界のソーシャルワーカーと日本のソーシャルワーカーを結ぶために、IFSWとの連絡調整、IFSWの地域組織であるアジア太平洋ソーシャルワーク連盟（IFSW-AP）との連絡調整を担っている。

　なお、国際的なソーシャルワーク関連組織としては、別に国際ソーシャルワーク学校連盟（IASSW：International Association of Schools of Social Work）及びアジア・太平洋ソーシャルワーク教育連盟（APASWE：Asian & Pacific Association for Social Work Education）があり、こちらは大学等においてソーシャルワークを教える教育研究職を結ぶ組織となっている。国際組織であるIFSWとIASSW、アジア太平洋地区のIFSW-APとAPASWEは相互に連絡を取り合っており、近年は隔年で開催されるそれぞれの総会を、現場職能団体の専門職と教育機関の研究職がともに同一日程内で共催している。

　国際組織加盟のための調整団体として出発した社専協ではあるが、その後ソーシャルワーク専門職相互の情報交換と連携協働の場として定着しており、2003（平成15）年3月に会則を設け、2007（平成19）年より4団体の会長、副会長、常務理事、担当理事、事務局長等が参加する代表者会議と、各団体の国際担当理事、委員が出席する国際委員会を、それぞれ定期的に隔月で開催している。運営に当たっては、参加4団体の会長が2年ごとに代表を務め議事を進行するとともに事務局を担当している。本協会は2011（平成23）年度をもって国際委員会を廃止しているが、2011（平成23）年8月～2013（平成25）年12月の間、代表団体となり後述の事業に取り組んでおり、国際委員会には本協会からは、木村真理子（IFSW-AP理事）、片岡信行、古屋龍太が参画している。代表者会議は、構成4団体の活動状況報告に始まり、ハンセン病委員会と国際委員会、社会福祉に関する政策研究会の報告、IFSW総会やIFSW-AP地域代表選挙への対応、ソーシャルワークのグローバル定義案の検討、ソーシャルワーカーデーの企画などが協議されている。

　社専協がかかわる近年の国際関連の主要な動きとしては、以下の事柄があげられる。

❶APSWC21（第21回アジア太平洋ソーシャルワーク国際会議）

　2011（平成23）年7月15日～18日、早稲田大学においてIFSWとAPASWEの共催により、「ソーシャルワークの新たな地平：共生と連帯」を大会テーマに日本で初めて開催された。プログラムは、基調講演・全体シンポジウムのほか、「災害とソーシャルワーク」「ソーシャルワーク国際定義の再検討」「アジア太平洋と日本の精神保健福祉」等の特別シンポジウムが組まれ、口頭発表の分科会は33セッション126題、ポスター発表も84題寄せられ、国内外24か国から約600人が参加した。社専協は総務委員会を

担い、本協会も国際委員会を中心とした実行委員と、ボランティアを含め50名体制で運営にあたった。開催準備中の同年3月に発生した東日本大震災のため、一時、中止か開催かの選択を迫られ、国際会議を開催するより被災地支援に全力を注ぐべきという意見もあり、海外の関係者からも、福島第一原子力発電所事故への懸念が払拭されず参加や渡航を躊躇する声も聞かれたが、結局、災害時におけるソーシャルワークの役割をこの機会に正面から問うこととし、被災国だからこそ開催を決行する姿勢を海外にも発信し、多くの共感を得た。以後、災害支援ソーシャルワークはアジア太平洋地域における主要なテーマとして定着した。

❷災害対策プロジェクトと被災地義援金活動

2013年にフィリピンのマニラで開催されたAPSWC22（第22回アジア太平洋ソーシャルワーク国際会議）では、災害ソーシャルワークがメインテーマに掲げられ、アジア太平洋地域で相次ぐ災害支援におけるソーシャルワーカーの役割が議論の中心テーマとなった。IFSW-APは、IFSWからの基金（2010年～2014年）を得ての災害対策プロジェクトを推し進めており、日本（社専協）がそのコーディネーターを務めている。日本で開催されたAPSWC21を皮切りに、フィリピンにおけるAPSWC22、インドネシアでのIFSW-APプロジェクト災害マネジメントワークショップ（2014年1月27日・28日）の計3回、アジア太平洋地域における災害ソーシャルワークにかかわるセッションを、現地と連絡調整を図りながら開催している。2013年11月には、日本からも多数が参加したAPSWC22の開催国フィリピンで、巨大台風襲来による災害が発生した。フィリピンソーシャルワーカー協会からの支援要請に呼応し、社専協として広く国内のソーシャルワーカーたちに義援金募集を呼びかけ、2か月間で100万円を超す募金を得ることができ、現地での支援活動に活用された。

❸「ソーシャルワークの定義」の見直し

1982年の「ソーシャルワークの定義」を改訂し、2000年7月のIFSW及びIASSWモントリオール総会で現行の国際定義が採択され、2001年1月には社専協による定訳が出されて国内でもよく知られるようになった。この「ソーシャルワークの定義」の見直し作業がIFSW事務局を中心に2008年以降進められており、ラテンアメリカ、アジア太平洋、アフリカ等の地域から、欧米のアングロサクソン中心の文化と政治体制を前提とした定義案に批判的見解が示されてきた。2012年上半期にIFSW事務局案、ラテンアメリカ及びカリブ諸国案、IASSW案、アジア太平洋地域会長案の4つの案が示され、見直しはIFSWとIASSWの合同タスクフォースが調整し、リージョナル・ナショナル・ローカルな変換の可能性を残すことが提起された。社専協は片岡氏の翻訳を検討・共有しつつ、定義見直しの経緯、考え方とともに新しい定義案を各団体のサイトに掲載し、広く国内ソーシャルワーカーからパブリックコメントを求めて意見集約を図り、日本側の意見としてIFSWに提出している。最終的に調整された第5案をもとに各国の意見集約を行い、2014年7月の世界会議（メルボルン）で採択された。社専協としては後掲の教育系団体とも今後連携して、グローバル定義の定訳を検討し、国内での普及のための広報資料を共同製作するとともに、日本のナショナル定義の提案に向けて討議することとしている。

❹ソーシャルワーク教育及び社会開発に関する合同世界会議（Joint World Conference on Social Work, Education and Social Development）

隔年開催の世界会議は、2008年のブラジル、2010年の香港、2012年のスウェーデンのストックホルムに続き、2014年はオーストラリアのメルボルンにおいて7月9日〜12日に開催された。今回の大会テーマは「社会的・経済的平等の推進：ソーシャルワーク及び社会開発からの回答（Promoting Social and Economic Equality : Responses from Social Work and Social Development）」であり、社専協4団体が企画するオフィシャルツアーを設けている。この会議で、「ソーシャルワークのグローバル定義」が採択されるとともに、本協会の木村真理子（日本女子大学）がアジア太平洋地区のIFSW-AP会長及びIFSWの第一副会長に推挙され、承認された。

なお、前述のIASSW・APASWEに関連し、国内のソーシャルワーク教育団体連絡協議会（ソ教連）の3団体（一般社団法人日本社会福祉教育学校連盟、一般社団法人日本社会福祉士養成校協会、一般社団法人日本精神保健福祉士養成校協会）は2013（平成25）年度に同じ場所に事務局を移転し、3団体の事務局業務の一元化、将来的な事業統合、組織統合の可能性に向けて検討が始められている。近年、福祉・介護系養成校に進学する高校生が減少し、定員を満たさない養成課程を募集停止する学校が増えており、3団体の会員校は年々漸減してきており、現場の需要に比して人材供給不足が懸念されている。

また、専門職能団体の「社専協」や教育団体の「ソ教連」及び介護福祉関連団体を含めた連合体として、ソーシャルケアサービス従事者研究協議会（次節参照）があり、2009（平成21）年に日本のソーシャルワーカーデー（海の日）を制定し、イベント等を全国の関係団体と連携して開催している。

これらのわが国の社会福祉関連協会・学会等の連絡組織と構成団体及び構成員数は、図3-1のように整理できる。本協会が他団体と連携してグローバルなアジェンダ（検討課題・行動計画）を共有し、様々な課題解決に向けたソーシャルアクションを起こしていくことが求められており、社専協はその重要なプラットフォームに位置づけられる。

（古屋龍太）

図3-1 日本の社会福祉実践・教育・研究組織俯瞰図

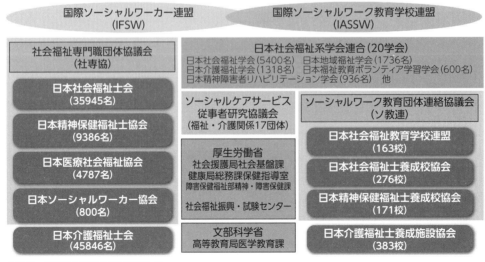

※2012〜2014年の情報を基に筆者作成

第Ⅲ章　精神保健福祉の動向・関連論考

3 ソーシャルケアサービス従事者研究協議会

❶ソーシャルケアサービス従事者研究協議会結成の経過

　ソーシャルケアサービス従事者研究協議会の前身である、ソーシャルケアサービス従事者養成・研修研究協議会は、2000（平成12）年5月に結成された。その背景には、1998（平成10）年から厚生労働省によって開催された「福祉専門職の教育課程等に関する検討会」における社会福祉士及び介護福祉士の養成課程の見直しの議論がある。しかし、ソーシャルワークに関する関係団体が一堂に会し、社会福祉士の養成課程にとどまらず、ソーシャルワークのあり方と養成・研修のあり方を広く議論する場を設定するべきであるという意見から結成された。さらに研究協議のためだけではなく、日本におけるソーシャルワーク教育とソーシャルワーカーの地位向上のための協議を深めようとの認識のもとに2003（平成15）年にソーシャルケアサービス従事者研究協議会に名称変更された。

　（公社）日本精神保健福祉士協会は、結成時から参画しているが、その他の参加団体は、ソーシャルワーク関連職能団体である（公社）日本社会福祉士会、（公社）日本医療社会福祉協会、NPO法人日本ソーシャルワーカー協会、（公社）日本介護福祉士会に加えて（一社）日本社会福祉教育学校連盟、（一社）日本社会福祉士養成校協会、（一社）日本精神保健福祉士養成校協会、（公社）日本介護福祉士養成施設協会、全国社会福祉法人経営者協議会、（一社）日本社会福祉学会、日本地域福祉学会、日本介護福祉学会、日本ソーシャルワーク学会、日本福祉教育・ボランティア学習学会、日本医療社会福祉学会、（一財）社会福祉研究所の計17団体である。

　ソーシャルケアサービス従事者研究協議会の代表的な活動には、ソーシャルワーカーデーや国会議員との「福祉に関する政策研究会」の開催がある。

❷ソーシャルワーカーデー

　国際ソーシャルワーカー連盟（IFSW）が、2008年に、ブラジル総会において毎年3月の第3火曜日を「世界ソーシャルワークデー」と設定したことも契機となり、ソーシャルケアサービス従事者研究協議会では、2009（平成21）年にわが国のソーシャルワーカーデー（英語標記 "Social Workers Day"）を毎年祝日である「海の日」（7月第3月曜）と決めた。ソーシャルワーカーは、すべての人を（海には国境がない、一つである）、力強く（海にはパワーがある）、かけがえの無い存在として（海は人類の母胎である）、支援する実践者であることから、その象徴として「海の日」をソーシャルワーカーデーとしたという。また、制定の目的は、これを契機に社会福祉専門職であるソーシャルワーカーとしての社会福祉士及び精神保健福祉士の社会的認知を高め、国民のソーシャルワーカーに対する関心と理解を深めることにある。さらに、国や自治体、社会福祉事業者等の関係者にソーシャルワーカーの任用・職域拡大及び現任者の待遇改善を要望する機会とすること、次代のソーシャルワーカーを育てるために、社会福祉士・精神保健福祉士を養成している大学・養成施設への入学を促進する機会とする目的もある。

　ソーシャルワーカーデー制定の年、2009（平成21）年7月20日に第1回ソーシャルワーカーデー中央集会が開催され、「ソーシャルワーカーデー宣言」が行われた。内容は、「私たち社会福祉士及び精神

保健福祉士は社会福祉の支援を必要とする人の生活を護ります。そして地域社会において貧困や差別、社会的排除を追放し、すべての人が、住み慣れた地域で尊厳を保持し自分らしく安心して生きることができる社会を目指します。そのために社会変革が必要な場合は勇気をもって取り組みます。私たちは、みなさんの身近なパートナーとしてこれらの実現を目指して行動することを決意し、ここに宣言します」と国民に向けて、ソーシャルワーカーとしての決意をアピールするものであった。また、2010（平成22）年には、ソーシャルワーカーデーのPRのために、公募により、ソーシャルワーカーデーのロゴマークも制定した。以来、児童やひろがる職域、生活困窮者支援など、ソーシャルワーカーの共通の課題となるテーマを選び、中央集会において講演会やシンポジウムが開催され、精神保健福祉士の立場から報告を行ってきている。また、中央集会に呼応する形で各都道府県において、各都道府県の社会福祉士会、医療ソーシャルワーカー協会等と精神保健福祉士協会が協力・連携し、ソーシャルワーカーデー関連の地方イベントや研修会等が開催されている。ソーシャルワーカーデーの目的が浸透してきつつあり、開催都道府県数も徐々に増え、2013（平成25）年は、34都道府県で開催するまでになった。

❸「社会福祉に関する政策研究会」

近年、ソーシャルワーカーの社会的地位が、国会等で審議されることが多くなってきていること、さらには、医療保険や介護保険などの制度改革において、ソーシャルワーカーが適正に配置されることに鑑み、国会議員にソーシャルワーカーへの理解を深めてもらうことが大切であることから、2011（平成23）年から、国会議員との「社会福祉に関する政策研究会」（2012（平成24）年に「社会福祉に関する政策勉強会」から改称）が開催されている。

当初は、（公社）日本社会福祉士会、（公社）日本医療社会福祉協会、NPO法人日本ソーシャルワーカー協会、（公社）日本精神保健福祉士協会のソーシャルワーカー専門職能団体に加えて、（一社）日本社会福祉士養成校協会、（一社）日本精神保健福祉士養成校協会、（一社）日本社会福祉教育学校連盟の養成団体が政策研究会をつくり開催していたが、2012（平成24）年から、ソーシャルケアサービス従事者研究協議会の一つの部会活動と明確に位置づけ、ソーシャルワークやソーシャルワーカーに理解ある国会議員との研究会を定期的に開催している。

研究会のテーマは、「震災」「虐待」「貧困・ホームレス支援」「地域包括支援」「精神科病院からの退院支援」などであり、いずれもテーマの中でのソーシャルワーカーの役割を伝えるとともに、政策的な課題について整理を行ってきている。

ソーシャルケアサービス従事者研究協議会の代表的なこの二つの取り組みは、ソーシャルワーカーの活動への理解を深めることに貢献し、ソーシャルワーカーの配置促進ひいてはソーシャルワーカーを目指す学生を増やすことにもつながるといえる。加えてソーシャルワーカー専門職能団体が協働し、ソーシャルワーカーの認知を高める活動が継続的に行われていることに大きな意義があるといえる。

❹ソーシャルケアサービス従事者研究協議会と（公社）日本精神保健福祉士協会

わが国においてソーシャルワーカーの国家資格は社会福祉士と精神保健福祉士の2資格であるが、1997（平成9）年に制定された精神保健福祉士は、1987（昭和62）年に制定された社会福祉士に比して、

歴史が浅いこともあり、国家資格化当初は、認知度が低く、様々な公的文書においても「社会福祉士等」と「等」の中に精神保健福祉士が含まれて記載されることが多く、「社会福祉士・精神保健福祉士」と併記を求める活動を日本精神保健福祉士協会は、繰り返し行ってきている。このことに象徴される精神保健福祉士の認知度を高めていく活動は、日本精神保健福祉士協会の取り組むべき大切な課題である。日本精神保健福祉士協会としては、ソーシャルワーカーとしての共通性と精神保健福祉士としての専門性、独自性を明確にしながら、ソーシャルケアサービス従事者研究協議会の活動に参画していくことが肝要である。

（宮部真弥子）

4 一般社団法人日本精神保健福祉士養成校協会

❶一般社団法人日本精神保健福祉士養成校協会の概要と設立経緯

　一般社団法人日本精神保健福祉士養成校協会（精養協）は、2004（平成16）年11月に任意団体として設立された精神保健福祉士を養成する大学・養成施設等（精神保健福祉士法第7条第1号から第11号に規定する学校・養成施設等）で構成されるわが国唯一の団体である。2009（平成21）年に一般社団法人の登記を行っている。

　精養協では、主に次の5つの事業・活動を行っている。[7]
(1)　精神保健福祉士養成校の教職員の研修
(2)　精神保健福祉士養成校の学生等に対する資質の向上等
(3)　精神保健福祉士に関する理念、手法、内容等の研究開発
(4)　精神保健福祉士養成のための調査研究
(5)　精神保健福祉士養成教育に関する教材、資料等の作成及び出版

　本協会と精養協とのかかわりは、精養協が設立される前の2003（平成15）年に開催された「精神保健福祉士養成校協会（仮称）設立準備委員会」（以下、「準備委員会」とする）に遡る。

　2003（平成15）年におけるわが国の精神保健福祉士の養成は、現任者に対する経過措置期間が終了し、養成校における教育にその役割を一任される時代に入っていた。しかし、精神保健福祉士の養成教育に関する養成校間の連携や教員相互の研鑽などは皆無に等しく、多くの知見をもって課題を解決するための有効な基盤がない状況にあった。社会福祉士が社団法人日本社会福祉士養成校協会（当時）において、こうした基盤の構築に向けた取り組みがなされたように、精神保健福祉士においても養成校間の連携は不可欠であった。

　このような状況下で開催された精養協の設立に向けた準備委員会には、本協会からも役員が出席するなど、専門職団体の立場から積極的に精養協設立に向けて尽力した。

❷本協会と精養協の協同関係

　精養協設立後も本協会と精養協との間では、会合や懇談の機会を不定期にもってきた。

　2006（平成18）年には、精神保健福祉士の国家資格に関する現状認識と今後の展望に関する懇談の機会を持ち、2006（平成18）年12月8日付にて、精養協との連名で精神保健福祉士のあり方に関する要望書を厚生労働省社会・援護局障害保健福祉部長に提出するに至っている。

　2010（平成22）年及び2011（平成23）年には、精神保健福祉士の養成カリキュラムの見直し及び精神保健福祉士法の一部改正による現場実習の教育内容や実習指導者の基準の見直しにかかるセンターアクション・ローカルアクションについて精養協と協同で取り組んだ。厚生労働省の「精神保健福祉士養成担当職員研修事業実施要綱」に基づき、本協会が精神保健福祉士実習指導者講習会事業を、精養協が実

7）日本精神保健福祉士養成校協会ホームページ（http://www.jascpsw.jp/）（最終アクセス2014年11月6日）

習・演習担当教員講習会事業の委託を受けたため、両協会が、各機関や各事業所等に従事する精神保健福祉士に対して精神保健福祉士実習指導者講習会の受講への配慮及び精神保健福祉士養成課程における現場実習への協力について周知・協力依頼を行った。

その後は、2010（平成22）年5月より約2か月に1回のペースで定期会合を実施している。相互の情報交換を中心としながら、精神保健福祉士に関する政策動向に即した課題への迅速な対応や精神保健福祉士の資格制度にかかる長期的ビジョンの構築を図ることを目的としている。主な協議事項としては、精神保健福祉士の社会的認知度の向上、資格発展、養成、資質の向上等に関する事項である。

定期会合における協議によって実現したこととして本協会の学生会員制度創設がある。2010（平成22）年より協議事項にあがり、度重なる検討の末、2012（平成24）年度より運営を開始させた。社会福祉専門職団体で、学生会員制度を設けているのは、2014（平成26）年3月現在で本協会のみであり、特筆すべき特徴となっている。

学生会員制度の目的は、精神保健福祉士を目指す学生に専門職団体である本協会の存在を広く知らせ資格取得後の入会促進を図ること、研修等の参加機会や精神保健福祉に関する情報等を提供することで専門職としての意識や生涯研鑽を積むことの必要性を啓発し、精神保健福祉士のさらなる資質向上につなげることである。対象は卒業時に精神保健福祉士国家試験の受験資格を得ることのできる大学・専門学校に通う精神保健福祉士を目指している学生としており、在会年限は1年度で、入会年度の3月31日をもって自動的に卒会となる。提供するサービスとしては、構成員誌の「PSW通信」及び研修センターだより「Start Line」の提供、メールマガジンの配信、各種事業の案内及び参加費の学生会員価格の設定、正会員入会時の入会金免除（2013（平成25）年度学生会員より適用）等がある。メールマガジンでは、精養協のコラムコーナーも設けており、本協会と精養協から学生会員に有益となる情報を配信している。

学生会員数は初年度2012（平成24）年度が77名、次年度2013（平成25）年度が100名であり、2013（平成25）年度には精養協の入会勧奨により学校単位での入会申し込みもあった。今後は、学生会員から本協会正会員の入会に結びつける取り組みを強化していくことが課題である。

また、精養協では、1年を通して本協会正会員への入会勧奨についても協力している。本協会の入会案内や入会を勧める文書等を精神保健福祉士のカリキュラムを履修する学生に対して配布する活動については、精養協で組織決定のうえ取り組んでいる。

❸ さらなる協同に向けて

以上のように、本協会と精養協の協同の成果は、定期会合の開催や学生会員制度の創設などに結実されている。これは、他団体にない特筆すべき成果としてあげられる長所である。

精神保健福祉士の質の向上や精神保健福祉士を目指す学生への支援、その学生たちを増やしていく取り組みは、両協会がその方向性を一致させることが極めて重要となる。今後は、現在創り上げてきた制度や関係性をより強化させ、さらなる協同を生み、専門職団体・教育団体の協力体制を先駆的に示していくことが望まれる。

（小澤一紘）

第6節 それぞれの実践課題にかかわる精神保健福祉士

1 就労支援

❶精神障害者雇用制度をめぐる状況

　1988（昭和63）年に改正施行された障害者の雇用の促進等に関する法律（障害者雇用促進法）により、精神障害者もハローワークの障害者窓口において求職登録、職業相談・紹介を受けることができるようになった。さらに1992（平成4）年にはILO第159号条約「職業リハビリテーション及び雇用（障害者）に関する条約」をわが国が批准したことで、精神障害者の雇用・就業支援策は大きく広がった。

　そして2005（平成17）年に改正された障害者雇用促進法が2006（平成18）年に施行され、精神障害者も障害者雇用率の参定対象となった。これにより、企業が精神障害者保健福祉手帳所持者を雇用した場合、障害者実雇用率にカウントできるようになった。この年は、障害者自立支援法（現在の障害者総合支援法）も施行され、施設体系の再編と就労支援の強化が謳われた。

　さらに、2013（平成25）年に障害者雇用促進法が改正され、2018（平成30）年から法定雇用率の算定基礎となる障害者を身体及び知的障害者、精神障害者とした。つまり精神障害者の雇用義務化である。これにより、身体障害者及び知的障害者に比べて遅れていた精神障害者雇用対策であるが、制度上は同等となった。

❷精神障害者雇用状況の変化

　「平成25年度障害者雇用状況」（厚生労働省職業安定局）によると、2013（平成25）年6月時点で、従業員50人以上の民間企業に雇用されている障害者は40万8947.5人で、2003（平成15）年から毎年増加し続けている。しかし障害種別の内訳では、精神障害者は2万2218.5人（5.4％）と低い割合であることがわかる。それでも、精神障害者は対前年比33.8％増と伸び率が大きくなっており、統計を取り始めた2006（平成18）年の1917.5人から毎年増加している。今後は、占める割合も少しずつであるが増えていくことが予想される。

　一方、「平成25年度ハローワーク障害者職業紹介状況」によると、2013（平成25）年度のハローワーク紹介による精神障害者就職件数は2万9404件で過去最高（対前年度比5543件（23.2％）増）となっており、知的障害者（1万7649件）を大きく上回るとともに、初めて身体障害者（2万8307件）を上回った。就職件数は年々増加しており、10年前の2004（平成16）年度3592件、5年前の2009（平成21）年度1万929件、そして2013（平成25）年度2万9404件と、異常なほどの増加といえる。

　しかし、就職件数が多い割に、障害者雇用状況をみると、民間企業で働いている障害者全体の中で精神障害者は5.4％でしかない。このことから、精神障害者の離職率の高さがうかがわれ、精神障害者が抱えている課題は就職後の継続であることがわかる。

❸精神障害者像の多様化

　精神障害者の就職件数が大幅に伸びている背景に、精神障害者像の多様化がみられる。障害者雇用

促進法等では、障害者実雇用率に算定される精神障害者は精神障害者保健福祉手帳所持者としている。そうなると、精神疾患だけでなく、てんかんや発達障害及び高次脳機能障害がある者のうち生活のしづらさを抱えた者が対象となる。

精神障害者への就労支援においては、医療・福祉と同様に、統合失調症がある者が対象の中心であった。この状態に変化が見え始めたのが2000（平成12）年に入ってからである。企業が直面している精神障害者像は採用後の気分障害（うつ病）であることがわかってきて、復職支援がクローズアップされ始めた。2002（平成14）年から障害者職業センターにおいて、現在の精神障害者総合雇用支援における職場復帰支援が開始され、さらに民間の精神科医療機関においても、デイケアを中心にリワークプログラムが取り組まれ始めた。

さらに様相が変わってきたのは2010（平成22）年前後からである。発達障害による生活のしづらさからメンタル不調を起こし、精神科医療機関で発達障害又は精神疾患の診断を受け、就労系障害福祉サービスを受ける、又は精神障害者保健福祉手帳を取得して就職活動をする発達障害者が増えてきた。障害者基本法や障害者雇用促進法において発達障害が精神障害に位置づけられたことも影響しているといえよう。

同時期に、若者のうつ病の様相が激変してきて、新型うつ病、未熟型うつ病などといわれるようになった。発達障害のように脳の機能には障害はないが、職業生活場面で現れる言動や物事の考え方、捉え方などは発達障害と似通っているため、就労支援場面では混乱を招いている。

これに加え、重度の統合失調症がある者、脳血管疾患や頭部外傷による高次脳機能障害者にも支援が広がり、精神障害者像は多様化し、広がりを見せ、対象者数も増加の一途をたどっている。この多様化した精神障害者に対して、精神保健福祉士は職業生活上の障害、その障害を引き起こす機能的障害を理解し、適切な支援方法を身につけることがますます要請されている。

❹精神保健福祉士のかかわり

就労支援における精神保健福祉士のかかわりは、障害者自立支援法時代に入ってから積極的になってきたといえる。そもそも就労支援とは、精神障害者の「働きたい」というニーズを達成させるための支援である。「企業で働くのは困難なので福祉的就労で働くほうがよい」など精神保健福祉士の意向で支援するものではない。まずはそこを押さえておく必要がある。

近年、就労移行支援事業所や障害者就業・生活支援センターの増加とともに、そこに従事する精神保健福祉士も増加してきた。またハローワークも、2008（平成20）年度から精神保健福祉士等の資格を条件とした専門職として、精神障害者就職サポーター（2011（平成23）年度からは精神障害者雇用トータルサポーター）を配置している。

一方、援助方法については、従来の授産施設モデルでは対応できないことがわかってきた。1990年代からは、企業の現場で個別支援を行うジョブコーチモデルが取り入れられ、成果を上げている。さらに、これにストレングスモデルを加え、医療を含む包括的な支援を行うIPSモデルが少しずつ取り入れられ、成果を上げ始めている。多様な精神障害者像に応じたコミュニケーション方法の技術とIPSモデルの実践技術が、今後の精神保健福祉士の就労支援にとって重要なポイントとなるといえよう。もう一つは、就労支援における「環境」と位置づけられる、「企業」とのかかわりである。精神保健福祉士が最も得意とするはずの、このかかわりが弱いのが現状

である。障害者だけでなく企業への支援があってこそ、精神障害者が企業で働き続けられるのである。

❺福祉的就労

　福祉的就労では、日中の生活支援としての働く場づくりなど、精神保健福祉士による支援が積極的に行われてきた。今はそこに「働きがい」の要素を入れた実践が少しずつ増えてきている。また、「収入を増やしたい」という利用者の声に応えようと、企業経営の手法を取り入れた、マーケティング、付加価値を加味した商品開発、原価利益計算、営業販売戦略などの実践もみられるようになってきた。

　一方で「のんびりと働きたい」というニーズに応える実践も必要となっており、福祉的就労へのニーズも多様化している。その多様性に応えるべく、各福祉的就労支援機関が特徴を明確にし、利用する精神障害者が選べる状況をつくることが今後は必要となるであろう。

（倉知延章）

● 参考文献
1）倉知延章「精神障害者領域における職業リハビリテーションと制度改革」『職業リハビリテーション』第27巻第1号，2013年
2）日本精神保健福祉士養成校協会編『新・精神保健福祉士養成講座⑦精神障害者の生活支援システム（第2版）』中央法規出版，2014年
3）倉知延章「精神障害者の雇用・就業をめぐる現状と展望」『日本労働研究雑誌』第646号，2014年
4）独立行政法人高齢・障害・求職者雇用支援機構編『平成25年版障害者職業生活相談員資格認定講習テキスト』2013年

2 認知症にかかわる問題

❶認知症対策をめぐる動向

　認知症問題が社会的に関心を集めるようになったのは、1972（昭和47）年に『恍惚の人』（有吉佐和子著）が発表されて以降である。当時の認知症高齢者に対する理解は乏しく、家族は介護が限界に達すると、一部の特別養護老人ホームや精神科病院への入院に頼らざるを得ない状況であった。認知症高齢者は社会的処遇困難者として捉えられ、保護と安全の名のもと施設入所や精神科病院への入院等の収容主義が一般的であり、認知症問題に対する精神科ソーシャルワーカー（PSW）の実践的関与は、希薄な時代であった。その後、老人病院や施設が急増し、集団処遇を中心としたケアが行われていたが、一部では、国立療養所菊池病院における認知症の理解や処遇の方向性を示す取り組み[8]、出雲市ことぶき園での認知症の人との関係性や個別性を重視した認知症グループホームの取り組み[9]が見られるようになった。

　2000（平成12）年に介護保険制度がスタートし、措置から契約に移行し、当事者の権利擁護についての施策が打ち出された。2003（平成15）年の制度改正では、ADL中心のモデルから認知症ケアを中心とした認知症介護モデルに転換が図られた。また同年に介護保険制度における高齢者介護の課題を整理し、今後の高齢者介護の方向性を示す「2015年の高齢者介護」がとりまとめられ、「高齢者の尊厳を支えるケアの確立」が基本に据えられた。2006（平成18）年の制度改正では、地域密着型サービスが新設され、認知症の人の地域での生活支援が重視されるようになった。2012（平成24）年の介護保険制度改正・報酬改定では、高齢者が地域で自立した生活を営めるよう、初期集中支援チーム、重度化対応、医療連携などが重視された改正が行われた。

　同年6月に認知症施策検討プロジェクトチームによる「今後の認知症施策の方向性について」が公表された。この報告書では、「認知症の人の不適切な『ケアの流れ』の結果として、認知症のために精神病床に入院している患者数は5.2万人（平成20年患者調査）に増加し、長い期間入院し続けるという事態を招いている」「退院支援や地域連携が不十分であり、精神科病院から退院してもらおうと思っても地域の受入れ体制が十分でない」と問題点を指摘し、「『認知症の人は、精神科病院や施設を利用せざるを得ない』という考え方を改め、『認知症になっても本人の意思が尊重され、できる限り住み慣れた地域のよい環境で暮らし続けることができる社会』の実現を目指す」としており、我々精神保健福祉士にとっても認知症問題への実践課題が多く含まれている。認知症の人が住み慣れた地域でその人らしく暮らすことを支援するには、医療だけではなく人が暮らすことの背景や生活の全体状況を理解する視点が必要であり、精神保健福祉士が社会との関係も含めて生活支援を行う実践者としての本領を発揮する機会である。認知症問題にいかに向き合い、役割が果たせるかが問われている。

---

8) 室伏君士編『痴呆老人の理解とケア』金剛出版, 1985年
9) 痴呆性老人のためのグループホームのあり方に関する調査研究委員会「平成7年度痴呆性老人のためのグループホームのあり方に関する調査研究事業報告書」全国社会福祉協議会, 1996年

❷認知症の人の支援における精神保健福祉士の実践課題

　認知症の人の支援においても本人や本人を取り巻く人・場・機関は多くの可能性や力をもっており、本人や環境がもつ力も含めてどのような資源としての可能性があるかに着目することが重要である。入院中は、本人の症状や家族の事情等を把握することが必要だが、課題にばかり着目すると問題解決志向に陥り、認知症の人本人のニーズが重視されない幅の狭い支援に偏ってしまう危険性がある。精神保健福祉士が本人、家族のもつ力や可能性に気づくことは、自己解決能力を高めることであり、症状や家族の事情等があったとしても地域での生活を可能とすることにつながる。精神保健福祉士は、本人、本人を取り巻く環境がどのような力や可能性を秘めているかを検討し、本人や家族とともに生活の全体状況をアセスメントすることが必要である。

　認知症の人の場合、特に言語的なコミュニケーションが難しい場合も多く、本人の思いを尊重した支援とは言い難い状況も見受けられる。しかし、認知症の人の言動は、了解不可能なのではなく、その言動には意味があり、十分時間をかけた「かかわり」によって、理解することができ、自己決定を保障することが可能であることが、認知症介護領域における精神保健福祉士の実践により明らかにされている[10][11][12]。

　家族支援においては、家族を取り巻く状況や思いもそれぞれ異なり、家族だからこそできることとできないことがあることを精神保健福祉士は認識しておく必要がある。注意すべきは、ケアマネジメントにおいて家族の言い分ばかりにとらわれ、問題解決志向に陥ることである。家族も自己実現へ向けての支援の対象者ではあるが、デマンドに惑わされることなく真の支援は何かを精神保健福祉士は問い続けなければならない。

　精神保健福祉士は、精神科病院の果たす役割と地域における生活支援という視点での役割について、いかに医療の中に生活支援の視点を入れるか、地域においては、医療の理解を浸透させ、連携できるかが、チームの概念とともに精神保健福祉士の実践課題となる。入院中は病院、在宅時には地域の事業所と支援者が替わるのではなく、本人の生活を支える「地域包括ケアチーム」の一員であるという認識のもと「本人の生活」を中心に据え、それぞれの支援者がつながり、チームでかかわることが重要である。

❸本協会の活動と課題

　本協会では、2000（平成12）年に「痴呆性疾患を有する高齢者の身体拘束・行動制限に関する調査研究」として、精神保健福祉士と権利擁護に関する調査を行い、2002（平成14）年には「痴呆性疾患を有する高齢者の処遇について」委員会を立ち上げ、「PSWのかかわり実践集」を報告している。2012（平成24）年に「精神症状等を有する認知症患者に係る退院支援パス等の地域連携の推進に関する調査事業」（厚生労働省障害者総合福祉推進事業）において、退院支援・地域連携パスを開発しているが、いずれ

---

10) 岩尾貢「痴呆性老人への取り組みと視点――加賀のぞみ園での実践を通して」『医療・福祉研究』第3号，1990年
11) 棚田真美・岩尾貢「痴呆老人への取り組みと視点」『精神医学ソーシャル・ワーク』第33号，pp.111-115，1994年
12) 田口裕佳子「痴呆性老人の自己決定――関わり場面を通して」『精神医学ソーシャル・ワーク』第36号，pp.89-91，1996年

も散発的であり、協会として継続した取り組みがなされていない状況であった。

　認知症により、精神科に入院している患者数は増加傾向にあり、1996（平成8）年から2011（平成23）年の間に約2万人増加して、5.3万人となっている（平成23年患者調査）。認知症により入院している人を新たな社会的入院としないためには、精神科病院と介護保険サービス事業所等が連携して退院に向けた支援を行うとともに本人の思いを尊重した生活を地域で維持していくための支援体制を整えることが必要である。本協会では、2012（平成24）年より「高齢精神障害者支援検討委員会」を立ち上げ、認知症の人や高齢精神障害者の地域での生活の獲得、医療と福祉の連携のために精神保健福祉士の果たすべき役割について検討をすすめている。

　認知症の人の生活を包括的に支援していくには、本人を取り巻く人・場・機関がつながりオーダーメイドの支援を中心とした地域生活支援体制をつくっていくことが重要であり、制度に当てはめる支援だけでなく、制度を越えた支援が精神保健福祉士には期待される。かつて、PSWは、利用者の自己決定を中心に据え、関係性を軸にした「かかわり」を通して、「生活のしづらさ」や地域生活支援の重要性を理解し、デイケアや作業所での実践、共同住居をスタートとしたグループホームなど、制度の枠組みを越えた様々な実践から社会復帰施設につながる取り組みを行ってきた。現在、精神科病院において、認知症の入院者は、増加の一途をたどり、認知症の人が地域で主体的に暮らすこと、当事者のリカバリーも含めた支援は、精神保健福祉士の大きな実践課題である。

　国家資格化以降、制度の枠組みの中でのみ業務をこなし、当事者のニーズに応えた実践になっていないという批判もある中で、利用者との「かかわり」を重視し、自己決定を中心に据えた本来のソーシャルワーク実践を再生させるために協会がどのような方向性を示し、社会的な役割が果たせるかが今後の大きな課題である。

（岩尾　貴）

3 成年後見制度

❶ はじめに

わが国では、1999（平成11）年の民法改正を経て、2000（平成12）年4月から成年後見制度が始まった。当初より、精神保健福祉士が成年後見人として、精神障害者の生活を支援するということに関しては、様々な意見が存在した。本協会の権利擁護委員会において成年後見人養成に関する検討が始まった当時から、先行して第三者後見人として活動を展開している弁護士、司法書士、社会福祉士の一部からは、精神障害者への支援は、専門家である精神保健福祉士が担ってほしいという要望があった。家庭裁判所も、国家資格である精神保健福祉士の法人格をもつ職能団体である本協会に対して期待を寄せていた。また構成員からも、同じ福祉専門職である社会福祉士の成年後見人としての活動が注目される中、本協会も早く養成を始めてもらいたいという意見も少なからずあった。さらには、個別の支援の必要性ももちろんであるが、福祉専門職である精神保健福祉の社会的貢献活動としても早急に取り組むべきであるという意見もあり、国家資格である精神保健福祉士の自律性や専門性を問われている状況であった。

❷「クローバー」設立までの経緯

このような経過等を踏まえて、本協会は任意団体当時の2002（平成14）年1月に企画部内に権利擁護委員会を設置した。高まる第三者後見人へのニーズを背景に、委員会の検討課題の一つとして成年後見人養成が掲げられた。その現状把握のため、委員会では2003（平成15）年に、構成員を対象とする日常の「金銭・貴重品管理と成年後見制度に関するアンケート調査」を実施した。そこでは、医療機関、地域の福祉サービス事業所を問わず、精神保健福祉士による金銭の管理などの代行業務が行われている実態や、成年後見制度の周知はなされているが活用が不十分である点などが明らかになるとともに、制度・政策の拡充に対する高いニーズが確認された。

その後、本協会は権利擁護に関するシンポジウムの開催、社会福祉士会・弁護士会・司法書士会や家庭裁判所等とのネットワークづくりを積極的に行ってきた。そして、本協会が法人化され、成年後見制度に関する認識がこれまでの委員会活動の成果を含め、一定程度高まったことを受けて、2006（平成18）年、権利擁護委員会内に、成年後見人養成研修検討小委員会を設置することになった。小委員会では、本協会として成年後見制度にどうかかわるべきなのかといった基本的な議論から、成年後見人の養成及びフォローアップシステムの検討などを改めて行った。同年10月には東京家庭裁判所の調査官を招き、常任理事や他の委員会にも対象を拡大した勉強会を開催した。そこでは、第三者後見人としての本協会及び精神保健福祉士への期待が語られ、ニーズの高さに関する共通認識を得た。

その後の小委員会では、今後の養成システムを提案するためにモデルプログラムによる研修を企画し、2007（平成19）年12月にモデル研修を実施した。2008（平成20）年度は権利擁護委員会から独立した成年後見事業運営委員会を組織し、認定成年後見人養成研修を正式に実施した。さらに、2008（平成20）年に「クローバー運営委員会」の設置に向けて、成年後見事業運営委員会での検討が、理事会での協議と並行して進んだ。議論の中心となったのは研修

修了者や後見人等の受任後のフォローアップも含めての協会内組織の設置の必要性であり、そのための条件整備についてであった。そして、2009（平成21）年度の第1回理事会で「認定成年後見人ネットワーク『クローバー』設置運営規程」が承認され、同規程に基づき、同年第1回臨時理事会においてクローバー運営委員会の設置が承認された。本委員会の設置に伴い、成年後見事業運営委員会の発展的解消が確認された。

「クローバー」とは、本協会の成年後見人養成研修を受講して登録した会員で構成されている協会内組織で、成年後見活動を行う精神保健福祉士への情報提供、研鑽の場の提供を行うことによって、精神障害者等への権利擁護の推進に寄与することを目的としているネットワーク事業である。クローバー運営委員会は、①成年後見に関する相談事業、②候補者名簿登録者からの成年後見人等の紹介、③受任した成年後見人等への支援、④成年後見制度に関する調査、研究及び普及活動、⑤成年後見制度に関する「クローバー」会員間の情報交換、研修、⑥認定成年後見人等養成研修及び認定成年後見人継続研修の開催の支援、を事業として取り組んでいる。

❸ソーシャルワークと成年後見制度の相違

「ソーシャルワーク」と「成年後見制度」が似て非なるものという根本的な課題がある。成年後見制度は「自己決定の尊重と本人保護の調和」が肝要と言われているが、これまでの本協会の活動を通して明確にされてきたことは、あくまで、「自己決定を尊重し、当事者の立場に立つこと」がソーシャルワーカーの基本的な姿勢であること、ソーシャルワーカーが行うのは側面的支援であり、意思の推定や代理決定ではないということである。一方、成年後見制度は「精神上の障害により事理を弁識する能力を欠く常況にある者」の利益を守る法定代理人が選任されるものである。成年後見人になるということは、代理権や同意権という法律上の権限をもつ「法定代理人」になるのである。成年後見人は、日常の買い物以外のすべての法律行為に関して代理権・取消権を行使できることになり、その裁量は大きく、側面的支援という枠組みを超える。本人にとっては法的な権限が大きく制限されることになるため、成年後見は常に権利侵害と紙一重の制度であることも事実である。成年後見制度は「自己決定の尊重」「残存能力の活用」「ノーマライゼーション」の理念を掲げ、民法には「成年被後見人の意思を尊重し、かつ、その心身の状態及び生活の状況に配慮しなければならない」と身上配慮義務が規定されている。疾病や障害のため判断能力が不十分だとしても、本人が自らの人生をどう選び、生活していきたいと考えているのか十分に酌み取り、環境を整備していくことが求められている。

では、被後見人となった精神障害者の支援を誰が、どう行うべきなのだろうか。現状では親族もしくは社会福祉士等が精神障害者の成年後見人となっている場合も多いのではないだろうか。精神障害に関する見識を持つ専門職であり、医療や福祉等の現場で実践を積み重ねてきた我々精神保健福祉士が、成年後見人として本人のアドボケート支援をすることに期待が寄せられるのは、当然の成り行きとも考えられる。「ソーシャルワーク」と「成年後見制度」の立場は、本協会が組織として成年後見人養成に取り組むべきか否かという議論においては、対立することになった。しかし「あくまで「クライエントの社会的復権・権利擁護と福祉のための専門的・社会的活動を行う専門職」（本協会倫理綱領前文）という共通基盤のもと」障害当事者の人権がいかにすればより守られるのかということを真摯に考えるということにおいてであり、決して感情論的に対立するものではない。

成年後見人の選任を受けるということは、何らかの財産管理上・身上監護上の課題があり法定代理人が必要になったということである。言い換えれば、障害ゆえに正しいニーズを表現できていない、またはニーズがあること自体に気づいていないために、生活上の課題を抱えてしまった方が、本来持っている能力を発揮できずに課題の解決に法的な助力が必要な状況にあるということである。精神障害者の声にならない声を聞き取り、その声を周辺に表現し、ともに解決していく過程はソーシャルワークにも通じることである。実体としては協働しながらの自己決定なのではないかと考えられる。その前提として、正確でわかりやすい情報の提供や意思表示に対する励ましなど、本人の立場に立った専門的技術が必要とされる。また、長期化する場合が多い後見活動において、何よりも重要なのは互いの信頼関係を構築し続けることである。本協会の倫理綱領にも「クライエントが決定することが困難な場合、クライエントの利益を守るため最大限の努力をする」という規定がある。成年後見人としての活動におけるその「最大限の努力」の中身を今後の実践によって明らかにしていくことも課題の一つだと言える。そこで、クローバー運営委員会では「倫理に関するセルフチェックシート」「身上監護セルフチェックシート」「課題抽出シート」を独自に整備し、受任者への監査時に記載を依頼している。精神保健福祉士の独自視点で、成年後見制度の課題を整理していく取り組みを進めているところである。

❹今後の課題

　本協会の養成研修を修了し、家庭裁判所から審判が下れば、精神障害に関する知識と経験を持った専門職として、また「成年後見人」として精神障害者の生活を支援することとなる。クローバーは日本社会福祉士会の権利擁護センターである「ぱあとなあ」同様、原則は個人受任である。精神保健福祉士は通常医療機関や障害福祉サービス事業所等の何らかの組織や機関に所属している場合が圧倒的に多い。個人受任するということは、実際には個人が責任を負うことになり、所属している組織や機関から離れたところで仕事をすることである。そのため、私たち精神保健福祉士の自律性と専門性が改めて問われることになる。成年後見人等を受任すると、生涯にわたる場合が多く、終始拘束されることの心理的負担は重い。特に青年期や壮年期の精神障害者を受任した場合は後見期間の長期化を伴う。成年後見人へのフォローアップ体制という点で検討が必要である。

　また、各都道府県協会の法人化が進み、法人後見を事業の一つとして始めようとしている。本協会は精神保健福祉士個人を対象にして養成研修等を実施しているが、都道府県協会による法人後見のあり方についても議論が必要になってくる。

　制度自体の課題ではあるが、成年後見制度利用支援事業について、報酬の助成を受けるには要件に制約があり、利用しづらいことも多い。さらには身寄りがなく、主に身上監護面での課題を抱える、所得が低く財産もあまりない案件では、第三者後見人は報酬が見込めない場合がある。どのような案件にも継続性をもって対応できる制度とするためにも、身上監護に関しても正当な報酬付与を認め、公的制度として保障すべきである。

　本協会においても、成年後見制度における精神保健福祉士の役割と責任性を十分認識して、今後の活動展開を丁寧にかつ慎重に進めていきたいと考えている。

（今村浩司）

● 参考文献
日本精神保健福祉士協会『認定成年後見人ネットワーク「クローバー」ハンドブック（第6版）』2014年

4 ピア活動

❶ピア活動とは

　ピアサポートという言葉や関係性が誕生したのは、1970年代に起こった身体障害者のIL運動（自立生活運動）に端を発する。今まで医療関係者等からサービス、治療を受けてその指示にしたがってきた身体障害者が、自分たちのことは自分たちでないとわからないのではないかという発想から互いの相談を受けたというピアカウンセリングが始まりであると考えられている。やがて、悩みにも同じ体験をした人でないとわかり合えないことがあると考えられるようになった。そこから、「同じ体験をしている人に出会いたい」「自分のことを理解してもらいたい」「わかち合いたい」という思いが、セルフヘルプグループを誕生させるきっかけとなっていった。さらに、精神障害者を取り巻く環境においてピア（仲間性）活動について遡れば、1908年ビアーズ，C.W.の『わが魂にあうまで』という自叙伝が始まりといわれている。その後IL運動から始まった市民権獲得運動を背景として発展した。精神保健福祉領域では、1960年代の脱施設化から1980年代のコミュニティサポートシステムの概念とともに精神科リハビリテーション実践が急増した。1990年代には精神疾患からのリカバリーが精神保健システムの新たな道しるべとなり、アメリカではピアをいかした活動が次第に認められるようになっていった。これらの動きによって、2000年代に入りアメリカにおいては、州政府の認定資格制度として「認定ピアスペシャリスト」や当事者運営サービスなどが制度化された。認定ピアスペシャリストの有効性は、①利用者への効果、②ピアスペシャリストへの効果、③サービスの質への効果、④専門職者及び精神保健福祉システム全体の効果であるといわれる。また、ピアサポート活動の類型としては、大きく2つに分類され、それぞれの役割を担っている。

1 ）相互支援グループ・セルフヘルプグループ
　当事者間の原則として無償の自発的な相互支援であり、サービスの提供・被提供という関係は存在しない。

2 ）当事者サービス提供者・ピア提供サービス
　意図された支援サービスが当事者によって、有償・無償の別にかかわらず提供される。

①当事者運営サービス（Consumer Operated Services ; COS）
　サービス計画、実施、運営管理、評価のすべてを当事者が主体となって行うサービス
　　例：自立生活センター、ドロップインセンターなど

②当事者パートナーシップサービス（consumer partnership service）
　直接支援サービスは当事者によって提供されるが、サービスの運営管理、予算作成、管理は、非当事者と共同で行うサービス
　　例：クラブハウス、当事者と支援者が共同で運営する地域活動支援センター、ピアヘルパー事業所など

③ピア従事者（peer employees）
　サービス事業の運営する主体にかかわらず、サービス提供する多職種チームの一員として当事者スタッフが参加する形態のサービス
　　例：アメリカの認定ピアスペシャリスト、日本での精神障害者地域移行・地域定着支援事業のピアサポーター、ヘルパー事業所で働くピアヘルパー、地域活動支援センターでのピアスタッフなど

❷日本におけるピア活動の歴史

　日本の精神保健福祉領域におけるピア活動は、JHC板橋が、アメリカで実施されていた研修を日本に導入したことがきっかけとなっている。そこでは当事者同士の「情報提供と傾聴」を基盤とするピアカウンセリングが行われていた。その後、JHC板橋においてピアカウンセリングの研修が実施され、ピアサポーターが専門職と協働する支援のパートナーとして活躍し始めた。さらに、2002（平成14）年に日本ピアカウンセリングネットワークが設立され、全国的に研修会が広まった。また、2001（平成13）年に大阪で誕生した精神障害者ピアヘルパー養成事業がピアサポートに対する関心を一気に全国的に広めた。ピアヘルパーとは、ホームヘルパー2級の資格を持った精神障害者自身であり、当事者に対して自らも当事者であることを自己開示しホームヘルプを行う仕組みである。そして、同じころ精神障害者の地域移行支援として始まった精神障害者退院促進事業へのピアサポーター導入やその後厚生労働省がピアサポートという言葉を使い始めたことでピア活動が広まった。今では当たり前のように当事者の力を活用しているピア活動だが、このように短期間で広まった要因として、ピアサポートに従事する当事者は特別な存在ではなく、「ピア＝仲間性」という視点が原点であり、障害を受容し、広く仲間との相互支援活動として誰でも取り組むことができたからである。そのため、ピア活動を通して精神障害者のリカバリーやエンパワメントに有効であるという多くの報告がある。

　最近では、ピアスタッフなど、地域活動支援センターでスタッフとして雇用される当事者をはじめ、精神保健福祉士の資格を取って活躍する、当事者の経験を持った精神保健福祉士が誕生し始めている。

❸ピア活動がもたらした影響

　1990年代後半から2000年にかけて、日本における精神障害者を取り巻く環境は大きく変化している。それには精神障害者の社会的入院解消などの施策により、地域生活への支援が進んできていることが大きな要因である。その流れは、精神障害者への支援方法に波及し医療モデルから生活モデルへ、そしてストレングスモデルへと変化してきた。つまり、当事者自身が自分自身の人生を受容し、当事者であることを公にし、周囲と話せるようになってきた環境が少しずつ整いつつあるということである。また、当事者が自分の言葉で語るようになり、同じ体験を持つ当事者へ勇気をもたらし、自分たちの夢や希望を持つこと、リカバリーへとつながっている。このように、全国的に当事者のストレングスを活用した手法の1つとしてピアサポートは地位を確立してきた。

❹精神保健福祉士の役割及び課題

　約10年で急激に普及したピアサポートは、精神障害者にとって自分自身を取り戻す魔法のことばのように取り扱われ、全国でピアサポート養成が実施された。そのため友達感覚でいるピアサポートから職業意識をしっかりもったピアスタッフまで、さまざまなピアサポートの「感覚」や「質」そして「立場」が混在してしまった。つまり、精神保健福祉領域のピアサポートは、本来の対等というピアサポートの相互支援グループとしての役割だけでなく、独自のピアサポートの動きが展開され、「特別な人」しか

できないものと考えられている動きもある。そのため、ピアサポートを行う当事者にも支援側スタッフにも混乱が生じており、それらを整理することが求められている。今後、ますますピア活動は本人のリカバリーへとつながり、それぞれの人生の実現へとつながると予測され、それをしっかりと支え、環境を整えることが精神保健福祉士に求められている。

（行實志都子）

5 医療観察法

❶医療観察法の成立過程と協会の取り組み

　1998（平成10）年3月、公衆衛生審議会精神保健福祉部会に精神保健福祉法に関する専門委員会が設置され、保護者制度の問題など十数の検討項目が示された。そのなかで触法精神障害者の問題は、第8回委員会において措置入院のあり方の中で検討されている。

　1999（平成11）年の精神保健福祉法改正では、これまで保護者に課せられていた自傷他害防止監督義務規定が削除されることになった。そのことから、重大な他害行為を行った精神障害者について、その責任を誰がとるのかという課題が浮上し、法改正時の附帯決議に「重大な犯罪を犯した精神障害者の処遇の在り方については、幅広い観点から検討を早急に進めること」と盛り込まれた。

　2001（平成13）年1月に法務省と厚生労働省による合同検討会が発足し、重大な犯罪行為をした精神障害者の処遇決定及び処遇システムのあり方などが検討されていった。そのようななかで、6月8日に大阪教育大学附属池田小学校事件が発生し、一気に政治課題として注目を浴びるようになった。そのようなことが影響して2003（平成15）年7月、「心神喪失等の状態で重大な他害行為を行った者の医療及び観察等に関する法律」（医療観察法）が成立した。

　医療観察法の成立過程の中で、日本精神保健福祉士協会は2000（平成12）年6月の常任理事会において、企画部精神保健福祉プロジェクト委員会を開き、重大な犯罪行為をした精神障害者の処遇をめぐる問題について取り組んでいくことが提案された。その後、プロジェクト委員会では、全国理事会での意見聴取や全会員を対象としたアンケート調査を実施した。

　2001（平成13）年9月に「重大な犯罪行為をした精神障害者の処遇等に関する見解」を公表し、同年12月には、全国理事会において「精神障害者の医療及び福祉の充実強化と触法心神喪失者等の処遇の改革に関する要望書」を採択し、厚生労働省・法務省等に提出した。なお、本要望書では保護観察所への精神保健福祉士の配置を要望している。

❷医療観察法の現状

　医療観察法の現状は、2014（平成26）年3月31日現在、入院処遇を受けている対象者が747名で、その状況は表3-3、表3-4のとおりである。2014（平成26）年6月30日現在、指定入院医療機関は30か所、指定通院医療機関は467か所で、その内訳と病床数は、表3-5のとおりである（ただし、薬局及び訪問看護を除く）。

　施行日から2012（平成24）年12月31日までの地方裁判所の審判の終局処理人員は総計2,724名で、うち入院決定は1,719件（63.1％）、通院決定は425件（15.6％）、医療を行わない旨の決定が464件（17.0％）、却下等が116件（4.3％）であった（表3-6）。

　医療観察法附則第4条の規定に基づき、施行日から2010（平成22）年7月31日までの期間（以下、この期間）における施行の状況が、法務省・厚生労働省から報告されている。それによると、当初審判によって入院の決定を受けた者が1,078名で、この期間に退院した者が608名であり、その平均在院日数は574日であった。地域社会における処遇を実施した者は799名で、この期間に地域処遇を終了した者

表3-3 入院対象者の状況

平成26年3月31日現在

ステージ	男	女	合計
急性期	93名	19名	112名
回復期	300名	111名	411名
社会復帰期	172名	52名	224名
合計	565名	182名	747名

表3-4 入院対象者の疾病別、男女別内訳

平成26年3月31日現在

病名	男		女		合計	
統合失調症	476名	84.2%	143名	78.6%	619名	82.9%
その他	89名	15.8%	39名	21.4%	128名	17.1%
合計	565名	100.0%	182名	100.0%	747名	100.0%

表3-5 指定医療機関数

平成26年6月30日現在

指定入院医療機関		指定通院医療機関（薬局及び訪問看護を除く）	
国関係	都道府県関係	病院	診療所
15か所	15か所	433か所	34か所
487床	304床	467か所	

表3-6 審判の終局処理状況

平成17年7月15日から平成24年12月31日まで

入院決定	通院決定	医療を行わない決定	却下等	合計
1,719件	425件	464件	116件	2,724件

は279名、そのうち期間満了で終了した者が104名、期間満了前に終了した者が138名であった。

❸医療観察法と精神保健福祉士の実践

　医療観察法が施行されることによって保護観察所に社会復帰調整官が配置されるようになり、当初56名だったものが順次増員がされていった。社会復帰調整官がかかわり、対象者を支援するネットワークが構築されることなどによって、対象者への支援において感じていた不安が解消されたと聞くことがある。医療観察法の運用がうまくいっている要因の一つとして社会復帰調整官の存在は大きいといえる。

　また、医療観察法に精神保健参与員が規定された。精神保健参与員は、審判の中で最善の処遇がなされることを福祉の視点に立って、司法や医療と対等な関係の中で発言すべきであり、それが実践されてきたといえる。精神保健参与員は、審判において必須のメンバーではないが、初回審判においてはほぼ参画していることから、その必要性が広く認識されていると思われる。それらのことは、社会復帰調整官

や精神保健参与員の多くが精神保健福祉士であることから、精神保健福祉士の持つ専門性が発揮されていることへの評価であると捉えることができるだろう。

指定入院医療機関や指定通院医療機関の精神保健福祉士は、多職種連携によって対象者を支援することになり、他職種から精神保健福祉士としての高い専門性が求められている。そのことは、地域の機関における精神保健福祉士においても同様であるといえる。

❹医療観察法の課題

医療観察法の実施については、法の目的に沿って概ね順調に進んでいるといえるだろう。しかし、課題があることも確かであり、それらを以下の通り整理してみた。

①地域格差の問題

2014（平成26）年6月30日現在、指定入院医療機関は30か所であるが、19道府県に指定入院医療機関がない。それらの道府県に住む対象者は、遠くの指定入院医療機関に入院しなくてはならない。そのことは、面会に行く家族の不便さや退院前に行われる退院地への外出・外泊における不便さがあることを意味している。

指定通院医療機関については、現在全都道府県に整備されているが、病院と診療所の数をみると、多いところでは北海道の41か所、大阪府の27か所、兵庫県の22か所、東京都の21か所で、少ないところでは秋田県、山梨県、香川県の3か所である。

医療観察法では、入院、通院ともに特定の指定医療機関から医療を受けることが、対象者に義務づけられる。そのことは、対象者の側からすると医療機関を選択するという自由がないことを意味し、さらに指定医療機関が少ない地域や指定医療機関が偏在する地域に住む対象者にとっては遠く離れた医療機関を利用しなければならないという不便さも重なってくるといえる。

②対応の問題

医療観察法ではなく精神保健福祉法による措置入院で対応するほうが適切であると思える事案がある一方、措置入院患者の中に医療観察法の対象者となるような人もいる。特に他害行為が傷害の場合、警察官の判断によって精神保健福祉法で対応されるか、検察へ送致されるかによって、その後の処遇が大きく変わってくるといえる。

また、他害行為を行った人が執行猶予になってそのまま措置入院となり、その人が、措置入院から退院したところで医療観察法による審判によって入院となる事案があり、新聞等で話題となった。そのこと自体は合法であったとしても、対象者や家族からすると一つの他害行為で二重に罰せられたという印象を持ってしまうことは、いかがなものであろうか。

③支援格差の問題

当初から、指定入院医療機関における施設のアメニティの良さやスタッフの多さ、治療内容の濃厚さ、倫理会議など人権への配慮の高さや医療の透明性などが注目されていたところである。一般の精神科病院の設備や治療の内容との違いの大きさに愕然とするものである。医療観察法を起爆剤として、一般の精神科病院のレベルを指定入院医療機関レベルに引き上げると言われていたが、施行から10年が経とうとする今も格差の大きさは変わらない。

同様に指定入院医療機関と指定通院医療機関との格差や、地域処遇との格差の問題も指摘されてきた。地域には、指定入院医療機関のような対象者専用の施設はつくられないことから、既存の施設を利用することになる。指定入院医療機関の設備の良さや支援の濃厚さに比べると、地域の既存施設との差は、指定入院医療機関と一般の精神科病院とのそれよりも大きいものがあるといえる。

❺まとめ

　様々な議論と状況の中から誕生した医療観察法は、現状においてもいくつもの課題と矛盾を持っているといえる。しかし、我々精神保健福祉士は、精神保健福祉領域における中核的資格を有する者として、医療観察法の目的である対象者の社会復帰を目指して、有効な支援が実施できるよう自らの技術を高めるとともに、制度の改革に向けて取り組むべきであろう。

（伊東秀幸）

●参考文献
1）厚生労働省ホームページ「心神喪失者等医療観察法」（http://www.mhlw.go.jp/stf/seisakunitsuite/bunya/hukushi_kaigo/shougaishahukushi/sinsin/index.html）（最終アクセス2014年11月6日）
2）法務省・厚生労働省「心身喪失等の状態で重大な他害行為を行った者の医療及び観察等に関する法律の施行の状況についての検討結果」2012年7月
3）『精神保健福祉』第33巻第1号，2002年
4）『精神保健福祉』第39巻第2号，2008年
5）伊東秀幸「医療観察法の光と影」『田園調布学園大学紀要』第4号，pp.33-47，2009年

6 自殺予防対策

❶ はじめに

わが国の自殺者数は、1998（平成10）年から3万人を超えた状態が14年間続いたが、2012（平成24）年に2万7858人、2013（平成25）年に2万7283人と3万人を下回った[13]。これまで自殺は個人の問題として捉えられてきたが、「自殺は社会的問題である」として国レベルの対策が認識されるに至り、具体的に自殺対策が講じられるようになった。日本における自殺対策の取り組み状況と精神保健福祉士が取り組むべき課題について述べる。

❷ 日本におけるこの10年の取り組み

2006（平成18）年に自殺対策基本法が施行され、2007（平成19）年に自殺総合対策大綱（以下、「大綱」とする）が閣議決定された。大綱では、「自殺は追い込まれた末の死」であり、社会的な取り組みにより自殺は防ぐことができるということを明確に打ち出している。2008（平成20）年、自殺対策加速化プランが決定され、閣議決定事項である大綱も一部を改正し、インターネット上の自殺関連情報対策の推進等が盛り込まれた。内閣府では、2009（平成21）年度補正予算において、100億円の予算を計上し、「地域自殺対策緊急強化基金」を創設した。2010（平成22）年2月に策定された、いのちを守る自殺対策緊急プランでは、「当事者本位」の施策の展開へと政府全体が意識改革を図り、一丸となった対策の緊急強化を目指して9つの分野のプランが示された。その後、2012（平成24）年8月28日に大綱が全体的に見直され、新大綱「～誰も自殺に追い込まれることのない社会の実現を目指して～」が閣議決定された。「国、地方公共団体、関係団体、民間団体等が緊密な連携を図りつつ、国をあげて自殺対策に取り組み、一人ひとりがかけがえのない個人として尊重され」るように、国自体が自殺予防に力を入れて取り組む姿勢がみられるようになった。そして自殺総合対策の現状と課題として地域レベルの実践的な取り組みをあげ、自殺の問題が国民誰もが当事者となりうる重大な問題であり、自殺予防の主役は国民であることを明記している。

2011（平成23）年3月11日の東日本大震災の影響は様々な形で現れている。震災の関連により自殺したとみられる者は、震災があった2011（平成23）年の55人から2012（平成24）年は24人に減少したが、2013（平成25）年には増加に転じ38人となった。「健康問題」を動機とする自殺の増加が目立つという[14]。内閣府は「行政などが問題意識を共有し対策を取っていくことが必要」としているが、復興が思うように進まない地域の現状や関係者の疲労も考えていかねばならない。

---

13) 内閣府『平成26年版 自殺対策白書』p.2, 2014年
14) 内閣府『平成26年版 自殺対策白書』p.33, 2014年

❸日本精神保健福祉士協会による自殺予防対策

　日本精神保健福祉士協会は、自殺対策基本法第2条第4項の規定に基づき開催されている自殺対策ネットワーク協議会の構成員として会長もしくは常任理事が毎年参画している。[15]

　「地域自殺対策緊急強化基金」に基づき行われる「地域自殺対策緊急強化事業」のメニューの中には、対面型相談支援事業があり、関係行政機関や民間団体で専門家を活用した自殺対策のための「包括支援相談」を実施するなど相談支援体制の強化を掲げている。その民間団体として法律相談では日本弁護士連合会、日本司法書士会連合会、心の健康相談には日本臨床心理士会、日本看護協会、日本精神保健福祉士協会、日本産業カウンセラー協会等が上がっている。[16] この対面型相談支援事業に着目していく中で、日本精神保健福祉士協会は、独立行政法人国立精神・神経医療研究センター精神保健研究所自殺予防総合対策センターから事業受託した「精神保健と社会的取組の相談窓口の連携のための調査事業」（以下、「事業」とする）を行った。精神保健福祉士と司法書士へのヒアリングによる調査を実施し、その結果から抽出された項目をもとに質問紙を作成し、日本司法書士会連合会の協力を得て質問紙調査を実施し、結果をまとめ報告した。[17][18][19]

　精神保健福祉士の業務の中では、生活上の諸問題や、疾病の問題で自殺にかかわることはあっても「自殺予防」を意識的に取り上げることはこれまでほとんどなかった。自殺死亡者の8～9割は精神疾患を認め、治療していた人の割合も高いのが現状である。『自殺実態白書』（特定非営利活動法人自殺対策支援センターライフリンク）によると、自殺に至る背景は実に複雑で様々な危機要因があげられ、その危機要因は1人平均4つ抱えているといわれている。なかでもうつ病が最も危機連鎖度が高いとされている。自殺に至る要因は複雑な相互作用から生じることからも、司法書士と精神保健福祉士が連携を取り合い、双方向にかかわりをもつことができれば、互いの専門性を発揮しつつ、自殺ハイリスク者の諸問題に対処していくことができると想定した。また専門援助者のメンタルヘルスに関しても注目していくこととなった。事業報告書の結果をもとに日本司法書士会連合会と日本精神保健福祉士協会の協力により「いきるを支える――精神保健と社会的取り組み相談窓口連携の手引き」を作成した。[20] 手引き作成までの調査やヒアリングで明らかになったことは、精神保健福祉士も司法書士も互いの仕事に関してこれまではどうやってつながっていいのかがわからずにいたということである。まずは顔の見える関係づくりを行い、多職種連携によって相談を受ける相談会等の必要性を実感した。

　2013（平成25）年現在、日本精神保健福祉士協会が特別に取り組んでいる自殺対策の事業はないが、全国組織として研修や普及啓発に取り組んでいる。

---

15) 自殺予防総合対策センター（http://ikiru.ncnp.go.jp/ikiru-hp/kaigi.html）（最終アクセス2014年11月6日）
16) 内閣府自殺対策推進室　地域自殺対策緊急強化事業（http://www8.cao.go.jp/jisatsutaisaku/local/shukan/k-5/pdf/c-s8.pdf）（最終アクセス2014年11月6日）
17) 吉野比呂子「『2009（平成21）年度精神保健と社会的取組の相談窓口の連携のための調査』委託事業について」『精神保健福祉』第40巻第4号，p.334，2009年
18) 日本精神保健福祉士協会「精神保健と社会的取組の相談窓口の連携のための調査委託事業実績報告書」2010年
19) 独立行政法人国立精神・神経医療研究センター精神保健研究所　自殺予防総合対策センター「精神保健と社会的取組の相談窓口の連携のための調査 報告書」2010年
20) 独立行政法人国立精神・神経医療研究センター精神保健研究所　自殺予防総合対策センター「いきるを支える――精神保健と社会的取り組み　相談窓口連携の手引き」2011年

また、自殺対策に関与があるとした25県の都道府県精神保健福祉士協会の多くで地域の自殺対策連絡協議会への派遣参画があり、その他研修事業の受託、講師派遣、電話相談事業への人材派遣などを行っている[21]。

❹ 精神保健福祉士の自殺予防対策

全国各地の精神保健福祉士は各々地域における特性を考慮しつつ精神医療、相談支援、就労支援などの現場で個別に自殺対策に取り組んでいる現状がある。プリベンションやインターベンション機能である医療機関や、ポストベンション機能としての自死遺族を支える活動や行政機関等の相談窓口等である[22]。

事業で出会った司法書士の方々とは研修、自死問題相談会等でともに活動し、自死問題に取り組むようになった。地域自殺対策緊急強化基金による地域自殺対策緊急強化事業として「こころといのちの法律相談（いのちを支える連続相談会）[23]」や「いのちを守る何でも相談会[24]」なども毎年開催されるようになり、司法書士や弁護士等と精神保健福祉士が連携しながら、相談を受ける体制が整いつつある。精神保健福祉士は日常の仕事をこなすことで十分に自殺予防につながる活動をしてきていると考えられるが、加えて地域の他職種との連携をさらに深めたネットワーク拡大が今後の課題といえる。

❺ おわりに

自殺予防とは単に自殺する人の数を減らすことではなく、個々人が幸せに生きることができる社会をつくることであり、よりよく生きるための「環境を整えること」にある。それを行う専門職種の働く環境を整え、連携の構図をつくり上げていく。竹島は、「我が国の自殺対策のなかには、"世直し（生きやすい社会を作る）"と、"生きる支援（生きることに困難を抱えている人に寄り添いながら支援する）"の2つの文脈があると考えられる」と述べ、自殺予防は生きる支援であって、精神保健医療の役割が大きいことを示唆している[25]。国民全体に自殺予防の取り組みが浸透し、当たり前の活動として広まることを望むとともに、その一端を精神保健福祉士が責務として担っていく意義は多いにあると実感している。

（吉野比呂子）

---

21) 自殺予防総合対策センター 平成25年度自殺対策ネットワーク協議会議事要旨（2013年7月24日）（http://ikiru.ncnp.go.jp/ikiru-hp/130902/giji.pdf）（最終アクセス2014年11月6日）
22) 日本精神保健福祉士協会 『精神保健福祉』第40巻第4号，p.302-335，2009年
23) 東京弁護士会（http://www.toben.or.jp/know/iinkai/jinken/news/11128212531294217.html）（最終アクセス2014年11月6日）
24) 東京司法書士会（http://www.tokyokai.jp/news/）（最終アクセス2014年11月6日）
25) 竹島正「精神保健医療と自殺対策」『日本精神科病院協会』第29巻第3号，p.11，2010年

7 福祉事務所による生活保護受給者の退院促進の支援

❶はじめに

　日本の歴史において、精神障害者は長い間「病者」であって「障害者」であるとは認められずに福祉的な支援の対象から外されてきた。そのため、障害者と位置づけられている今日においても残念ながら他障害と比べ、社会保障や福祉サービスが立ち遅れているのが現実である。障害者雇用、福祉手当、障害年金等、障害者の所得を支える資源につながることができず、各制度から漏れてしまう精神障害者は必然的に最後のセーフティネットである生活保護を利用することとなる。したがって、精神障害者には生活保護制度に頼らざるを得ない人々が多いということは、我々精神保健福祉士がすでによく知る事実である。

　「平成22年度国民医療費の概況」（厚生労働省）では入院医療費における精神・行動障害の占める割合は10.4％となっているが、同年の厚生労働省の調査によれば、生活保護医療扶助費のうち傷病分類別に見ると精神・行動の障害は最も多く全体の32％を占めている。なお医療扶助費における構成割合は入院が57.5％、外来28.1％、調剤14.5％であり、入院57.5％の内訳を病棟等別に見ると精神科病棟の入院が38.7％を占めている[26]。これらの数値からも入院している精神障害者の生活保護受給率の高さがうかがい知れる。

❷生活保護受給者の自立の助長と退院促進

　生活保護制度は1950（昭和25）年に現行制度となり、その目的として「健康で文化的な最低限度の生活の保障」（経済的給付）と「自立の助長」の２つを柱にして、福祉施策の重要な役割を担ってきた。しかし発足から50年以上の歳月を経て、被保護世帯を取り巻く現代社会の多様な問題（精神疾患、DV、虐待、多重債務、ホームレス等）に対するきめ細かな支援の必要性が拡大する一方で、被保護世帯数の増加に対してケースワーカー（CW）の増員が追いついていない。特に都市部ではCWの担当する世帯数が社会福祉法が定めるCW１人当たり80世帯という標準数の基準を大きく超えるというマンパワー不足の課題や、経験年数の浅いCWの比率の上昇など、職員個人の努力や経験等に依存した取り組みだけでは「自立の助長」という本制度の目的を果たし得ないという課題が生じている。そのため厚生労働省は2005（平成17）年度よりセーフティネット支援対策等事業費国庫補助金を創設、自立支援プログラム（補助率10／10）を導入した。プログラム導入にあたり、「自立の助長」として、①経済的自立、②日常生活自立、③社会生活自立という３種類の自立の概念を基盤としたプログラム策定をするよう指示している。

　さらに2007（平成19）年には各福祉事務所において「生活保護精神障害者退院促進計画」を策定するよう厚生労働省からの方針が示された。

　自立支援プログラムの導入当初、各自治体では就労支援や高齢者支援のメニューは早々に実施された

---

26) 財務省「財政について聴く会」（平成24年10月22日開催）資料／社会保障予算（生活保護，年金等）

ものの、精神障害者退院促進への取り組みは足踏み状態で「退院推進員」や「健康管理支援員」といった専門支援員(主に精神保健福祉士や保健師が着任)の配置は遅々として進まなかった。「今でさえ担当ケースが多く過重労働なのに、精神障害者が退院してきたらCWの業務負担はさらに増えるのでは」と懸念する現場の本音が取り組みを躊躇する要因の1つであったといえる。

❸東京都被保護者退院促進支援事業

東京都では、2008(平成20)年から被保護者退院促進支援事業を開始し、各区市等福祉事務所の退院促進事業を後方支援することにより、被保護者である精神障害者の社会的入院の解消、退院促進、居宅生活安定の推進を目指してきている。本事業は、精神障害者の退院支援に精通していることや、福祉的視点・医療的視点を兼ね備え、福祉・保健・医療の各関係機関との調整を円滑に行え、また各区市の退院推進員や健康管理支援員等をサポートできるなどの専門性を要するため、必然的に精神保健福祉士協会が事業を受託することとなった。開始時の2008(平成20)年から2011(平成23)年までの4年間は日本精神保健福祉士協会が東京都から事業を受託し、東京の地域特性を把握している東京精神保健福祉士協会と連携して事業を実施してきた。当初は4年間の事業計画であったが、都は第3期障害福祉計画(2012(平成24)年〜2014(平成26)年)に即して事業継続を決定したため、2012(平成24)年度からは東京精神保健福祉士協会が単独で事業を受託し取り組みを継続しているところである。

事業の具体的内容は都内各区市福祉事務所が実施する生活保護精神障害者退院促進計画の策定及びそれにかかわる退院促進事業、健康管理支援事業を都が総合的・広域的に支援することである。本事業の目指すところは、各区市生活保護部門の退院支援への取り組み状況の現状把握と各地が抱えている地域特性をつかみ、それらの情報を整理しつつ広域的な視点に立って1区市だけでは実現が図りにくい実状についても都として後方支援を行うことで円滑な当事者支援の実施を可能にしていくことである。また、事業実施を通じて、都障害者施策、精神保健施策、精神科病院等関係機関との連携を促進し、各区市の生活保護部門における退院支援の取り組みの後方支援をすることで全都的に被保護者の地域生活移行の促進を図っていくことをねらっている。

具体的には、①各区市等へ必要な情報提供を行い、実施上の課題について相談・助言を行う「総合支援」、②各区市等からの個別ケースへの相談に応じ、また必要に応じて関係機関との連携が形づくれるようコーディネートを図る「個別支援」、③区市等及び関係機関を対象に研修などを実施する「普及啓発」の3つの柱から成り立っている。

特に事業の要である①総合相談、②個別支援の運営については東京都生活福祉部保護課内に東京都精神保健福祉士協会から精神保健福祉士3名を「広域支援員」として常時派遣し、相談業務等を行ってきている。

❹広域支援員の役割変遷と生活保護精神障害者の退院促進の課題

本事業発足当時の広域支援員の役割は、先行して取り組んでいる他区市の情報を、退院促進の取り組みを躊躇している福祉事務所へ届け、退院推進員や健康管理支援員(以下、「専門支援員」とする)の設置の有用性を伝えたり、専門支援員を設置した初期段階での活用の仕方などについて相談に応じたり

することであったが、事業取り組みから6年経過する現在では19区18市1郡に専門支援員が設置され、彼ら専門支援員をバックアップすることが現在の広域支援員の重要な役割の1つとなっている。福祉事務所に配置される専門支援員は1～2名といった少人数であり、雇用の体制も嘱託や非常勤、委託事業所からの派遣などで単年度契約であるため、身分は安定的とは言えない。また経験豊かなベテランだけでなく最近は資格取得から間もない新任の専門支援員が少なからずいるため、広域支援員には彼らが所内で孤立することなく日常業務を行えるような後方での相談・情報提供のほか専門支援員の為の事例検討・相談会の開催の仕方にも工夫が求められている。

福祉事務所内で専門支援員がかかわることの意義は、経済給付の主体・客体というCWとは立場を異にして生活保護精神障害者との支援関係を構築できることである。その専門的視点は障害当事者への援助に発揮されるだけでなくCWへのコンサルテーションやCWと障害当事者との関係性の橋渡し、医療や他の関係機関と福祉事務所との橋渡しなど、当事者を支えるために重層的かつ重要な役割を担っている。実際、日本精神保健福祉士協会が受託時に行ったアンケート調査等からはCWや査察指導員が感じる精神障害者支援への苦手意識は偏見や差別、専門知識の不足によるものだけでなく、実際の支援において大変な思いを経験したという部分も大きく、これは障害当事者に対してということよりも他の関係機関が支援者として積極的に関与せず福祉事務所だけで抱えることになるなど支援者間の連携が十分に機能しないことに要因があることも見えてきた。専門支援員の所内配置により病院や地域施設等の他機関との距離を縮める役割が期待される一方で、調査で明らかになった「CWが連携を実感できずにいる」という事実は、病院や地域に身を置く精神保健福祉士に自らの仕事のあり方、存在意義を問い質しているともいえる。こうした課題は東京に限られた事象ではないのではないかと思われる。

本事業の意義は前述の各福祉事務所にいるCWや専門支援員等の「支援者を支援」することにとどまらない。何よりも事業を通じ都内全域を見渡すこと、東京都という広域の地域事情を集約できることにある。病院・施設の偏在など都内各地の地域特性や文化的背景を把握し、収集した各区市独特の社会資源や実践内容を別の区市へも紹介していくことで情報を広域につなぐ役割を果たしている。また各地の課題をアセスメントし行政へ制度の見直しの提言を行うという役割も担っている。

❺おわりに

精神保健福祉士協会が職能団体として事業に関与することで、現場の個々の精神保健福祉士の実践力の底上げや、他職種・他機関とのネットワーク構築、研修・交流の場の提供ができ、なおかつ職能団体としても地元の地域課題を吸い上げて組織としての社会的役割遂行を見定めていくといった、協会の組織力の強化を図ることになる。

各都道府県精神保健福祉士協会のこうした独自の、あるいは先駆的な取り組みを、さらに日本精神保健福祉士協会が吸い上げて全国へと般化することで精神保健福祉士の専門性を国民に幅広く知ってもらうことにつながっていくと言えるだろう。日本精神保健福祉士協会の使命は個々の精神保健福祉士がスキルを磨き実践力を身につけることを支える一方で、社会に対して我々の専門性を明確に示すことで精神保健福祉士各自が多領域にわたり活躍できる可能性を広げていくことにある。メンタルヘルスが国民的課題である現代では、我々が貢献すべき場の裾野はますます広がっていくと思われ、日本精神保健福祉士協会の組織力が一層重要になっていくものと

考える。

　精神保健福祉士の実践の根幹はいつも人間を肯定的に捉えるにはどうしたらよいのかを模索し、肯定的に生きようとする力をクライエントとともに発見し、その実現のために社会に働きかけることにある。本稿の生活保護制度はまさにそうした支援機能が濃厚に必要とされるソーシャルワークの最前線の一領域である。ここで、精神保健福祉士が果たせる役割・領域は非常に幅が広く、今後多くの仲間の参画が望まれる現場の１つであると考える。

（洗　成子）

編集代表

佐々木敏明（ささき・としあき）　　　　　北海道医療大学

編集委員（五十音順）

川口真知子（かわぐち・まちこ）　　　　　井之頭病院
岸本　信義（きしもと・のぶよし）　　　　浦安荘
小谷　尚子（こたに・なおこ）　　　　　　徳島県立中央病院
田村　綾子（たむら・あやこ）　　　　　　聖学院大学人間福祉学部
知名　純子（ちな・じゅんこ）　　　　　　まるいクリニック
古屋　龍太（ふるや・りゅうた）　　　　　日本社会事業大学大学院
松本すみ子（まつもと・すみこ）　　　　　東京国際大学人間社会学部
萬山　直子（まんやま・なおこ）　　　　　川崎公共職業安定所
宮部真弥子（みやべ・まみこ）　　　　　　谷野呉山病院脳と心の総合健康センター

執筆者（五十音順）

青木　聖久（あおき・きよひさ）　　　　　日本福祉大学福祉経営学部
洗　　成子（あらい・しげこ）　　　　　　愛誠病院
荒田　寛（あらた・ひろし）　　　　　　　龍谷大学社会学部
石川　到覚（いしかわ・とうがく）　　　　大正大学人間学部
伊東　秀幸（いとう・ひでゆき）　　　　　田園調布学園大学社会福祉学科
今村　浩司（いまむら・こうじ）　　　　　西南女学院大学保健福祉学部
今村まゆら（いまむら・まゆら）　　　　　かまた生活支援センター
岩尾　貴（いわお・たかし）　　　　　　　石川県健康福祉部
岩上　洋一（いわがみ・よういち）　　　　じりつ
岩崎　香（いわさき・かおり）　　　　　　早稲田大学人間科学学術院
岩本　操（いわもと・みさお）　　　　　　武蔵野大学人間科学部
大塚　淳子（おおつか・あつこ）　　　　　帝京平成大学健康メディカル学部
大野　和男（おおの・かずお）　　　　　　ぴあ三浦
岡部　正文（おかべ・まさふみ）　　　　　茨内地域生活支援センター
小澤　一紘（おざわ・かずひろ）　　　　　日本精神保健福祉士協会
梶田　紀子（かじた・のりこ）　　　　　　新生病院

柏木　昭（かしわぎ・あきら）	聖学院大学総合研究所
柏木　一惠（かしわぎ・かずえ）	浅香山病院
門屋　充郎（かどや・みつお）	十勝障がい者総合相談支援センター
川口真知子（かわぐち・まちこ）	井之頭病院
岸本　信義（きしもと・のぶよし）	浦安荘
木太　直人（きた・なおと）	日本精神保健福祉士協会
倉知　延章（くらち・のぶあき）	九州産業大学国際文化学部
小出　保廣（こいで・やすひろ）	札幌学院大学人文学部
小関　清之（こせき・きよゆき）	秋野病院
齊藤　晋治（さいとう・しんじ）	健康科学大学健康科学部
佐々木敏明（ささき・としあき）	北海道医療大学
髙橋　一（たかはし・はじめ）	元東京国際福祉専門学校
竹中　秀彦（たけなか・ひでひこ）	京ヶ峰岡田病院
田村　綾子（たむら・あやこ）	聖学院大学人間福祉学部
坪松　真吾（つぼまつ・しんご）	日本精神保健福祉士協会
中川　浩二（なかがわ・こうじ）	和歌山県福祉保健部
廣江　仁（ひろえ・じん）	F&Y境港
藤井　克徳（ふじい・かつのり）	きょうされん
古屋　龍太（ふるや・りゅうた）	日本社会事業大学大学院
宮部真弥子（みやべ・まみこ）	谷野呉山病院脳と心の総合健康センター
行實志都子（ゆきざね・しづこ）	神奈川県立保健福祉大学保健福祉学部
吉野比呂子（よしの・ひろこ）	東京精神保健福祉士協会

日本精神保健福祉士協会50年史
CD-ROM について

■収録内容
CD-ROM には、日本精神保健福祉士協会に関係する資料を PDF ファイルで収録しております。

■推奨 OS
　・Microsoft Windows…Windows Vista 以降
　・Macintosh…Mac OS X 以降

■ PDF ファイル
PDF ファイルをご覧になるには「Adobe Reader」(無償) が必要です。「Adobe Reader」は6.0以上を推奨します。「Adobe Reader」ないし「Adobe Acrobat」がインストールされていない場合には、Adobe の Web サイト (http://www.adobe.com/jp/) から「Adobe Reader」をインストールすることができます。

■警告
このディスクは「CD-ROM」です。一般のオーディオ機器では絶対に再生しないでください。
大音量によって耳に障害を被ったり、スピーカーが破損する恐れがあります。

■取扱上の注意
直射日光が当たる場所や高温、多湿の場所に放置しないでください。ディスク面に付着した汚れ、ほこり等は柔らかい乾いた布か、市販の CD クリーナーで軽く拭き取ってください。

■使い方
（起動方法）
CD-ROM を入れ、「自動再生」のコマンドが開いたら「rundll32.exe の実行」をダブルクリックします。「Adobe Reader」または「Adobe Acrobat」が起動し、トップページが表示されます。
次回から CD-ROM を入れた後自動でトップページを表示させたい場合は、「自動再生」のコマンドの「ソフトウェアとゲームに対しては常に次の動作を行う」にチェックを入れて「rundll32.exe の実行」をダブルクリックすると次回から自動でトップページが表示されます。
（閲覧方法）
トップページより、ご覧になりたい資料をクリックすると、該当ページが表示されます。

・Microsoft、 Windows、 Windows Vista は、米国 Microsoft Corporation の米国及びその他の国における商標または登録商標です。
・Macintosh、Mac OS は、Apple Computer Inc. の米国及びその他の国における商標または登録商標です。
・Adobe、Adobe Reader は、Adobe Systems Incorporated（アドビシステムズ社）の米国ならびに他の国における商標または登録商標です。
・その他記載されている会社名、製品名等は、該当する各社の商標または登録商標です。

日本精神保健福祉士協会 50 年史

50 Years' History of Japanese Association of Psychiatric Social Workers

2015年1月15日　　発行

編　集　日本精神保健福祉士協会50年史編集委員会
Editorial Committee for 50 Years' History of Japanese Association of Psychiatric Social Workers

発行者　会長　柏木　一惠

発　行　公益社団法人　日本精神保健福祉士協会

〒160-0015
東京都新宿区大京町23番地3　四谷オーキッドビル7階
TEL 03-5366-3152　FAX 03-5366-2993

制作・発売　中央法規出版株式会社

〒110-0016
東京都台東区台東3-29-1　中央法規ビル
TEL 03-3834-5817　FAX 03-3837-8037

本書は日本財団の助成事業をもとに制作いたしました。　　　　［検印省略］
落丁本、乱丁本はお取り替えいたします。
視覚障害のある人のための営利を目的としない
本誌の録音図書、点字図書、拡大図書等の作成は自由です。

© 2015, JAPSW, Printed in Japan.
ISBN978-4-8058-5095-4